VERBORGENES HAMBURG

Rike Wolf

JONGLEZ VERLAG

Reiseführer

Die Autorin ist in Hamburg geboren worden. Auch die Familie ihrer Mutter kam aus Hamburg, sodass sie eine „waschechte“ Hamburgerin ist, wie man in ihrer Geburtsstadt sagt. Rike Wolf hat in Hamburg und in Berlin studiert. Die Autorin ist viel auf Reisen. Ihre Lieblingsstädte sind New York, Paris und Istanbul. Seit vielen Jahren veröffentlicht sie Städteführer und Regionalführer.

Wir hatten große Freude bei der Arbeit an diesem Reiseführer mit dem Titel *Verborgenes Hamburg* und hoffen, dass Sie in seiner Begleitung wie wir selbst ungewöhnliche, verborgene oder eher unbekannte Aspekte der Stadt entdecken können. Einige Einträge sind mit historischen Anmerkungen oder Anekdoten versehen, die dazu beitragen sollen, die Stadt in ihrer ganzen Komplexität zu verstehen.

Verborgenes Hamburg lenkt die Aufmerksamkeit des Reisenden auch auf eine Vielzahl von Details, auf die die Autorin gestoßen ist, an denen man Tag für Tag vorbeigeht, ohne sie zu bemerken. Wir laden Sie ein, die urbane Landschaft näher ins Auge zu fassen und auch Ihre Stadt mit der Neugier und Aufmerksamkeit zu betrachten, die wir anderen Orten auf Reisen oft entgegenbringen ...

Über Anmerkungen zu diesem Reiseführer und seinem Inhalt sowie Informationen zu Orten, die darin nicht aufgeführt sind, freuen wir uns sehr und bemühen uns, diese in künftige Ausgaben aufzunehmen.

Kontaktieren Sie uns:
E-Mail: info@jonglezverlag.com
Jonglez Verlag
Paul-Lincke-Ufer 39
10999 Berlin

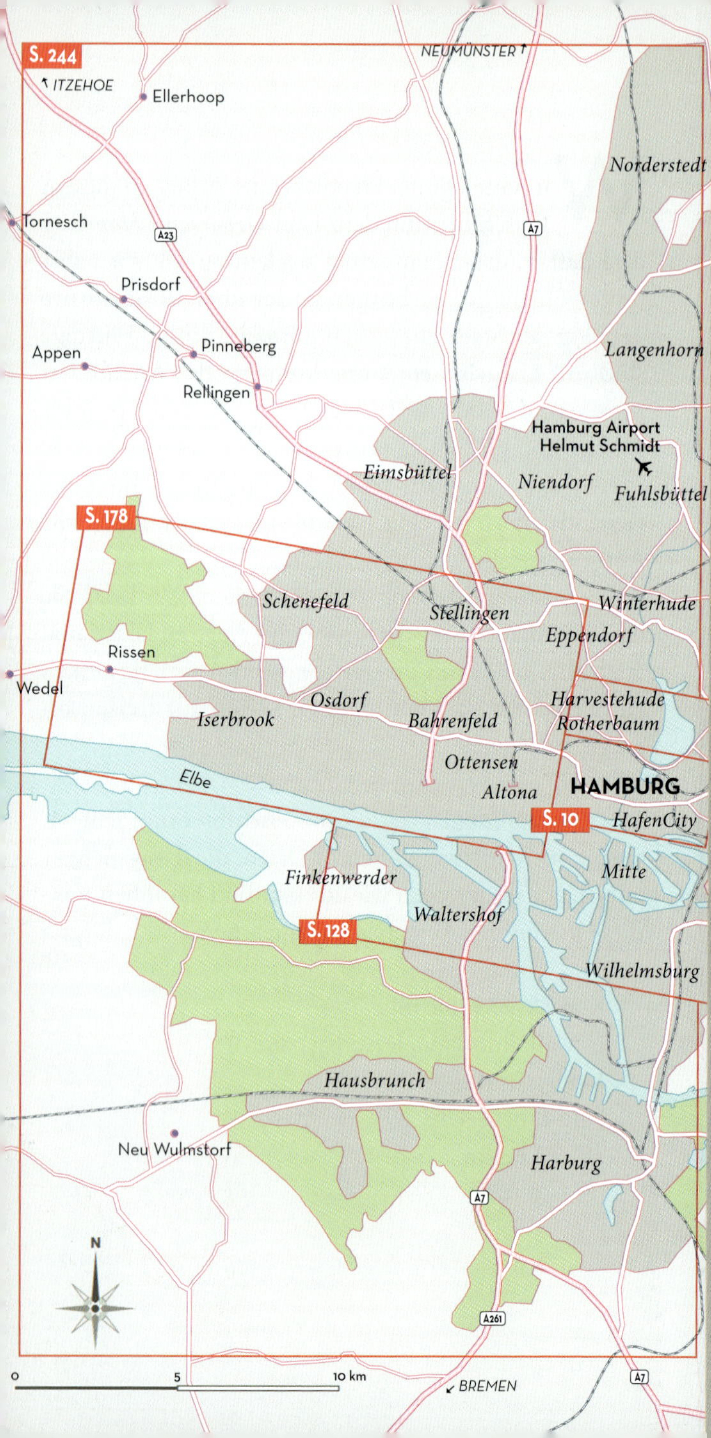
S. 244
ITZEHOE
NEUMÜNSTER
Ellerhoop
Norderstedt
Tornesch
A23
A7
Prisdorf
Pinneberg
Langenhorn
Appen
Rellingen
Hamburg Airport
Helmut Schmidt
Eimsbüttel
Niendorf
Fuhlsbüttel
S. 178
Schenefeld
Stellingen
Winterhude
Eppendorf
Rissen
Wedel
Osdorf
Harvestehude
Iserbrook
Bahrenfeld
Rotherbaum
Ottensen
Elbe
Altona
HAMBURG
S. 10
HafenCity
Finkenwerder
Mitte
Waltershof
S. 128
Wilhelmsburg
Hausbrunch
Neu Wulmstorf
Harburg
A7
N
A261
0
5
10 km
BREMEN
A7

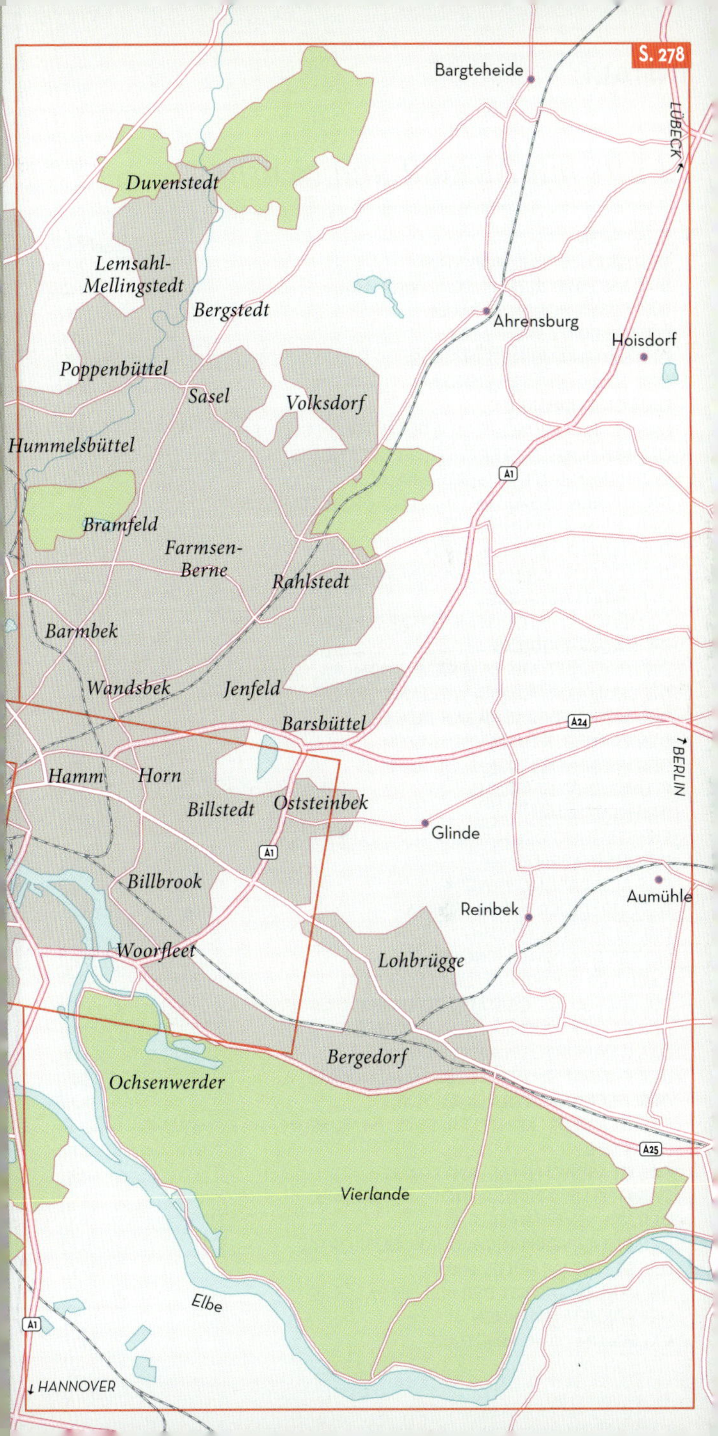
S. 278
Bargteheide
LÜBECK
Duvenstedt
Lemsahl-
Mellingstedt
Bergstedt
Ahrensburg
Hoisdorf
Poppenbüttel
Sasel
Volksdorf
Hummelsbüttel
A1
Bramfeld
Farmsen-
Berne
Rahlstedt
Barmbek
Wandsbek
Jenfeld
Barsbüttel
A24
BERLIN
Hamm
Horn
Billstedt
Oststeinbek
Glinde
A1
Billbrook
Aumühle
Reinbek
Woorfleet
Lohbrügge
Bergedorf
Ochsenwerder
A25
Vierlande
Elbe
A1
HANNOVER

INHALT

Mitte mit Altstadt und Neustadt

Eimsbüttel, Mitte und Nord

Altona

INHALT

Harburg und Nord (Eppendorf, Fuhlsbüttel, Harvestehude, Niendorf, Winterhude)

Wandsbek, Mitte-Süd, Bergedorf und Nord (Ohlsdorf)

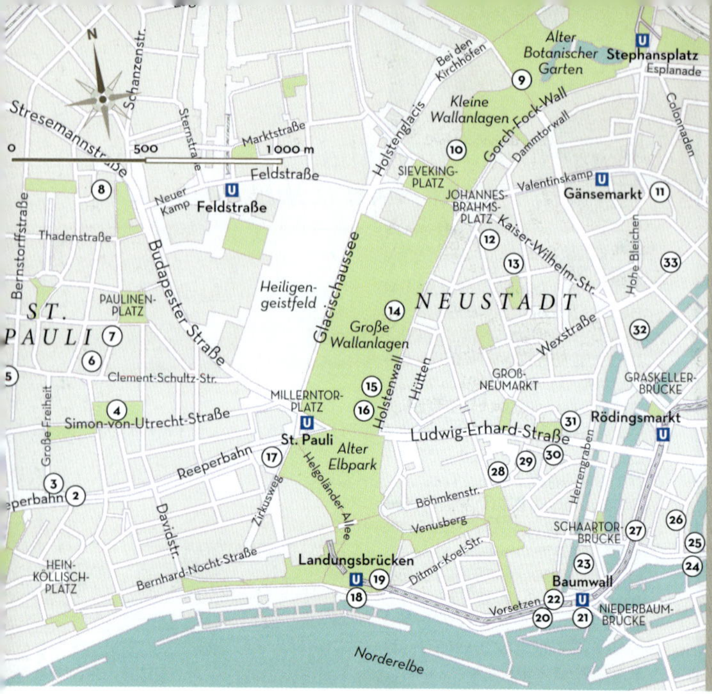

Mitte mit Altstadt und Neustadt

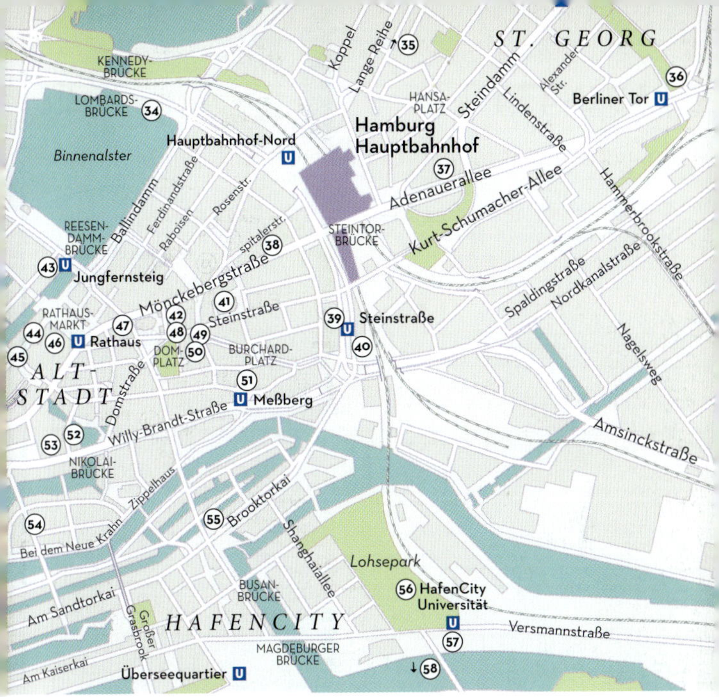
KENNEDY-BRÜCKE
LOMBARDS-BRÜCKE
Binnenalster
Hauptbahnhof-Nord
Koppel
Lange Reihe
ST. GEORG
HANSA-PLATZ
Steindamm
Alexander Str.
Lindenstraße
Berliner Tor
Hamburg Hauptbahnhof
Adenauerallee
Kurt-Schumacher-Allee
Hammerbrookstraße
Ballindamm
Ferdinandstraße
Rosenstr.
Raboisen
REESEN-DAMM-BRÜCKE
Spitalerstr.
STEINTOR-BRÜCKE
Jungfernsteig
Mönckebergstraße
Steinstraße
RATHAUS-MARKT
Rathaus
DOM-PLATZ
BURCHARD-PLATZ
Spaldingstraße
Nordkanalstraße
Nagelsweg
ALT-STADT
Domstraße
Meßberg
Willy-Brandt-Straße
Amsinckstraße
NIKOLAI-BRÜCKE
Zippelhaus
Brooktorkai
Shanghaiallee
Bei dem Neue Krahn
Lohsepark
HafenCity Universität
BUSAN-BRÜCKE
Am Sandtorkai
Großer Grasbrook
HAFENCITY
Versmannstraße
MAGDEBURGER BRÜCKE
Am Kaiserkai
Überseequartier

DAS U-434

①

Sowjetisches Spionage-U-Boot vor St. Pauli in Sicht

Fischmarkt 10, 20359 Hamburg (Stadtteil St. Pauli, Bezirk Altona)
Montag bis Sonntag 10–18 Uhr
Bus 111 (Fischauktionshalle)

Am St. Pauli Fischmarkt liegt ein russisches Spionage-U-Boot aus dem Zweiten Weltkrieg vor Anker. Das Relikt aus dem Kalten Krieg ist im Originalzustand erhalten und zu einem Museum für Besucher eingerichtet worden, für das an Bord Führungen angeboten werden. Man kann das dunkel angestrichene Schiff mit der düsteren Ausstrahlung nicht verfehlen, denn das U-434 ist riesengroß.

Der Gigant (Baujahr 1976) wurde in der russischen Werft Krasnoe Sormovo in Gorki für ein sowjetisches Geheimprojekt gebaut und gehört zur „Tango-Klasse", wie die NATO den feindlichen U-Boot-Typ spöttisch nannte, von dem es vermutlich 20 Exemplare gab. Drei davon, unter ihnen auch das U-434, gehörten einer Sonderbaureihe an. Die U-Boote liefen unter der russischen Bezeichnung B-515 vom Stapel und nahmen im Dienst der russischen Nordmeerflotte schwerbewaffnet Kurs auf die USA, mit dem Auftrag geheimer Spionagemissionen vor der Ostküste der Vereinigten Staaten. Ein Waffenarsenal, bestehend aus sechs Torpedorohren, 24 Torpedos Kaliber 533 mm mit einer Länge von 8,14 Meter und einer Geschwindigkeit von etwa 60 Knoten (10 Knoten entsprechen etwa 20 km/h) sowie Seeminen und Raketentorpedos, war immer an Bord. Das heute noch seetüchtige U-Boot wurde mit einer sechs Zentimeter dicken Gummibeschichtung ummantelt, sodass es für die Schallwellen der US-Unterwasserortung Sonar unsichtbar blieb. Soviel Technik macht ganz schön Eindruck, trotzdem möchte die Museumsleitung das U-Boot ausdrücklich als Mahnmal gegen den Krieg verstanden wissen.

Selten hat der Kreml in Absprache mit den Geheimdiensten U-Boote in den Museumsbetrieb übergeben, doch im Fall des U-434 ist es gelungen. Nachdem das Schiff fast 26 Jahre lang im Dienst der russischen Marine stand, hat es das U-Bootmuseum Hamburg GmbH 2002 gekauft. Nachdem es außer Dienst gestellt worden war, kauften es Investoren für eine Million Euro und ließen es nach Hamburg bringen. Der Transport verschlang eine weitere Million. Bei Blohm und Voss wurde das U-434 zum Museum umgebaut. Zunächst auf Tuchfühlung mit der HafenCity, fand es schließlich seinen derzeitigen Bestimmungsort nach dem Umbau zum Museum am Fischmarkt. Am früheren Liegeplatz sank und stieg U-434 mit Ebbe und Flut. Durch eine feste Verankerung mit dem Boden bleibt das U-Boot nun auf Grund und bei Flut entsteht der Eindruck des Tauchens. Das Boot kommt 400 Meter in die Tiefe und konnte bei voller Besatzung maximal dreieinhalb Tage lang unter Wasser bleiben.

DER GRENZPFAHL NOBISTOR

②

Nobis Bene – Uns das Gute

Reeperbahn 170, 20359 Hamburg (Stadtteil St. Pauli, Bezirk Mitte)
S1, S2, S3 (Reeperbahn)

„Nobis Bene, Nemini Male“ – „Uns Gutes, Niemandem Böses“, lautet der Spruch, der auf dem Grenzpfahl zitiert wird. Dahinter flimmern bunte Glühbirnen am Eingang einer Tabledance-Bar. Als der Grenzpfahl aufgestellt wurde, hätte sich niemand träumen lassen, dass Jahrhunderte später um ihn herum Hamburgs sündige Meile entstehen würde. Der Nobistorpfeiler stammt aus der frühen Zeit des Grenzstreites zwischen Hamburg und Altona und war Teil des Nobistors. Diesem wiederum ging der „Nobiskrug“ voraus, ein im Jahr 1526 erstmalig erwähntes Wirtshaus. Es gehörte der Stadt Hamburg, die das Gasthaus an Wirtsleute verpachtete. Mit dem Wort „nobis“ in „Nobiskrug“ machte Hamburg triumphierend bekannt: Verehrte Gäste, das strittige Gebiet, auf dem diese Schankstube steht, gehört allein uns! Was Hamburgs Stadtväter allerdings nicht bedachten, war, dass auch noch eine andere Bedeutung von „nobis“ existiert, nach der das Wort vom Mittelhochdeutschen „in obis“ stammt und „in der Tiefe“ bedeutet. Dazu passt der Ausspruch Martin Luthers: „Jene sind dahin in den Nobiskrug gefahren.“ Gemeint war die Hölle, und mit „Nobiswirt“ war niemand anders als der Teufel gemeint. In dieser Lesart klingt Nobiskrug schon beinahe wie ein Déjà-vu der sündigen Meile Reeperbahn ...

Das alte Nobistor an der Grenze von Hamburg und Altona muss man sich als einen eher provisorischen Versuch beider Städte vorstellen, eine vage Grenze zwischen ihren Gebieten festzulegen. Erst im 18. Jahrhundert, als Altona zu Dänemark gehörte, entschied der dänische König Christian VIII., dass die Grenzen endlich eindeutig zu bestimmen wären. Als königliches Ratsmitglied wurde Volkmar von Schomburg beauftragt, im Namen des Königs mit den beiden Städten Hamburg und Altona eine eindeutige Stadtgrenze zu ermitteln und festzulegen.

Zunächst war die Trennungslinie mit Grenzsteinen markiert worden, was leider schlecht funktionierte. Die Steine wurden umgeworfen, weggerollt und sogar gestohlen. Auf dem Grenzpfosten ist unter der Inschrift „Nobis Bene“ Altonas Wappen mit dem offenem Stadttor zu sehen. Die Initialen CR stehen für Christianus Rex, König Christian VIII. von Dänemark. Als Schutzgöttin wurde Athene gewählt. Ihr zu Füßen sitzt eine Eule als Symbol für Athenes göttliche Weisheit, um als Wächterin der Nacht den Frieden an der Stadtgrenze zu hüten.

IM GANG DER ALTEN GRENZWÄCHTER

③

Auf den Spuren der Schmugglerfänger

Reeperbahn 170 bis Brigittenstraße 5 (Kino B-Movie), 20359 Hamburg
(Stadtteil St. Pauli, Bezirk Mitte)
S1, S31 (Reeperbahn)

Vor langer Zeit gehörte Altona zum Königreich Dänemark. Zwischen den Nachbarstädten Hamburg und Altona verlief eine Grenze. Nachts wachte im alten Grenzwächtergang eine Patrouille und passte auf, dass niemand sich von einer Stadt in die andere schlich. Heute ist der alte Grenzwächtergang entlang der Stadtgrenze schon fast in Vergessenheit geraten. Die Grenze zwischen Hamburg und Altona folgte in südlicher Richtung dem kleinen Flüsschen Pepermölenbek bis nach St. Pauli zur Reeperbahn. Hier verlief der Grenzwächtergang zwischen dem heutigen St. Pauli und Altona. Wenn man weiß, wo er zu finden ist, kann man seinem Verlauf in St. Pauli noch heute folgen. Auf der Reeperbahn steht noch ein alter Grenzpfahl, an dem früher ein Stadttor lag. Der Eingang zur Erotikbar folgt dem Verlauf des alten Grenzwächtergangs. Hinter der Reeperbahn kreuzt er die Schmuckstraße und ist als schmaler Weg im Straßenblock zwischen Talstraße (früher Hamburgs Grenzseite) und Großer Freiheit (früher Altonas Grenzseite) gut zu sehen. An der Nordseite des Häuserblocks führt der Grenzwächtergang auf den Übergang der Paul-Roosen-Straße auf die Clemens-Schultz-Straße. Am Haus Paul-Roosen-Straße 8, leicht an der Edeka-Filiale zu erkennen, sieht man heute noch Porträtmasken der alten Grenzwächter mit preußischen Pickelhauben.

Von hier an ist der historische Grenzgang leider nicht mehr überall passierbar. Allerdings hat man bis hierhin vielleicht schon einen ganz guten Eindruck von seinem ursprünglichen Verlauf, und folgt ihm instinktiv in die richtige Richtung. Schon in der Brigittenstraße zeigt die Spur des Grenzwächtergangs sich wieder, hier gut zu erkennen an der Form des verglasten, zweigeschossigen Einschnitts im Neubau gegenüber dem Kino B-Movie. Vor dem farbenprächtigen Wandgemälde am Kino ist der alte Grenzgang bis heute unbebaut und frei begehbar geblieben.

Gut 50 Meter nördlich der Brigittenstraße führte die historische Stadtgrenze ostwärts und verlief an der Westseite der Wohlwillstraße und über den Pferdemarkt in die Schanzenstraße. Im Schanzenviertel markieren bis heute alte Grenzsteine mit den großen Buchstaben A H (für Altona und Hamburg) ihren Verlauf. Heute folgt die Stadtteilgrenze zwischen Altona und dem Bezirk Hamburg-Mitte nicht mehr der historischen Grenze. Das NS-Regime legte Altona und Hamburg 1938 zu einer Stadt zusammen und die festgelegte Grenze gilt bis heute.

DAS GARTENDECK ST. PAULI ④

Urban Gardening in Hamburg

Simon-von-Utrecht-Straße 4, 20359 Hamburg (Stadtteil St. Pauli, Bezirk Mitte)
S1, S3, S31 (Reeperbahn)

Der Zauber eines kleinen Gartens in der Stadt entfaltet sich sichtbar, wenn aus einer Brache, an der man vorher nur vorbeigelaufen ist, ein Ort in der Nachbarschaft wird, an dem man mit anderen zusammen eine gute Zeit verbringt. Wo man sich treffen kann, ohne zum Konsumieren gezwungen zu werden. Wo man kein Geld braucht, um dabei zu sein. Wo man nicht schick [illegible] ein braucht und niemanden „kennen“ muss. Viele Urban [illegible] nnen Geschichten von Nachbarn, die der kleine Garte [illegible] der Einsamkeit ihrer Wohnungen in die Gemeinschaft gezoge [illegible] und k[illegible] bestätigen, wie glücklich es einen macht. Gartenarbeit g[illegible] mer, bis zum Beginn des Winters. In den Stadtgärten werden nicht nur Erdbeeren und grüne Bohnen angebaut, sondern viele Urban Gardener halten Bienen und imkern. Im Gartendeck St. Pauli wird gemeinsam gekocht, die Ernte eingeweckt und man lernt, aus der eigenen Ernte Saatgut zu gewinnen. Man freut sich zusammen daran, wie viel besser selbstangebaute Tomaten im Gegensatz zu blasser Hollandware schmecken.

Entstanden ist das St. Pauli Gartendeck im Frühsommer 2011. Seit 2019 findet man den Stadtgarten auf der Rückseite des ehemaligen Israelitischen Krankenhauses, erbaut von Salomon Heine, dem Onkel und Förderer von Heinrich Heine. Das Gartendeck St. Pauli unterstützt die Bewegung „Solidarische Raumnahme“, die eng mit der „Recht auf Stadt“-Bewegung verbunden ist. Unterstützt und beraten wurden Hamburgs engagierte Urban Gardener bei der Gründung des Gartendecks von der Kooperation „Prinzessinnengarten“ aus Berlin, die zu den Unterzeichnern des berühmten Urban-Gardening-Manifests von 2014 gehört. Die Positionen des Manifests entstanden in Gemeinschaftsarbeit auf Tagungen und in Sommercamps von Gartenaktivistinnen aus ganz Deutschland.

Das Urban-Gardening-Manifest fordert die Politiker dazu auf, öffentliche Gemeinschaftsgärten und Urban Gardening zu unterstützen, indem sie die Gärten der Aktivisten erhalten und vor Bebauung schützen. Die Idee hinter Urban Gardening folgt dem Konzept „Act local, think global“. Ihr Gedanke ist klar und einleuchtend: Der selbstangelegte öffentliche Garten in der Nachbarschaft wird verstanden als Modell einer Welt, in der sich die Menschen als Gemeinschaft begreifen, den Planeten schützen und verantwortungsbewusst handeln. Urban Gardening verbindet sich für viele Aktivisten mit der Hoffnung, einen weiteren friedlichen und vorausschauenden Weg aus dem Kapitalismus gefunden zu haben.

DIE GALERIE AFFENFAUST ⑤

Junge Kunst in St. Pauli

Paul-Roosen-Straße 43, 22767 Hamburg (Stadtteil St. Pauli, Bezirk Mitte)
www.affenfaustgalerie.de
S1, S2, S3 (Reeperbahn), Bus 283 (Paul-Roosen-Straße)

Benannt ist die Galerie nach der Affenfaust (engl. *monkey's fist*), einem Seemannsknoten der schwierigeren Sorte. Wenn man das Ende einer Segelleine zur Affenfaust knotet, wird ein schwerer, kugelförmiger Knoten daraus, weshalb damit früher in der Schifffahrt die Wurfleinen beschwert wurden, damit sie stabil flogen und nicht im Flug verweht wurden. Die Affenfaust ist ein ausgesprochen dekorativer Knoten und wird deshalb in Hamburg gern als Souvenir gekauft. Bevor der Affenfaustknoten ein dekorativer Schlüsselanhänger wurde, war er wegen seiner Schlagkraft in der deutschen Seefahrt verboten.

Für die Nachbarn der Galerie Affenfaust begann die Geschichte der neuen Street Art Gallery von St. Pauli mit einem Schock. Aus heiterem Himmel war plötzlich morgens ihr Aldi weg! Ein kompletter, 1000 m^2 großer Supermarkt hatte dichtgemacht – für immer. Das war sehr unschön und natürlich sorgte man sich, ob das Gebäude als nächstes abgerissen würde und man monatelang eine Baustelle vor der Tür hätte. Doch dann kam die freudige Überraschung: Weder eine Großbaustelle noch die nächste behämmerte Schnöselbar belegten die Paul-Roosen-Straße 43 mit Beschlag, sondern nette Jungs mit Liebe zu Off Art, die aus ihrem alten Laden hierher umgezogen sind und frischen Wind in die Hamburger Kunstszene gebracht haben.

Die Galerie möchte Leute zusammenbringen, Künstler mit Sammlern, Künstler mit Galeristen und Künstler mit Künstlern. Nach der ersten Ausstellung im Jahr 2012 fand ein Jahr später zum ersten Mal das Kunstfestival „Knotenpunkt" statt und wurde ein großer Erfolg. Inzwischen kommen jedes Jahr über 10.000 Besucher zum Knotenpunkt-Festival. Seine Veranstalter wünschen sich, aus der Rivalität zwischen den Künstlern gegenseitige Anerkennung werden zu sehen. Die Hamburger Rap-Legende Samy Deluxe hatte mit seinen Graffitis eine schöne Ausstellung in der Affenfaust. Hamburger Street-Art-Fans warten gespannt auf neue Künstler mit Durchschlagkraft wie Plotbot KEN, Robi the Dog († 2016), Marshal Arts oder Rumo. Die Galeristen scheinen allerdings in erster Linie nach bürgerlicher Anerkennung zu streben, anstatt die Kraft der Kunst zu nutzen und das Establishment aus den Angeln zu heben – mit aller Wucht und Schlagkraft, die der Name Affenfaust symbolisiert.

DAS SYLVIN-RUBINSTEIN-HAUS

⑥

Flamencotänzer und Antifaschist

Wohlwillstraße 14, 20359 Hamburg (Stadtteil St. Pauli, Bezirk Mitte)
S2, S2, S3 (Reeperbahn)

Sylvin Rubinstein war zu Lebzeiten schon eine Legende. Sein Leben lang war er in Begleitung einer Toten, die er mehr als jeden anderen Menschen liebte. Er sprach in jedem Interview von seiner geliebten Zwillingsschwester Maria. Mit ihr war er als Flamenco-Duo „Imperio und Dolores" zu Weltruhm gelangt. Die Kinder waren 1914 in Moskau geboren worden. Ihre Mutter war eine jüdische Tänzerin, ihr Vater ein russischer Fürst. Die Liebe der Eltern zueinander war tief und aufrichtig, doch heiraten konnten sie wegen gesellschaftlicher Zwänge nicht. Während der russischen Revolution wurde der Vater ermordet.

Sylvin kam nach Marias Tod immer als Frau, Tänzerin Dolores, auf die Bühne, vielleicht um auf diese Weise mit ihr eins zu werden, und jeder im Publikum sah in dem großen, gertenschlanken Mann die anmutige, sich vollendet bewegende Flamencotänzerin, die seine Zwillingsschwester gewesen war. In den Dreißigerjahren führten ihre Engagements das Geschwisterpaar von einem triumphalen Erfolg zum nächsten und an etliche berühmte Bühnen der Welt bis an den New Yorker Broadway. Maria wurde 1942 von den Nazis verschleppt und ermordet. Sylvin hat sein Leben lang trotz intensiver Nachforschungen nicht erfahren können, wo und wann Maria gestorben ist. Nach ihrem Tod verwandelte sich der Tänzer, der ebenso gut als Mann wie als Frau erscheinen konnte, in ein Chamäleon des Widerstandes gegen die Nazis. Ausgerechnet ein deutscher Nazi holte ihn in den Widerstand gegen das NS-Regime. Major Werner führte innerhalb der Wehrmacht eine Widerstandsgruppe und Sylvin Rubinstein wurde sein Verbündeter. Im galizischen Krosno (Polen) brachte Sylvin jüdische Kinder in einem Kloster unter und stattete die Mönche mit Wehrmachtsuniformen aus, damit sie die Kinder unbehelligt an einen sicheren Ort bringen konnten. Major Werner half ihm mit gefälschten Papieren, aus Polen herauszukommen. Dafür setzte sich der Tänzer erfolgreich für Werners Befreiung aus der Kriegsgefangenschaft ein.

An Sylvin Rubinsteins Wohnhaus in St. Pauli haben seine Freunde vor einigen Jahren eine Gedenktafel für ihn angebracht. Sylvins Wohnung lag im obersten Stockwerk hinter Fenstern ohne Absturzsicherung. Der große alte Mann, der sich zwischen St. Paulis Künstlern, Punks, Huren und Autonomen sicher fühlte, weil sie Leute waren, „die Juden nichts tun", hatte seinen Vermieter gebeten, die Gitter vor seinen Fenstern wegzulassen, damit er sich nie wieder eingesperrt fühlen müsste.

DER JOHN-LENNON-EINGANG ⑦

Die Beatles in Hamburg

Wohlwillstraße 22, 20359 Hamburg (Stadtteil St. Pauli, Bezirk Mitte)
S1, S2, S3 (Reeperbahn)

Über den Hamburger Fotografen Jürgen Vollmer, der die damals noch so gut wie unbekannten Beatles Anfang der Sechzigerjahre in Hamburg fotografierte, schrieb John Lennon später: „Jürgen Vollmer war der erste Fotograf, der die Schönheit und den Geist der Beatles einfing. Wir haben nie wieder jemanden gefunden, dessen Bilder den Betrachter so berührten wie seine." Paul McCartney konnte das nur bestätigen und meinte, Jürgen Vollmers Stilgefühl und sein Talent als Fotograf wären für die Karriere der Beatles von größter Bedeutung gewesen.

Die Beatles gingen 1960 in Hamburg an Land. Ihre Engagements liefen über mehrere Wochen, regelrechte Konzert-Marathons. Im berühmt-berüchtigten „Indra", heute wie damals in der Großen Freiheit 64, gaben die Fab Four ihr erstes Hamburger Konzert. Von August bis Oktober 1960 waren sie für Auftritte im „Indra" engagiert und gaben dort 48 Konzerte. Danach traten sie im „Kaiserkeller" auf und 1961 im „Top Ten Club" (heute Pizza Hut). Schließlich folgte 1962 das legendäre Engagement der Band im „Star Club". Jürgen Vollmer begleitete die Beatles seit ihren frühen Anfängen. 1961 schoss er auf St. Pauli ein Schwarz-Weiß-Foto von John Lennon. In schwarzer Lederjacke, Bluejeans und Turnschuhen ist der Zwanzigjährige kaum als John Lennon zu erkennen. Ohne ein Lächeln im Gesicht lehnt der Mann, der bald der bekannteste Musiker der Welt werden sollte, lässig am Hauseingang der Jägerpassage. 20 Jahre später sollte hier der Häuserkampf toben, als Hamburger Autonome die heute denkmalgeschützte Jägerpassage besetzten und die historischen Arbeiterwohnungen erfolgreich vor dem Abriss schützten. Auf dem Foto trägt Lennon noch keinen Pilzkopf, den berühmten Haarschnitt der Beatles, sondern kurzes, strubbeliges Haar. Übrigens war Beatles-Fotograf Jürgen Vollmer der erste Pilzkopf – von ihm hat sich die Band den Haarschnitt erst abgeguckt. Vollmer soll sich schon in der Schulzeit das Haar in die Stirn gekämmt haben und blieb dabei, ohne zu ahnen, dass die Beatles mit dem Pilzkopf (engl. moptop) für Furore sorgen und seinen Look weltberühmt machen würden.

John Lennon kramte Jürgen Vollmers Schwarz-Weiß-Foto aus alten Hamburg-Zeiten erst 1975 wieder heraus. Die Beatles waren damals schon seit fünf Jahren getrennt und gingen jeder ihrer eigenen Wege. Lennon nahm damals mit Apple Records sein sechstes Soloalbum „Rock'n'Roll" auf.

DIE SCHILLEROPER

⑧

Spur in die alte Zirkusstadt

Bei der Schilleroper 14, 22767 Hamburg (Stadtteil St. Pauli, Bezirk Mitte)
U3 (Feldstraße), Bus 3 (Neuer Pferdemarkt)

Am Anfang war die Schilleroper ein Zirkus. In dem geheimnisvollen, mitten im Wohngebiet liegenden Rundbau, der seit vielen Jahren leer steht, eröffneten 1891 Kunstreiter Paul Busch und Ehefrau Constanze mit großem Spektakel ihren ersten Festbau. Die Konkurrenz war groß und Hamburg war zur damaligen Zeit Standort des Olympischen Zirkus Renz. Dessen Holzbau im heutigen Zirkusweg lag, keine zwei Kilometer vom neuen Zirkus Busch entfernt, der übrigens 1897 Renz' Zirkus übernahm.

Die Schilleroper öffnet heute nur noch bei ganz seltenen Gelegenheiten wie zum Beispiel alljährlich zum Tag des offenen Denkmals. Doch auch von außen ist der denkmalgeschützte Stahlskelettbau ein eindrucksvoller Anblick. Das Runddach trägt eine kupfergedeckte Rotunde mit Oberlichtfenstern. Alles sieht noch aus wie damals, als auf dem Programm von Zirkus Busch volkstümliche Schaustücke wie „Engel im Löwenkäfig" und „Tempel der Versuchung" standen und mitten im armen Arbeiterviertel Altona prächtig geschmückte Tiere, geheimnisvolle Tänzerinnen und berühmte Artisten auftraten. Nachdem Busch Zirkus Renz übernommen hatte, zog er mit Ensemble und Tieren nach St. Pauli ins ehemals Renz'sche Zirkushaus, das heute nicht mehr steht.

Für die Schilleroper war dies der Beginn ihres zweiten Lebens. Als Rundtheater wurde pünktlich zu Schillers 100. Todestag mit „Wilhelm Tell" glanzvoll Eröffnung gefeiert. In den folgenden Jahren trat gelegentlich auch ein junger, charmanter Hamburger Heißsporn auf, der bald weltberühmt werden sollte: Hans Albers. Als das neue Schillertheater Eugène Brieux' Stück „Die Schiffbrüchigen" (*Les Avariés*) auf den Spielplan nahm, drohte ein Skandal. Das Stück, das zu den kontroversesten seiner Zeit gehörte, handelt von der Entstehung und den Folgen der Syphilis. Wegen zahlreicher, schonungslos dargestellter, medizinischer Einzelheiten wurde das Stück in vielen Ländern von der Zensur verboten. Altonaer Zeitzeugen haben berichtet, man hätte der Neugier nicht widerstehen können und sich die Aufführung angesehen – wenn auch mit vor Scham gesenktem Kopf. Nach dem Ersten Weltkrieg war das Schillertheater pleite.

Im dritten Leben wurde das alte Zirkushaus schließlich zur Schilleroper. Auf den nächtlichen Straßen vor dem Opernhaus versuchten Altonaer Arbeiter bewaffnete Schlägertrupps der SA in die Flucht zu schlagen. Vom Ensemble der Schilleroper mussten jüdische Sängerinnen und Sänger aus Deutschland fliehen, um ihr Leben zu retten. Im Jahr 1939 wurde die Oper geschlossen.

DAS SCHAUGEWÄCHSHAUS PLANTEN UN BLOMEN ⑨

Geheimer Großstadtdschungel

Jungiusstraße 4 (Planten un Blomen), 20355 Hamburg (Stadtteil Neustadt, Bezirk Mitte)
November bis Feburar: Montag bis Freitag 9–15:45 Uhr, Samstag, Sonntag und feiertags 10–15:45 Uhr
März bis Oktober: Montag bis Freitag 9–16:45 Uhr, Samstag, Sonntag und feiertags 10–17:45 Uhr
(Letzter Einlass 30 Minuten vor Schließung)
040 428382921
S11, S21, S31 (Dammtor), U1 (Stephansplatz)

Es ist einer der geheimnisvollsten Orte der Stadt. Drinnen ist es so warm wie in einem Schwimmbad. Die Luft ist warm und feucht, erfüllt von lockenden unbekannten und geheimnisvollen Düften, die den paradiesisch bunten Blüten entströmen. Harzig und holzig duften die Rinden kostbarer Baumexemplare wie dem Mahagonibaum. Alle fünf Sinne werden angeregt und beruhigt zugleich. Leuchtendes, üppiges Grün überträgt Lebendigkeit und Frische auf den Betrachter. Die Temperatur beträgt das ganze Jahr über 25 Grad und die Luftfeuchtigkeit liegt bei über 80 Prozent.

Besucher begeben sich auf einen Spaziergang durch die Klimazonen unseres Planeten. Blüten und Beeren aus dem Mittelmeerraum, Südafrika, Kalifornien und Chile gedeihen in leuchtenden Farben und mit erfrischenden Düften. Im sanften Dämmerlicht eines echten Dschungels ist auf 800 m^2 naturgetreu das komplexe Ökosystem des Regenwaldes und seiner atemberaubenden Pflanzenvielfalt angelegt worden. Orchideen wachsen hier wie in wilder, unberührter Natur. Bananenpflanzen tragen in etlichen Metern Höhe echte, kleine Bananen. Hin und wieder ist durch das sanfte Tröpfeln des Regens ein helles Pfeifen aus dem Blätterdickicht zu hören. Es sind keine Vögel, die man da hört, sondern kleine Frösche. Sie verstecken sich unter den Blättern der Bäume und an den grünen Seeflächen des Tropenhauses.

Im sorgfältigen Bemühen, die Habitate der Pflanzen originalgetreu nachzubauen, damit sie in der künstlich geschaffenen Anlage möglichst optimal gedeihen und sich vermehren können, ist unter den Händen von Meistergärtnern ein botanisches Kunstwerk entstanden. Ein enormer Aufwand an Zeit und Pflege ist das ganze Jahr über dafür nötig. Im Palmfarnhaus wachsen Palmfarne, heute längst lebende Fossilien, die schon den Dinosauriern als Nahrung dienten. Den Besuchern zeigt sich die uralte Welt der Dinosaurier, von deren Pflanzenarten hier etliche in der Nische eines künstlich angelegten Biotops den letzten Schutz vor dem Aussterben finden. Interessierten Besuchern werden die Pflanzen und ihre Besonderheiten von den Gärtnern erklärt. Im Subtropenhaus erwartet die Besucher wieder eine ganz neue Welt, in der Zitronen duften. Nachdem Hamburgs Tropengewächshäuser im Zweiten Weltkrieg zerstört worden waren, wurden sie zur Internationalen Gartenbauausstellung 1963 neu angelegt und sie stehen heute unter Denkmalschutz.

DER RUFPLATZ DER FRAUEN AM GEFÄNGNIS ⑩

Um seine Stimme zu hören

Wallanlagen, 20355 Hamburg (Stadtteil Neustadt, Bezirk Mitte)
U2 (Messehallen)

Von den Wallanlagen aus sieht man das hohe Untersuchungsgefängnis hinter dem Strafjustizgebäude. Es ist ein roter Backsteinbau mit vergitterten Fenstern. Zwei Betonmauern unter endlosen Knäueln Stacheldraht umgeben das Gefängnisgelände und ein Stahlgitterzaun trennt es von den Wallanlagen. Wer von der Seite des Strafjustizgebäudes am Sievekingplatz aus über die Treppen in die Wallanlagen kommt, wird auf Parkwegen an einer niedrigen Mauer entlang neben dem Gefängnis hergeführt. Man kommt an einem schönen, künstlich angelegten Wasserfall der Internationalen Gartenausstellungen vorbei und erreicht kurz darauf ein ebenerdiges, asymmetrisch gezacktes weißes Becken, ebenfalls Relikt einer der Hamburger Gartenschauen aus den Fünfziger- und Sechzigerjahren. Neben dem Bassin wachsen Bäume, zwischen denen man an den Stahlgitterzaun herankommt. Es liegen jede Menge Zigarettenkippen auf der Erde, zurückgelassen von Wartenden, die einen dringenden Grund hatten, sich länger hier im Gebüsch aufzuhalten, obwohl es kein schöner Platz ist. In der engen, dunklen Nische zwischen Zaun und Bäumen spürt man die Anspannung und Erwartung der Frauen, die herkommen. Zur verabredeten Zeit warten sie am Zaun, rauchen eine Zigarette nach der anderen, um sich zu beruhigen und blicken über die trostlosen Betonmauern hinweg nach oben zu den Gittern. „Ich würde alles darum geben, seine Stimme zu hören", sagt eine Frau. Er kann sie nicht sehen, aber er weiß, dass sie hier steht und auf ihn wartet. Telefonieren darf er nicht. Er fehlt ihr Tag und Nacht.

Zahlreiche Gefangene sind vor ihrer Verhaftung nie mit dem Gesetz in Konflikt geraten. Die Untersuchungshaft, die nicht als Strafe gedacht ist, sondern eine geregelte Vorbereitung des Strafprozesses sicherstellen soll, ist gesetzlich auf höchstens sechs Monate beschränkt. Eine Frist, die zunehmend auf unbestimmte Zeit verlängert wird. Für die Häftlinge des über 100 Jahre alten und unsanierten Untersuchungsgefängnisses gilt die Unschuldsvermutung, doch davon spüren sie nichts. Die Besuchszeit für Angehörige beträgt nur noch zwei Stunden im Monat, weil das Gefängnis zu wenig Aufsichtsbeamte beschäftigt. Handys sind verboten und etliche Zellen haben nicht einmal Steckdosen. Die Gefangenen werden von 18:30 Uhr bis 7:00 Uhr, also täglich über zwölf Stunden, in Einzelzellen eingeschlossen. Wer unschuldig verhaftet wurde, erhält nach seiner Freilassung pro Hafttag 25 Euro.

DAS VERSTREUTE KAISERDENKMAL

(11)

Flaggenmasten als Überreste

Thomas I Punkt, Mönckebergstraße 21, 20095 Hamburg (Stadtteil Altstadt, Bezirk Mitte) und Thomas I Punkt, Gänsemarkt 24, 20354 Hamburg (Stadtteil Neustadt, Bezirk Mitte)
U3 (Hamburg Rathaus), U2 (Gänsemarkt)

Vor dem Rathausmarkt stehen zwei 30 Meter hohe Flaggenmasten aus dem Jahr 1903, die bei festlichen Anlässen beflaggt werden. Trotz ihrer imposanten Höhe fügen sie sich unauffällig in das Bild der Rathausfassade ein. Die Masten hüten ein beinahe vergessenes Geheimnis. Sie gehörten bis 1930 zu einem riesenhaften Kaiserdenkmal, das den größten Teil des Rathausmarktes einnahm. Das Denkmal von Johannes Schilling umfasste ein ganzes Ensemble von Bronzefiguren und nahm eine sagenhafte Grundfläche von 2.400 m² ein. Nach dem Ersten Weltkrieg und dem Ende des Kaiserreiches ordnete Hamburgs Oberbaudirektor Fritz Schumacher 1928 per Verordnung an, das gewaltige Denkmal zu demontieren. 1930 wurde es abgebaut, doch die Figur des Kaisers (es handelte sich um Wilhelm I.) und die ihn umgebenden Figuren verschwanden nicht vom Erdboden. Sie wurden auf diverse neue Standorte in der Stadt verteilt, wo sie heute noch zu sehen sind.

Das Kaiserdenkmal war aufgestellt worden, um Kaiser Wilhelm II. für umfangreiche Investitionen gewogen zu machen. Der Kaiser hatte ein ambivalentes Verhältnis zur Freien und Hansestadt. Unverhohlen beargwöhnte er Hamburg als subversive Hochburg der ihm verhassten Sozialisten, andererseits verkehrte er als persönlicher Freund in der Villa des Hamburger Reeders Albert Ballin und nahm begeistert Anteil an der rasanten Entwicklung des Hamburger Hafens. Darauf spekulierten die Hamburger Kaufleute. Schriftsteller Ascan Klée Gobert, selbst Sohn eines Hamburger Kaufmanns, schrieb damals: „Wenn der Monarch mit seinem sehr nützlichen Seefahrtskomplex seinen Großvater gern als Denkmal „Reiter für Deutschland“ sehen wollte – nun, das Geld war da.“ Enkel Wilhelm II. enthüllte seinen Großvater auf dem Hamburger Rathausmarkt am 20. Juni 1903 im Rahmen eines 250.000 Mark teuren Festaktes.

Wohin hat es Wilhelm I. seit damals verschlagen? Zunächst bezog er Stellung vor dem Ziviljustizgebäude am Sievekingplatz. Im Rahmen der Internationalen Gartenausstellung im städtischen Park Planten un Blomen, ritt er 1963 für Deutschland ein Stück weiter in die Wallanlagen am heutigen Johannes-Brahms-Platz. Später waren weitere Figuren des Ensembles restauriert worden und leisten ihm jetzt Gesellschaft. Hamburgs Designer „Thomas I Punkt“ bekam vom Denkmalschutzamt zwei Sockelreliefs als Dauerleihgabe für seine Schaufenster in der Mönckebergstraße 21 und am Gänsemarkt.

DIE SPUREN DES ALTEN ISRAELITISCHEN TEMPELS

⑫

Modernes Judentum in Hamburg

Poolstraße 12–14, 20355 Hamburg (Stadtteil Neustadt, Bezirk Mitte)
Busse 3, 35, 36 und 112 (Johannes-Brahms-Platz)

Man bummelt durch Hamburg, wohin einen die Neugierde lockt, und entdeckt eine kopfsteingepflasterte Straße, die in keinem Reiseführer erwähnt wird. Ein unscheinbarer Durchgang, der zwischen alten Häusern zu einem Hinterhof führt. Man möchte einfach nur mal schauen, wie es dahinter aussieht. Und mit einem Mal entdeckt man ein schönes, weißes Bogenportal. Es ist offensichtlich, dass der säulenverzierte Eingang aus einer längst vergangenen Zeit stammt. Vor dem Spaziergänger liegen die Ruinen des Israelitischen Tempels. Hin und wieder liest man, hier hätte eine Synagoge gestanden, doch das ist falsch. Synagogen und Tempel haben so wenig miteinander zu tun, wie die orthodoxen und die reformierten Juden, die sie besuchten.

„Die Juden teilen sich wieder ein
In zwei verschiedene Parteien
Die Alten gehen in die Synagog'
Und in den Tempel die Neuen.“

So spöttelte Heinrich Heine, als 1844 der Israelitische Tempel feierlich eröffnet worden war. Mit den „Alten“ sind die orthodoxen Juden gemeint, die sich als vertriebenes Volk fühlten und nach Israel zurückkehren wollten. Ihre Gotteshäuser hießen Synagogen. Anders die Anhänger des Reformjudentums, die „Neuen“. Sie betrachteten ihren Tempel als das vollkommene Abbild des Tempels von Jerusalem und fühlten sich dort zuhause, wo ihr Tempel stand: In Hamburg. „Bei den Hamburger Juden begann die Erfindung neuer Traditionen am 11. Dezember 1817.“, schrieb der Historiker Andreas Brämer. Damals verfassten 65 Hamburger Juden die Gründungsurkunde des Neuen Israelitischen Tempelvereins.

Die Gottesdienste im Tempel verliefen anders als die in den Synagogen. Frauen und Männer betraten den Tempel durch einen gemeinsamen Eingang. Statt vergitterter Emporen für Frauen war der Tempel innen offen. Wenn man hinter dem weißen Bogenportal weitergeht, kommt man zur Autowerkstatt Stern und daneben ist noch das rote Backsteingemäuer der Apsis zu sehen.

Im Israelitischen Tempel wurde nicht in hebräischer Sprache gepredigt, sondern auf Deutsch. Der Glaube der reformierten Juden war Ausdruck ihrer Zugehörigkeit zu Deutschland. Im Gegensatz zu den orthodoxen Juden war der Gottesdienst kürzer und die Liturgie wurde, wie bei den Protestanten, von Orgelmusik und Chorälen begleitet. Auch architektonisch drückt der Tempel den Wunsch zur friedlichen Nachbarschaft mit den Hamburger Christen aus. Die Reformjuden orientierten sich an den evangelisch-lutherischen Kirchengemeinden Hamburgs und bauten ein schlichtes Gotteshaus ohne Prunk.

DER HUMMELBRUNNEN

⑬

Hummels grantiger Nachmacher

Rademachergang, 20355 Hamburg (Stadtteil Neustadt, Bezirk Mitte)
S1, S2, S3 (Stadthausbrücke)

Seinen Weltruhm verdankt Hummel, der Hamburger Wasserträger, nicht etwa seinem Aussehen, sondern der schlechten Laune seines Nachfolgers. Wenn hinter letzterem die kleinen Kinder aus der Nachbarschaft herriefen: „Hummel, Hummel!“, brummte er: „Mors, Mors!“, womit auf Plattdeutsch bis heute das menschliche Hinterteil bezeichnet wird. Es bedeutete so viel wie: „Ihr könnt mich am ... lecken!“. Der „echte“ Hummel, Christian Hummel, war ein fröhlicher und gerngesehener Mann. Nachdem er gestorben war, trat ein Wasserträger namens Johann Wilhelm Bentz seine Nachfolge an. Der zwängte sich sogar in die Uniform seines Vorgängers, obwohl sie ihm zu klein war. Die Worte „Mors! Mors!“ sind zwar ein wenig ordinär, in Hamburg sind sie trotzdem unsterblich und zu einem beliebten Brauch geworden.

Der Verein geborener Hamburger ließ den Wasserträger 1938 am Rademachergang aufstellen. Waschechter Hamburger, sprich in Hamburg geboren worden zu sein, war für den Verein von höchster Bedeutung, der 1897 als Heimatverein zum Schutz städtischer Kultur vor den *Quiddjes* (Plattdeutsch für alle Nicht-Hamburger, mit anderen Worten: die Barbaren) gegründet wurde. Einen *Quiddje* identifizierte man anhand eines einzigen Kriteriums: *de Quiddje snackt nich op Platt* (der Fremde spricht kein Plattdeutsch). Hamburger Kleingeist, der auf die boomende Industrialisierung der Stadt und damit einhergehende Zuwanderung mit Angst und Abwehr reagierte.

Der Erbauer des Hummelbrunnens aus Kalksandstein war Richard Kuöhl, der in den 1920er- und 1930er-Jahren mit Skulpturen, Keramiken und Reliefs das Gesicht der Hansestadt prägte. Der in Meißen geborene Baukünstler (ein Quiddje!) entwickelte die Klinkerkeramik, für die Backsteinziegel bei stark erhöhten Temperaturen gebrannt wurden. Klinker, benannt nach dem hellen, harten Klang, der ertönt, wenn man zwei davon aneinanderschlägt, sind besonders witterungsfest und dadurch für Baukeramik geeigneter als bei gewöhnlicher Temperatur gebrannte Ziegel.

Hier im Gängeviertel kann man Richard Kuöhls Spuren folgen. Der Bauschmuck an den Hauseingängen auf der Ostseite des Kornträgergangs stammt ebenfalls von ihm. Zu seinem 75. Geburtstag sprach der Baukünstler vor Journalisten einen lang gehegten Wunsch aus: Er wünschte sich, den Hummelbrunnen endlich einmal mit fließendem Wasser zu sehen, wie es sich für einen richtigen Brunnen gehört. Heute sprudelt aus dem Brunnen Wasser in Trinkwasserqualität.

DIE EISBAHN WALLANLAGEN ⑭

Swing auf dem Vulkan

Holstenwall 30, 20355 Hamburg (Stadtteil Neustadt, Bezirk Mitte)
Anfang November bis Mitte März: Mittwoch bis Montag 10–22 Uhr, Dienstag 10–20 Uhr
www.eisarena-hamburg.de
Bus 112 (Handwerkskammer)

Die Eisbahn Wallanlagen befand sich in der Nazizeit auf dem heutigen See mit Wasserorgel in der Parkanlage Planten un Blomen. Hier traf sich die Hamburger Swing-Jugend. Sie hatten Schallplatten dabei, deren Besitz verboten war, ließen sie open-air laufen, jazzten auf dem Eis und brachten sich damit in Todesgefahr. Welcher Irrsinn lag in den Worten von SS-Sturmbannführer Hans Reinhardt: „Was mit Ellington anfängt, das hört mit dem Attentat auf den Führer auf." Tag und Nacht war die Swing-Jugend der Verfolgung durch die Gestapo ausgesetzt. Für Hitlers cholerische Wut hatten sie nur Verachtung übrig und ihr Manifest der Freiheit war schwarzer Schellack. Die Swing-Musik und ihr Tanz war wortwörtlich „politische Bewegung" und der Ausdruck körperlicher Antihaltung im Faschismus. Umgeben von Nazis, die im Gleichschritt marschierten, hielt sich die Swing-Jugend die sichtbare faschistische Erstarrung des Körpers unter Lebensgefahr durch eine Gegenkultur des Tanzens vom Leibe.

Die Mädchen waren „Swing Babies", die Jungs „Swing Boys". Manchmal stieg man abends in anderer Leute Automobil und fuhr durch Hamburg, bis der Sprit alle war. Zum Swing gehörte ein eigener Jargon, der zärtlich, nonchalant und ironisch war. Gelegentlich wurden in der Lebensmittelknappheit der Kriegsjahre Zuckermarken gefälscht, bzw. „ergänzt", wie man lieber euphemisierte. Zucker war für die „Mondscheinbrennereien", das illegale Schnapsbrennen, unentbehrlich. Die Partys hinter Verdunkelungsvorhängen und in Kellern nannte man „Budenzauber". Grobe Worte mochte man nicht und bezeichnete die verliebte Annäherung zwischen Babies und Boys lieber als „das große Greifen mit den kleinen erotischen Basteleien".

Sie „tanzten auf dem Vulkan", während Deutschland auf den Krieg zuraste. Von den Nazis als „Feindesmusik" und „entartet" diffamiert, erteilte Reichssendeleiter Eugen Hadamovsky dem Swing 1935 striktes Sendeverbot im Radio. Swing zu hören galt als „Kollaboration mit dem Feind". Wegen ihrer Liebe zu Louis Armstrong und Duke Ellington wurden Jugendliche von den Nazis ins Hauptquartier der Gestapo an der Stadthausbrücke verschleppt, im KZ „Kolafu" Fuhlsbüttel wegen „zersetzenden Verhaltens" unschuldig in Schutzhaft genommen und von der SS Tag und Nacht geschlagen und gefoltert. Die Nazis führten 1.500 Akten über Hamburger Swings, laut denen fast ein Drittel der Bespitzelten festgenommen wurde. Etliche der unschuldig Verhafteten haben die Nazis in das Jugend-KZ Moringen in Niedersachsen und in das Jugend-KZ Uckermark in Brandenburg eingewiesen.

DIE KUGELN DER NAPOLEONISCHEN ARMEE

(15)

„Franzosenzeit" in Hamburg

Garten des Museums für Hamburgische Geschichte, Holstenwall 24, 20355 Hamburg (Stadtteil Neustadt, Bezirk Mitte)
Bus 112 (Museum)

Zwei Jahre nachdem Napoleon Bonaparte sich in Notre-Dame zum Kaiser von Frankreich gekrönt hatte, marschierten seine Truppen am Mittwoch, den 19. November 1806, in Hamburg ein. Es war der Beginn einer Besatzung, die als „Franzosenzeit" in die Geschichte Hamburgs eingehen sollte. Napoleons Statthalter in Hamburg, General Louis Nicolas Davout, regierte acht Jahre lang mit brutaler Härte und lieferte die Bewohner der Stadt erbarmungslos der obsessiven Machtgier des jungen französischen Kaisers aus.

Napoleon hatte vier Wochen zuvor in Berlin die sogenannte „Kontinentalsperre", seine Wirtschaftsblockade gegen England, zum Gesetz ausgerufen: „Der Handel mit England ist verboten. England muss zusehen, wie seine Waren von ganz Europa zurückgewiesen werden." Ein Handelsembargo, mit dem Napoleon sich die große Seemacht England unterwerfen wollte. Doch ohne den Handel mit England brach Hamburgs Wirtschaft zusammen und der Handel ging weiter, wenn auch ohne Verträge. Von der romantischen, wilden Insel Helgoland aus begann ein explosionsartiger Schmuggelverkehr. 1808 lagerten auf Helgoland englische Kolonialwaren im Wert von über einer Million Pfund Sterling. Dänische Schiffe brachten die Waren ins dänische Altona, dessen Bewohner beachtliche Mengen an Kaffee, Tabak, Zucker und Sirup nach Hamburg schmuggelten. Die Nachbarstädte Hamburg und Altona trennte die strengbewachte Grenze der Königreiche Frankreich und Dänemark.

Nach Napoleons Niederlage in der Völkerschlacht bei Leipzig im März 1813 marschierte die russische Armee auf Hamburg zu. Innerhalb kürzester Zeit machte General Davout, von den Hamburgern „eiserner Marschall" genannt, aus Hamburg eine Festung. Die Kirchen St. Nicolai, St. Jacobi und St. Johannis wurden leergeräumt und zu Pferdeställen umfunktioniert und die St. Johanniskirche wurde zum Waffenlager gemacht. Es war ein eisiger Winter, Soldaten gingen von Tür zu Tür und kontrollierten die Vorräte der Bewohner. Die Bewohner des ärmsten Viertels der Hamburger Bevölkerung, über 30.000 Menschen, wurden aus der Stadt gejagt, weil sie keine Vorräte hatten. Die dänische Nachbarstadt Altona nahm so viele Vertriebene auf, wie sie konnte. Den ganzen Winter über gingen die Vertreibungen weiter, bis der Alptraum im Frühjahr ein Ende hatte. Am 29. Mai 1814 übergab General Davout Hamburg an General Bennigsen, den Befehlshaber der russischen Armee. Heute erinnert die Bennigsenstraße in Harburg an die Befreiung der Stadt.

DER PIRATENSCHÄDEL

⑯

Hamburgs geheimer Talisman

Museum für Hamburgische Geschichte, Holstenwall 24, 20355 Hamburg (Stadtteil Neustadt, Bezirk Mitte)
Montag, Mittwoch bis Freitag 10–17 Uhr, Dienstag geschlossen, Samstag und Sonntag 10–18 Uhr
040 428132100
www.shmh.de
Freier Eintritt für Kinder und Jugendliche unter 18 Jahren
Bus 112 (Museum für Hamburgische Geschichte)

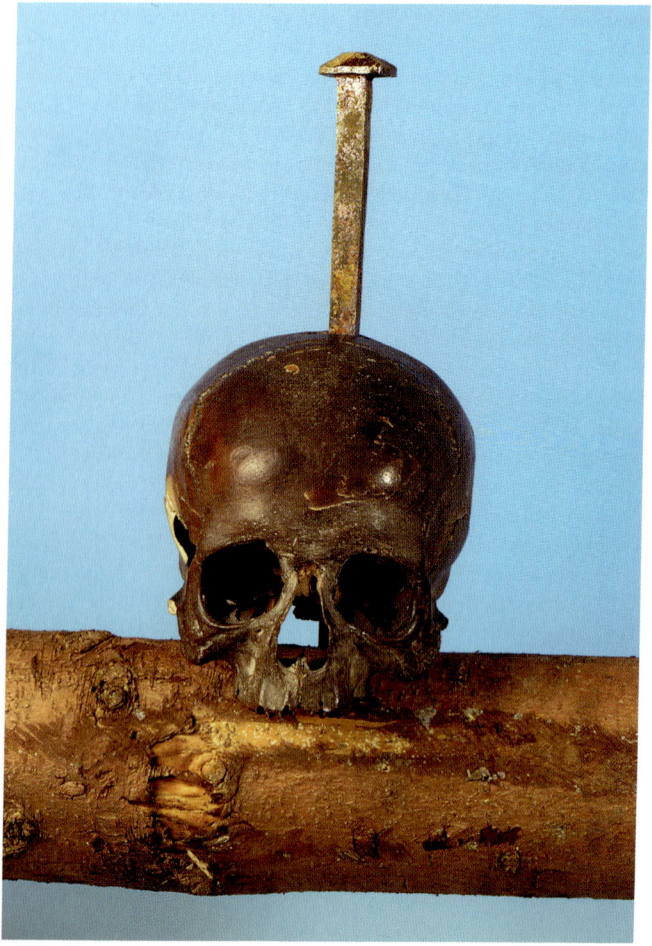

Am 10. Januar 2010 wurde bekannt, dass aus dem Museum für Hamburgische Geschichte der Schädel Störtebekers gestohlen worden sei. Knapp drei Jahre später kam es zur Gerichtsverhandlung. Einer der drei Angeklagten sagte aus, auf einer Grillparty hätte ihm ein Freund den berühmten Piratenschädel überreicht. Danach hat der Mann das Sensationsobjekt zuhause aufbewahrt, in der Hoffnung, die magische Kraft des Schädels würde ihn aus seiner depressiven Phase holen. Am Ende entschloss er sich, ihn dem Museum zurückzugeben.

Störtebekers Schädel, Reliquie und Publikumsmagnet, kam 1878 beim Umgraben des Hamburger Grasbrooks für den Bau der Speicherstadt im Erdreich zum Vorschein. Hier war der Piratenanführer Jahrhunderte zuvor geköpft worden. Störtebeker und seine Vitalienbrüder waren verarmte Mecklenburger Adlige, die im Krieg zwischen Dänemark und Schweden auf Seiten der Schweden gekämpft hatten. Nachdem sie lange Zeit auf der Ostsee geplündert und gebrandschatzt hatten, suchten sie gegen Ende des 14. Jahrhunderts die Nordsee heim. An dem Seeportal nach Hamburg, zwischen der Elbmündung Cuxhaven und Helgoland, kaperten sie Handelsschiffe und machten jahrelang Beute aus dem Reichtum der Hansestadt. Störtebeker verbreitete Angst und Schrecken unter den Kaufleuten der Hanse. Schließlich wurde eine Kriegsflotte zusammengestellt, um die Piraten dingfest zu machen. In der Schlacht von Helgoland wurden Störtebeker und mit ihm 30 seiner finsteren Piraten gefangengenommen und schließlich am Hamburger Grasbrook enthauptet. Kersten Miles, nach dem in St. Pauli eine Brücke benannt ist, an der er überlebensgroß auf seine Stadt herabschaut, war damals Bürgermeister von Hamburg. Drei weitere Hamburger Bürgermeister des 15. und 16. Jahrhunderts, die ebenfalls Piratenjäger waren, leisten ihm Gesellschaft. Simon von Utrecht, Berent Jakob Karpfanger und Ditmar Koel. Der Legende zufolge soll Störtebeker dem Bürgermeister vor seiner Enthauptung ein blutrünstiges Versprechen abgenommen haben: Allen Piraten, an denen ihr wilder Anführer ohne Kopf auf den Schultern vorbeizulaufen imstande sei, solle das Leben geschenkt werden. Störtebeker soll kopflos über zehn Meter weit gelaufen sein. Seine Männer wurden trotzdem alle hingerichtet und weitere 70 gefangene Vitalienbrüder kurze Zeit später ebenfalls. Störtebekers Schädel wird seit 1922 im Museum ausgestellt.

HAMBURGS HISTORISCHE LITFAẞSÄULEN

(17)

Für den Erhalt der alten Backstein-Kolosse

Reeperbahn 1 (vor den Tango-Türmen), 20359 Hamburg (Stadtteil St. Pauli, Bezirk Mitte)
U3 (St. Pauli)

Vielleicht übersieht man sie deshalb leicht, weil sie zu nah an bekannten Sehenswürdigkeiten wie den Tango-Türmen stehen? Doch wer nach ihnen Ausschau hält, findet in Hamburgs Innenstadt acht unauffällige, aber wunderschöne und original erhaltene Litfaßsäulen aus den Zwanziger- und Dreißigerjahren. Die denkmalgeschützten kleinen Plakatträger sind aus rotem Backstein gemauert und tragen ein kegelförmiges Keramikdach mit lanzenförmiger, verschnörkelter Spitze. Man findet sie außerdem in der Rothenbaumchaussee (Ecke Hallerstraße und Ecke Johnsallee), am Neuen Pferdemarkt (Ecke Neuer Kamp), bei der Apostelkirche in Eimsbüttel, auf der Lombardsbrücke, vor dem Museum für Hamburgische Geschichte und auf dem Großneumarkt.

Vermutlich würde Drucker und Verleger Ernst Theodor Amandus Litfaß, der die Säulen der Werbung 1855 in Berlin erfunden hat, beim Anblick der neuen „City-Light-Säulen" des börsennotierten Unternehmens Ströer schleunigst das Weite suchen. Werbung in Ströers sterilen Kolossen kostet richtig Geld, Parship beispielsweise gibt monatlich über 10.000 Euro pro Plakat aus und pflastert Hamburg dicht mit riesenhaften Stereotypen junger, weißer Selbstoptimierer. Die Ära Ströer leitete das traurige Verschwinden der Litfaßsäulen ein. Möglicherweise meint der Senat, Hamburg sei lange genug eine schöne Stadt gewesen, denn mit der „Neuordnung der Werberechte" sollen 900 Litfaßsäulen abgerissen und durch „City-Light-Säulen" ersetzt werden. Eine schriftliche kleine Anfrage der Linkspartei, wie viele Litfaßsäulen bereits abgerissen worden wären, bügelte der Senat 2008 mit der Antwort ab: „Eine schriftliche Einzelfallauszählung sei mit vertretbarem Verwaltungsaufwand nicht möglich."

In St. Georg protestierten die Leute gegen den Abriss ihrer alten Litfaßsäule und hatten Erfolg. Auf dem Carl-von-Ossietzky-Platz ist eine der letzten begehbaren Litfaßsäulen Hamburgs stehengeblieben. Bis vor wenigen Jahren war sie ein Blumenladen. Auf einem kleinen Schild steht noch der Name des letzten Betreibers: „Topalovic Djuradi, 2 Hamburg 36" (seit 1993 gelten die fünfstelligen Postleitzahlen!). Kinderbuchautor James Krüss hat diese besondere Litfaßsäule in den Achtzigerjahren in *Nele oder das Wunderkind* beschrieben: „In der Nähe des Hauptbahnhofs, in der Langen Reihe, der Litfaßsäule gegenüber, in der die Blumenfrau Finny ihr rundes Stübchen hat ..."

DIE HADAG-FÄHRE 62

18

Die heimliche Hafenrundfahrt

Fähranleger Brücke 3, Landungsbrücken, 20359 Hamburg (Stadtteil St. Pauli, Bezirk Mitte)
S1, S3, U3 (Landungsbrücken)

Ein Fährkapitän der Hadag sagte einmal: „Die Fähren sind robust, und wir sind es auch.“ Die Hadag-Fähre 62 fährt bei jedem Wetter, auch im Sturm, wenn die Wellen bedrohlich hoch werden können, und selbst bei winterlichem Eisgang. Wenn man bei starkem Wind auf dem Oberdeck steht, kann man von der Elbe regelrecht abgeduscht werden. Die Gischt fliegt bei wildem Wetter meterhoch durch die Luft. Die Hamburger nennen ihre Fähren etwas respektlos „die Bügeleisen“, womit ihre Form allerdings sehr treffend beschrieben ist. Vor über 100 Jahren, im Jahr 1888, legte die erste Flotte Hadag-Fähren von den Landungsbrücken ab. Heute gehört Hadag zum Hamburger Verkehrsverband und die Fahrtkosten für eine Fährfahrt sind mit dem Kauf einer Tageskarte abgedeckt.

Wenn man den Hafen entdecken möchte und dazu keinen Fremdenführer braucht, ist die Hadag-Fähre 62 das ideale Transportmittel. Die Route elbwärts Richtung Finkenwerder beginnt an der Brücke 3. Es liegen lauter historische Hamburger Orte auf der Strecke zur Insel der Finken. Die erste Station ist der Fischmarkt von St. Pauli mit der alten Fischauktionshalle aus dem Jahr 1895. Von dort geht die Fahrt weiter nach Westen Richtung Altona. Man kann vom Fluss aus das Dockland bewundern, ein Bürogebäude, das Architekt Hadi Teherani der Form eines Rennbootes nachempfunden hat. Auf der Fahrt über die Elbe kommt die Fähre auch schon einmal an großen Containerschiffen vorbei, die langsam durch die Fahrrinne auf den Containerhafen Waltershof zufahren oder von dort kommen und zur Nordsee hinausfahren. Der nächste Anleger liegt im Museumshafen Övelgönne, hier hält die Fähre in unmittelbarer Nähe des historischen Finkenwerder Fischkutters „Freiherr von Maltzahn“ (gebaut 1928 auf der Sietas-Werft) und des ältesten Feuerschiffes der Welt, der „Elbe 3“. Am Rand des Fähranlegers sieht man das historische Wartehäuschen „Döns“, was im Hamburger Platt „Stube“ bedeutet. Nach dem Ablegen geht die Fahrt am Elbufer von Övelgönne entlang, das zu den schönsten Stränden im Hamburger Westen gehört. Häufig sind Segelboote zu sehen, denn die Elbe ist ein herrliches, wenn auch ausgesprochen riskantes Segelrevier. Der Blick auf die Villen am Geesthang ist von der Elbe aus besonders beeindruckend. Hier kreuzt die Fähre und nimmt Kurs auf das Ufer von Finkenwerder. Man kann an Bord bleiben, bis von Finkenwerder wieder abgelegt wird, und zurück zu den Landungsbrücken fahren.

DIE INSCHRIFT AUF DEM PEGELTURM

(19)

Was bedeutet die uralte Warnung im Stein?

Brücke 3 bei den St. Pauli Landungsbrücken, 20359 Hamburg (Stadtteil St. Pauli, Bezirk Mitte)
S1, S3, U3 (Landungsbrücken)

Am Pegelturm stehen straßenseitig sieben Worte in Stein gemeißelt: „Vohr di wann de blanke Hans kümmt." Es ist nicht der Sensenmann, vor dem gewarnt wird. Seine kleinen Schergen, die Menschen, verhöhnt der blanke Hans. Er ist kalte Macht ohne Form. Grausamer als der Tod. Ein blinder Wille ohne Gnade. Eine tosende, alles verschlingende Urgewalt, die nichts als Grauen und Verwüstung zurücklässt: die Sturmflut. Aus dem Plattdeutschen übersetzt lautet die Warnung: Bewahre dich bzw. schütze dich, wenn der blanke Hans kommt.

In einer eiskalten Februarnacht des Jahres 1962 tobt Orkan Vincinette mit mehr als 130 Stundenkilometern von der Nordsee auf die Küste zu. Seine Wucht drückt gigantische Wassermassen in die Deutsche Bucht und weiter in die Elbe. Es ist Freitagabend und in Hamburg freut man sich auf das Wochenende. Irgendwann kommt eine Meldung im Radio, die Elbe hätte Hochwasser, aber niemand hört richtig zu. Als die Flutwarnung später im Fernsehen in den Abendnachrichten wiederholt wird, ist es zu spät. In einer einzigen Winternacht reißt der blanke Hans über 60 riesige Lecks in Hamburgs Deiche oder stürzt in Wogen über sie hin, die höher sind als Hamburg je welche sah. In dieser Nacht verlassen über 20.000 Menschen in panischer Angst ihre Wohnungen. Hunderte verlieren ihr Zuhause für immer und die Zahl der Toten steigt. Über 300 Menschen sterben in der Sturmflut. Am Pegelturm der Landungsbrücken wird ein Wasserstand von 5,70 Metern gemessen. Hamburg erstarrt vor Angst.

Am nächsten Morgen sind große Teile der Stadt von der Stromversorgung abgeschnitten, die Kraftwerke sind überflutet. Im Hubschrauber fliegen die Stadtoberen über Hamburg, um sich ein Bild von der katastrophalen Lage zu machen. Ein Fünftel von Hamburg liegt unter Wasser. Im Alleingang entscheidet Innensenator Helmut Schmidt, Bundeswehr und Nato um Hilfe zu bitten, um mit Sturmbooten und Hubschraubern nach Hamburg zu kommen. Eine Luftbrücke wird eingerichtet und drei Tage lang hat Hamburg weder Strom noch Gas noch Telefon. Am 26. Februar versammeln sich über 150.000 Menschen vor dem Rathaus, um die Toten zu betrauern. Die nächste Sturmflut suchte Hamburg im Jahr 1976 heim, wobei der Wasserpegel sogar noch um einen Meter höher als 1962 stieg. Nach den fürchterlichen Erfahrungen hatte die Stadt ihren Küstenschutz und ihr Frühwarnsystem auf den neuesten Stand gebracht. Der blanke Hans kam seither nicht mehr in die Stadt.

DIE SKULPTUR VON SIR WILLIAM LINDLEY

20

Europas erstes Abwassersystem für Hamburg

Vorsetzen/Baumwall, 20459 Hamburg (Stadtteil Neustadt, Bezirk Mitte)
U3 (Baumwall)

Ein unauffälliger kleiner Mann steht unter der U-Bahnbrücke und blickt auf die Elbe. Sein Name ist nur noch Wenigen bekannt, obwohl der Gentleman mit dem mächtigen Backenbart eins der größten Probleme der Stadt löste. Der schreckliche große Hamburger Brand von 1842 hätte verhindert werden können, wäre die Versorgung mit Löschwasser in Hamburg ausreichend gewesen. Doch das war sie nicht und so brannte während des tagelangen Feuers die Innenstadt nieder, ohne dass die Feuerwehr ihn löschen konnte. Der Hamburger Senat hatte aus dem Feuer gelernt und sah ein, dass das Problem mit dem Wasser endlich gelöst werden und ein Versorgungssystem für die gesamte Stadt gebaut werden musste. Sir William Lindley schuf in Hamburg das erste unterirdische Abwassersystem auf europäischem Festland. Buchstäblich von Grund auf wurde Hamburg durch die Entwürfe des britischen Ingenieurs modernisiert. Sowohl Regenwasser als auch Abwässer und Fäkalien wurden in Siele geleitet, die durch unterirdische Kanalsysteme miteinander verbunden waren. Man sieht neben der Lindley-Statue ein Häuschen mit einem Eingang zu den Sielanlagen. Am Tag des offenen Denkmals wird es gelegentlich für das Publikum geöffnet, ansonsten haben nur die Mitarbeiter der Hamburger Wasserwerke Zutritt.

Als Lindley nach Hamburg kam und begann, über eine Lösung des Problems nachzudenken, wie die Stadt mit Löschwasser zu versorgen sei, ließ er sich von der Kraftader der Stadt, der Elbe, inspirieren. Was er beobachtete, war ein Fluss, der sich zweimal am Tag durch Ebbe und Flut selbst einigermaßen, wenn auch nicht vollständig, zu reinigen vermochte. Also entwarf Lindley Staubecken zur Selbstreinigung seines Sielsystems und dazu selbsttätig schließende Fluttore für die Sielausmündungen in die Elbe. Die neuen Staubecken sicherten die Löschwasserversorgung der Stadt und es schien, als sei Hamburg endlich von allen seinen Wassersorgen befreit. Doch in Wirklichkeit stand das größte Unglück erst unmittelbar bevor. Lindleys Zeit in Hamburg fiel zeitlich zwischen zwei Katastrophen, die Hamburg innerhalb von 50 Jahren heimsuchten. Nach dem großen Brand war die Stadt zwar mit Löschwasser versorgt, doch an sauberem Trinkwasser herrschte noch immer entsetzlicher Mangel. 30 Jahre nach Lindleys Abwasserreform brach in Hamburg die Cholera aus und verbreitet sich rasch, denn den Bewohnern der Armenviertel blieb nichts anderes übrig, als das Wasser aus der Elbe ungefiltert zu trinken.

DER MOTOR DER „CAP SAN DIEGO“

21

Das verborgene Herz

Überseebrücke, 20459 Hamburg (Stadtteil St. Pauli, Bezirk Mitte)
Montag bis Sonntag 10–18 Uhr
U3 (Baumwall)

An Bord des Museumsschiffes „Cap San Diego“ wartet im Verborgenen eine Entdeckung. Der Weg dorthin führt nicht auf die Brücke oder in die Offizierskabinen, sondern über viele Leitern ins Unterdeck des Schiffes, wo es herrlich nach Öl riecht und man zum Maschinenraum gelangt. Dort steht die MAN-Hauptmaschine (Baujahr 1961) und der riesige Zweitaktmotor des Schiffes mit der technischen Bezeichnung K9Z 78/140. Der Name bedeutet K wie „Kreuzkopf“, 9 Z für „9 Zylinder“ mit jeweils 78 cm Durchmesser und einem Hub von 140 cm. Der Dieselmotor bringt es auf eine Leistung von 11.650 PS bei 118 Umdrehungen pro Minute.

Wenn die Maschine in Betrieb ist, herrscht unter Deck ohrenbetäubender Lärm. Der Kolben des Zweitaktmotors gibt seine Kraft über die Kurbelwelle an den Schiffspropeller ab und die neun Zylinderkolben sind gut erkennbar der Länge des Schiffes nach in einer Reihe angeordnet. Die Kolben sind um jeweils 40 Winkelgrade versetzt, sodass sie in Bewegung möglichst gleichförmig ihre Kraft an die Welle abgeben, die am hinteren Ende mit dem Schiffspropeller verbunden ist. Das ergibt eine imposante Kurbelwelle von insgesamt 51 Metern Länge. Ein ehemaliger Werftarbeiter der Deutschen Werft berichtete davon, wie die Welle dort seinerzeit in Handarbeit glattgeschliffen wurde, bis sie perfekt rund lief. Bei der Verbrennung entstehen im Motor Temperaturen von über 1.000 °C. Damit in der enormen Hitze die Zylinderkopfdeckel nicht reißen und Schäden an den Kolben entstehen, haben Motoren eine Kühlwasservorrichtung. Das Besondere der Maschine K9Z 78/140 ist die Wasserkühlung über den Posaunenrohren, von denen das eine an die Frischwasserpumpe angeschlossen ist, während das andere das erwärmte Wasser aus dem Motor ableitet. Beide Posaunenrohre sind beweglich, laufen synchron mit dem Kolbenhub und werden dabei in die Windkessel, zwei voneinander getrennte Wassertanks, gesenkt.

In der „Cap San“-Serie liefen sechs schnelle, weiße Stückgutfrachter für die Reederei Hamburg-Süd. Die Schiffe wurden zwischen 1961 und 1962 gebaut und ihre Frachtrouten führten hauptsächlich in die Häfen Südamerikas. 1963 fuhr das Schwesterschiff der „Cap San Diego“, die „Cap San Augustin“, dann sogar zum ersten Mal die Route Nordamerika-Australien/Neuseeland. Die „Cap San Diego“ ist der größte fahrtüchtige Museumsfrachter der Welt und legt mehrmals jährlich mit 500 Passagieren an Bord zu Museumsfahrten von der Überseebrücke ab.

DER ZOMBECK-TURM VORSETZEN

(22)

Wartehäuschen im Angriffsfall

Vorsetzen 70, 20459 Hamburg (Stadtteil Neustadt, Bezirk Mitte)
U3 (Baumwall)

Im Inneren des Zombeck-Turms befindet sich heute ein erstklassiges portugiesisches Restaurant, denn er steht im Hamburger Portugiesenviertel. Ein monumentaler Reichsadler, der noch über dem Eingang zu sehen ist, erinnert an die ursprüngliche Bestimmung des Backsteinbaus. Keine deutsche Stadt hatte während des Krieges mehr Bunker als Hamburg. Der größte von ihnen konnte 5.000 Menschen aufnehmen und ist nach dem Krieg zur Tiefgarage unter dem Spielbudenplatz umfunktioniert worden. Von den Zombeck-Türmen standen zwölf in Hamburg, einige wurden inzwischen abgerissen. Nach dem Entwurf Paul Zombecks waren die Wände aus anderthalb Meter dickem Beton und kegelförmige Dächer sollten aufschlagende Treffer abprallen lassen. Von außen waren die Türme mit Backsteinen verkleidet, um die runden Luftschutzbunker dem Hamburger Straßenbild anzupassen oder an mittelalterliche deutsche Wehrtürme wie das Holstentor in Lübeck zu erinnern. Die Bunker sollten allen Ernstes dekorativ wirken. Man darf nicht vergessen, dass das NS-Regime sich mit allem nur erdenklichen Propagandagetöse die größte Mühe gab, einen siegesgewissen Eindruck zu machen. Unter allen Umständen sollte der Eindruck vermieden werden, es sei möglich oder überhaupt nur denkbar, dass Deutschland angegriffen werden könnte.

Die Zombeck-Türme wurden an Verkehrsknotenpunkten wie Straßenbrücken, Bahnstationen, großen Kreuzungen oder, wie im Fall des Turms Vorsetzen, dem Hamburger Hafen, platziert. Bei einem Luftangriff sollten so viele Hafenarbeiter und Passanten wie möglich Schutz finden. Das Besondere an Zombecks Konstruktion sind die stufenlosen Ebenen, die im Inneren des Turms in sechs Umrundungen bis nach oben zum Dach anstiegen. Auf Treppen wurde verzichtet, denn so sollten Menschenstaus und Unfälle vermieden und ein zügiges und reibungsloses Betreten und Verlassen des Turms für mehrere hundert bis über tausend Menschen gewährleistet werden. Im Gegensatz zu Tiefbunkern, die mit Vorratskammern und sanitären Anlagen ausgestattet waren, sollten die oberirdisch liegenden Hochbunker bei Angriffen nur kurzfristig bis zum Ende eines Bombenschauers Schutz bieten. Holzbänke boten in den Türmen Sitzplätze für knapp über 500 Menschen, doch fanden hier im Notfall bis zu 1.800 Schutzsuchende Zuflucht. Für den Fall, dass der Haupteingang nach einem Angriff verschüttet worden wäre, konnte der Zombeck-Turm über einen hochliegenden zweiten Eingang verlassen werden.

DER PATERNOSTER IM SLOMANHAUS

23

Immer in Bewegung

Steinhöft 11, 20459 Hamburg (Stadtteil Altstadt, Bezirk Mitte)
Montag bis Freitag 10–17 Uhr
U3 (Baumwall)

Der historische Paternoster im Slomanhaus ist weltweit der älteste seiner Bauart. Wie man beim Betreten des atemberaubend schönen Treppenhauses feststellt, ist das Slomanhaus selbst eine Hamburger Sehenswürdigkeit und steht als gemeinschaftliches Bauwerk der beiden berühmtesten Hamburger Architekten seit 20 Jahren unter Denkmalschutz. Der Jugendstilentwurf aus dem Jahr 1908 stammt von Martin Haller, nach dessen Entwurf auch das Hamburger Rathaus gebaut wurde. Fritz Höger stockte das Gebäude in den Zwanzigerjahren auf.

Trügerisch gemächlich naht der Ausstieg in die nächste Etage. Man glaubt, alle Zeit der Welt zum Aussteigen zu haben, und schon ist man an der eben noch vor einem liegenden Etage bereits wieder vorbei. Paternoster fahren wesentlich langsamer als Fahrstühle, nur etwa einen Viertelmeter schaffen die Seile pro Sekunde. Bleibt also Zeit genug, darüber nachzudenken, was oberhalb der letzten Etage mit der Kabine geschehen mag, wenn man bis zum Schluss darin stehenbleibt. Wird man oben vielleicht waagerecht über eine knarrende Seilwinde geschleift, wie Graf Dracula in seinem Sarg, ehe es mit den Schuhspitzen voran wieder abwärts nach unten zurück geht? Zum Glück nicht. Am oberen und unteren Wendepunkt werden die Kabinen über Drehscheiben in den anderen Schacht geleitet, sodass sie während der gesamten Fahrt senkrecht hängen. Seinen Namen hat der Paternoster von den katholischen Gebetsketten, an deren Perlen der Rosenkranz gebetet wird.

Das Slomanhaus war das Kontorhaus der Reederei Rob. M. (Robert Miles) Sloman, die 1793 gegründet wurde und die älteste Reederei Deutschlands ist. Familie Sloman kam vor über 200 Jahren aus England nach Hamburg. Mit Auswandererschiffen brachte es Reeder Sloman zu beträchtlichem geschäftlichem Erfolg. Bereits 1928 liefen seine Schiffe unter Segeln den Hafen von New York an und nicht lange danach die Häfen sämtlicher Kontinente.

Neben dem Eingang am Steinhöft hat das Reedereigebäude seinen Haupteingang am Baumwall. Hier sieht man die berühmte Marmorhalle mit verglastem Oberlicht. Reeder Sloman, der aus einer Kapitänsfamilie stammte, wählte für das Oberlicht eine hauseigene Neugestaltung der Hamburgflagge. Sie zeigt das Hamburger Stadttor nicht auf rotem, sondern auf meerblauem Grund und ist mit weißen Sternen verziert.

FLUSSSCHIFFERKIRCHE

24

Gottesdienst auf dem Wasser

Hohe Brücke 2, 20459 Hamburg (Stadtteil Altstadt, Bezirk Mitte)
Gottesdienst jeden Sonntag 15 Uhr (letzter Sonntag im Monat auf Plattdeutsch)
www.flussschifferkirche.de
U3 (Baumwall)

Am Sonntagnachmittag erklingt Glockengeläut über dem Binnenhafen hinter der Kehrwiederspitze. Auf den ersten Blick sieht man aber weit und breit keine Kirche. Dann entdeckt man ein goldenes Kreuz auf dem Dach eines blauen Schiffes. Die Flussschifferkirche gehört zu den bezauberndsten Fotomotiven des Hamburger Freihafens und ist eine typische Hamburgensie. Getauft auf den Namen Flusi, besitzt sie als einzige Kirche in Deutschland ein Kirchenschiff, das wirklich ein Schiff und obendrein seetüchtig ist. Jeden Sonntag um 15 Uhr findet auf der Flussschifferkirche ein Gottesdienst statt und an jedem vierten Sonntag im Monat wird die Predigt auf Plattdeutsch gehalten. Weil sie als Veranstaltungsort in Hamburg einzigartig ist, finden hier regelmäßig Konzerte, Lesungen und Vorträge statt. Viele Hamburger haben sich auf der Flusi das Jawort gegeben. Eltern haben ihre Kinder in der Wasserkirche taufen lassen. Darüber hinaus unternimmt die Flusi regelmäßig Pilgerfahrten zu Wasser durch ganz Deutschland.

1906 wurde das Schiff als Frachtkahn – als sogenannte Schute – gebaut. Schuten sind Transportschiffe. Flusi war ursprünglich nicht als Reiseschiff, sondern für den Einsatz im Hafen gebaut worden. Erst 1952 erhielt sie zwei Wochen vor Weihnachten ihre Kirchenweihe. Der Umbau vom Transportschiff zum Passagierschiff begann. An Bord des ehemaligen Frachters wurden 130 Sitzplätze installiert. Der Altar und das Taufbecken wurden gebaut und ein wenig später kam die Kirchenorgel an Bord. Um das schwimmende Gotteshaus für Passagiere sicher zu machen, musste eine neue Ausrüstung her. Rettungsringe und ein tragbarer Landungssteg gehörten dazu.

Als der Umbau fast fertig war, tauchte ein gravierendes Problem auf, mit dem niemand gerechnet hatte. Flusi passte nicht unter den Brücken durch. Der neugebaute Glockenturm der schwimmenden Kirche war zu hoch. Alle Anstrengungen schienen für die Katz gewesen zu sein. Wie sollte Flusi auf Pilgerfahrt gehen, wenn sie in der Hamburger Innenstadt unter keiner Brücke durchkam? Aber als Kirche brauchte das Schiff seinen Glockenturm mit Glocke. Keiner wusste, wie es weitergehen sollte. Es half nur noch Beten. Schließlich kam doch noch der rettende Einfall. Der Glockenturm wurde neu konstruiert und demontierbar gemacht. Um unter den Brücken durchzufahren, können Glockenturm und Glocke wie ein Hut abgenommen werden.

DER NEUE KRAN

25

Hamburgs ältester Hafenkran

Hohe Brücke, 20459 Hamburg (Stadtteil Altstadt, Bezirk Mitte)
U3 (Baumwall)

Warum ist in Hamburg eine ganze Straße nach einem Kran benannt, der eigentlich so unscheinbar ist, dass man ihn fast übersieht? Es ist wie mit einem erfolgreichen Mann und der Frau, die hinter ihm steht und seinen großen Haushalt am Laufen hält. Der Mann wären in diesem Fall die Handelsschiffe und die starke Frau hinter ihm wären die Krane im Hafen. Wie Kranforscher Rudolf Menzel richtig festgestellt hat, wird in Hamburg nicht von „Kränen", sondern von „Kranen" gesprochen. Das Wort „Kran" entstand im 14. Jahrhundert im Bund der Hafenstädte, weltweit bekannt als die Hanse. Die äußere Ähnlichkeit mit einem Kranich – langer Hals, langer Schnabel und ein Körper auf Stelzenbeinen – gab der imposanten Hebevorrichtung damals ihren Namen. In Hamburg wurde jedoch schon 100 Jahre vorher eine große Hebemaschine mit schwenkbarem Arm urkundlich erwähnt. Bereits 1291 stand ein Kran in der Nähe des Hafens.

So erklärt sich, warum Hamburgs ältester Kran den Namen „Neuer Kran" trägt. Der Alte Kran von 1291, der heute nicht mehr steht, befand sich 600 Meter vom Neuen Kran entfernt dort, wo vor über 700 Jahren der Puls des Hamburger Handels schlug. Das Zollhaus von 1266 und die Hamburger Börse von 1558 sind verschwunden, aber die Zollbrücke von 1633 steht ein paar hundert Meter vom Neuen Kran entfernt auf der anderen Seite der Willy-Brandt-Straße. Hier stand im Mittelalter der Alte Kran neben der großen Stadtwaage von 1269. Das war nicht einfach bloß eine Waage, sondern ein großes Gebäude, vor dem die schwer beladenen Fuhrwerke der Händler Schlange standen. Der Alte Kran hob die Fracht Sack für Sack und Kiste für Kiste auf die Stadtwaage und die Kaufleute bezahlten dafür Wiegegeld. Man darf nicht vergessen, dass Maße und Gewichte im Mittelalter noch nicht einheitlich waren und von Stadt zu Stadt schwankten.

Als man den Hamburger Hafen zur Alstermündung hin erweiterte, wurde 1353 der „Neue Krahn" (damals mit „h") aufgestellt. Er war aus Holz, wurde später durch einen Eisenkran ersetzt und blieb eine halbe Ewigkeit, nämlich bis 1974, im Einsatz. Seine Aufgabe war das Beladen und Entladen der Schiffe. Mit Kranen wurde der Betrieb im Hafen vereinfacht, das heißt beschleunigt und noch lukrativer gemacht. Möglichst viele Waren in möglichst kurzer Zeit umzuschlagen war schon damals das Ziel und wenn man sich die riesigen Containerbrücken ansieht, die heute in Waltershof die Frachter beladen und entladen, kann man kaum fassen, dass ihre Geschichte mit dem vergleichsweise einfachen und kleinen Neuen Kran angefangen hat.

ENTSTEHUNG DES HAMBURGER BRANDS IN DER DEICHSTRAẞE 44

(26)

Hamburg in Flammen

Deichstraße 44, 20459 Hamburg (Stadtteil Altstadt, Bezirk Mitte)
U3 (Rödingsmarkt)

Zweimal in der jüngeren Geschichte der Stadt fiel Hamburg Flammen zum Opfer. Die Feuernächte des Krieges brachte die Englische Luftflotte 1943 über die Stadt. Fast genau einhundert Jahre zuvor stand Hamburg schon einmal in Flammen. Doch damals entfachte sich der Brand, der die Innenstadt verwüsten sollte, in einem einzigen Haus. Am Donnerstag, den 5. Mai 1842, brach um ein Uhr nachts im Speicher des Tabakhändlers Eduard Cohen, Deichstraße 44, ein Feuer aus. Mit immenser Geschwindigkeit wuchs der Brand zu einem Flammeninferno, das drei Tage lang in Hamburg wütete. Es schien aussichtlos, das Feuer zu löschen. Ganze Straßenzüge der Hamburger Innenstadt wurden in den Flammen vernichtet.

Alle Kaufleute in der Deichstraße hatten Warenspeicher in ihren Häusern. Vieles, was dort lagerte, brannte wie Zunder: Hanf zur Herstellung von Schiffstauen, Wolle für die Textilindustrie und Papier. Binnen weniger Stunden waren die Flammen aus der Deichstraße zu einer riesigen Feuerwalze angewachsen, die sich Straße für Straße unaufhaltsam durch die Stadt schob. Der Brand war größer, als es sich die Hamburger Feuerwehr je hätte vorstellen können. Als nach vier Stunden alle Wasserspritzen im Einsatz waren, glaubte niemand mehr an ein baldiges Ende des Feuers. Die Flammen sprangen über den schmalen Fleet und griffen zunächst auf die gegenüberliegende Häuserseite über. Mittags wurden in den Hamburger Kirchen noch Gottesdienste zur Himmelfahrt abgehalten. Schon am Nachmittag erfassten die Flammen den hölzernen Kirchturm der St. Nikolaikirche, der eine Stunde später brennend auf die Straße stürzte. Die darin enthaltenen Kirchenschätze konnten nicht mehr geborgen werden und gingen in Flammen auf.

Um das schreckliche Feuer von Südosten her aufzuhalten, wurde am Morgen des 6. Mai das alte Rathaus gesprengt. Doch die Flammen drangen weiter in die Stadt vor und breiteten sich bis zum Jungfernstieg aus. Obdachlos gewordene Menschen hatten sich zur Binnenalster geflüchtet und sprangen ins Wasser, als das Feuer die Promenade erreichte. Mit letzten Löschwasserreserven gelang es, das Gebäude der Hamburger Börse zu retten. Am dritten Tag griff das Feuer auf die Petrikirche über und auch sie stürzte brennend zusammen. Erst am Sonntag, den 8. Mai, wurde der Brand gelöscht. Die Straße an dieser Stelle heißt heute Brandsende. Der Große Brand von 1842 zerstörte ein Drittel der Altstadt. Annähernd 20.000 Menschen wurden in den Flammen obdachlos und 50 Hamburgerinnen und Hamburger verloren im Feuer ihr Leben.

DAS ALSTERSCHÖPFWERK

(27)

„Hamburgs stärkster Bodyguard"

Herrlichkeit 1, 20459 Hamburg (Stadtteil Altstadt, Bezirk Mitte)
U3 (Baumwall)

In einer kleinen Straße namens Herrlichkeit steht das Alsterschöpfwerk an der Schaartorschleuse. Die drei imposanten Pumpen regeln den Wasserstand und schützen die Stadt zuverlässig vor Hochwasser. Leuchtend blau, sieht man die drei schon von weitem im Glaspavillon stehen. Seit ihrem ersten Einsatz im Jahr 1967 halten sie zuverlässig den Wasserpegel und mussten noch kein einziges Mal repariert werden.

Unter dem sogenannten Tidenhub versteht man den gezeitenabhängigen Höhenunterschied im Wasserstand von Ebbe zu Flut und danach wieder von Flut zu Ebbe. Er ergibt sich aus dem Tidenstieg und Tidenfall und ist von Gewässer zu Gewässer verschieden. Bei der Elbe macht der Tidenhub ungefähr zwei Meter aus, was bedeutet, dass ihr Wasserstand bei normaler Flut zwei Meter höher ist als bei Ebbe. Bei einer Sturmflut ist der Wasserstand der Elbe allerdings wesentlich höher. Vor der großen Sturmflut 1962 waren die Alstermündungen in die Stadt tideoffen, weshalb sie vom Wasser der Elbe häufig überflutet wurden. Normalerweise fließen Hochwasserstände im Alsterfleet bei Niedrigwasserstand der Elbe wieder ab. Trägt die Elbe jedoch sehr viel Wasser, kann sie bei Niedrigwasser einen so hohen Wasserstand haben, dass das Alsterfleet nicht abfließen kann. Damit der Pegel trotzdem unter Kontrolle bleibt, wurde das Alsterschöpfwerk gebaut. Nach der Sturmflut wurden die Alstermündungen sturmflutsicher gemacht und das Alsterfleet zum Hauptschifffahrtsweg zwischen Außenalster und Elbe ausgebaut. An der Mündung zwischen beiden liegt seither die Schaartorschleuse, die die unterschiedlichen Wasserhöhen der beiden Flüsse überbrückt. Die Schiffsschleuse mit zwei großen Kammern sorgt dafür, dass der Wasserstand bei ein- und ausfahrendem Schiffsverkehr konstant bleibt. Zusätzlich zum Freigerinne, dem natürlichen Ablauf des Wasserstands, werden diese beiden Schleusenkammern zur Hochwasserableitung in die Elbe eingesetzt. Es lohnt sich, das Spektakel der Schleusen einmal von der nahgelegenen Brücke aus zu beobachten.

Die drei Hochleistungspumpen drücken alles, was an Alsterwasser zu viel ist, mit einer Leistung von je 12 m^3 Wasser pro Sekunde und 4,5 Metern maximaler Förderhöhe, in die Elbe zurück. An der Schaartorschleuse wird der Wasserstand an der Rathausschleuse auf einem Bildschirm genau beobachtet, denn von dort gelangt das Wasser zum Alsterschöpfwerk. Beim ersten Anzeichen einer Überflutung wird das Hochwasserschutztor dichtgemacht und Hamburg bleibt trocken.

DIE UHRZEIGER IN DER KRYPTA

㉘

Der rote Hahn im Kirchturm

Hauptkirche St. Michaelis, Englische Planke 1, 20459 Hamburg (Stadtteil Altstadt, Bezirk Mitte)
Busse 17 und 37 (Michaeliskirche)

Hamburg blickt zurück auf eine katastrophenvolle Geschichte mit dem „roten Hahn", wie man Gebäudebrände früher in Deutschland genannt hat. Am 3. Juli 1906, einem warmen und lieblichen Sommertag, brannte die Hauptkirche St. Michaelis. Der Kirchturm krachte in den Flammen zusammen und sowohl die Kuppel der Turmspitze als auch die beiden Uhren stürzten in die Tiefe. Eine entsetzte Menschenmenge aus Anwohnern, Arbeitern und Schulkindern, die in Angst und Schrecken vor der Kirche zusammengelaufen kam, sah aus riesigen, dunklen Rauchwolken die hellgoldenen Zeiger der Turmuhren auf die Straße fallen. Hamburgs Familien erinnerten sich damals noch an den großen Brand von 1842, der rund um den Michel in der Stadt gewütet hatte, und niemand ahnte, dass knapp 40 Jahre später Englands Luftwaffe Hamburg erneut in Brand setzen und verwüsten würde.

Was geschah an jenem 3. Juli 1906? Es ist ein normaler Arbeitstag, ein Dienstag, und im Turm des Michels sind ein Dachdecker und ein Klempnergeselle damit beschäftigt, in der Kupferabdeckung des Kirchturms Schäden auszubessern. Sie haben neue Kupferplatten mitgebracht, die sie außen am Kirchturm festlöten wollen. Unter der reparierten Stelle soll der Turm hinterher mit Teerpappe ausgekleidet und so wieder wetterfest gemacht werden. Die Lötlampe ist benzinbetrieben, und sicherheitshalber haben die Handwerker mehrere Eimer Wasser bereitgestellt. Es kam leicht vor, dass beim Löten etwas in Brand geriet und gelöscht werden musste. Kurz darauf gerät ein wenig Teer in Brand, doch der Geselle tritt die Flämmchen mit den Schuhen aus. Was er nicht sieht, ist, dass etwas brennender Teer ins trockene Gebälk des Turms kleckert und das Holz unter ihm Feuer fängt. Wo die Handwerker die Außenverkleidung für ihre Reparatur geöffnet hatten, weht Wind in den Kirchturm und peitscht die Flammen in die Höhe. Der Brand breitet sich rasend schnell aus, und obwohl die Feuerwehr sofort gerufen wird, ist der Turm nicht mehr zu retten.

Ein paar Minuten nach drei Uhr am Nachmittag stürzt der Kirchturm des Hamburger Wahrzeichens in Flammen gehüllt auf die Straße. Die lanzenförmigen, mehrere Meter langen Zeiger der Uhren fallen auf das Pflaster, zerbrechen aber nicht. Sie sind heute in der geheimnisvollen, dunklen Krypta des Michels frei zugänglich ausgestellt und aus der Nähe betrachtet versetzt ihre Größe den Besucher in Erstaunen. Die goldenen Zeiger waren bis an Bord der im Hafen ein- und auslaufenden Schiffe gut zu erkennen.

DIE WITWENWOHNUNG

㉙

Krameramt seit 1375

Krayenkamp 10, 20459 Hamburg (Stadtteil Neustadt, Bezirk Mitte)
Montag, Mittwoch bis Freitag 10–17 Uhr, Samstag und Sonntag 10–18 Uhr, Dienstag geschlossen
U1 (Haltestelle Ohlstedt)

Mit dem Bau der Reihenhaussiedlung im Krayenkamp, in der sich die Witwenwohnung befindet, wurde 1620 begonnen. Nirgendwo in Hamburg sieht man noch so deutlich, wie schmal viele Hamburger Gassen und Straßen im 17. Jahrhundert waren, wie dicht an dicht die Häuser im alten Hamburg nebeneinander und einander gegenüberstanden. Seit bald 100 Jahren steht die Siedlung unter Denkmalschutz und hat wundersamerweise die Bombenangriffe des Zweiten Weltkrieges überstanden. Um möglichst viel Wohnraum zu schaffen, wurde vor 400 Jahren auf besondere Weise gebaut: Die Obergeschosse der Häuser wurden vorkragend gemauert, das heißt, breiter gebaut als die darunter liegenden Stockwerke. Die Last von oben hat dem unteren Teil der Gebäude nicht geschadet, die Bauweise erweist sich bis heute als stabil. Die Fenster der alten Häuser öffneten sich meistens nach außen, um beim Öffnen nicht in den kleinen Zimmern im Weg zu sein.

In den alten Häusern im Krayenkamp lebten früher Mitglieder der Handelszünfte. Seit 1375 existierte das Krameramt, zu dem sich Hamburger Händler wie Gewürz-, Eisenwaren- und Seidenhändler zusammengeschlossen hatten. Mit dem Bau der Fachwerkhäuser schufen sie Alterssitze und Invalidenwohnungen für Witwen und arbeitsunfähige Krämer (Händler). Es handelte sich um sicheren Wohnraum und den Schutz vor dem Armenhaus oder Obdachlosenasyl. Im Gegenzug gewährte die Zunft der Krämer über das Krameramt für jeden in den Ruhestand versetzten Zunftbruder einem neuen Mitglied der Zunft die Niederlassung seines Ladens in Hamburg.

Die Witwenwohnung erreicht man über eine steile, nur 70 cm breite Holztreppe. Es ist eher eine Leiter als eine Treppe und die Witwen werden es nicht leicht gehabt haben, hinauf und hinunter zu gelangen. Hier hat das Museum für Hamburgische Geschichte einen unvergesslichen Ausstellungsort eingerichtet. Jeder, der die Wohnung sieht, entdeckt an der Wand das verblüffend kurze Bett und staunt, wie klein die Menschen früher waren. Dabei waren sie früher nicht kleiner, sie schliefen nur anders. Die weniger gut betuchte Bevölkerung zog früher beim Schlafen die Beine an und die Betten wurden kürzer gebaut. Platz zu sparen war wichtig, denn die Familien waren groß und lebten in kleinen Wohnungen. Unter dem Witwenbett steht ein weißer Nachttopf und angeblich bringt es Glück, sogar Wünsche sollen sich erfüllen, wenn man eine Cent-Münze hineinlegt. Über der Witwenwohnung liegt eine weitere Etage, in der sich ein dunkler, alter Dachboden befindet.

JETTES GOLDENER FINGER

30

Ein bisschen Extraglück

Standort an der Treppe bei der Straße Teilfeld, 20459 Hamburg (Stadtteil Neustadt, Bezirk Mitte)
U3 (Rödingsmarkt)

Jettes goldener Zeigefinger erfüllt die kleinen Wünsche, wenn man ihn berührt, während man sich etwas wünscht. Die unheimliche Statue, bei deren Anblick man ein wenig erschrecken kann, befindet sich an der Treppe zum Teilfeld in der Neustadt. Der Künstler Hansjörg Wagner schuf das Standbild, das 1986 aufgestellt worden ist. Jettes Finger ist mittlerweile schon so blank gewetzt, dass er im Dunkeln leuchtet. Die Zitronenjette war ebenso wie die Vogeljette und der Wasserträger Hummel ein Hamburger Original. Doch Sympathie drückt sich darin nicht aus. Die Faszination der Hamburger für ihre Sonderlinge äußerte sich stets in bösem Spott über Andersartigkeit. Die Zitronenjette, die an einer Wachstumsstörung litt und nicht größer als 1,30 Meter wurde, blieb ihr Leben lang eine Außenseiterin. Dabei war sie von morgens bis abends unter Leuten. Von 1854 bis 1894 mit ihrem Zitronenkorb über dem Arm in Hamburgs Straßen unterwegs, rief sie Tag und Nacht ihr Sprüchlein „Zitroon, Zitroon, frische Zitroon!"

Geboren 1841 in Dessau, kam Henriette Johanne Marie Müller im Alter von 13 Jahren nach Hamburg. Sie musste schon als Kind für ihren Lebensunterhalt selbst sorgen. Eine Streunerin war sie – heute würde man sagen ein Straßenkind. Tagsüber zog Jette von Tür zu Tür und verkaufte ihre Zitronen. Diese wurden in jeder Küche für die Zubereitung von Fisch und zur Herstellung von Limonade gebraucht. Nachts zog die junge Frau allein durch die Kneipen von St. Pauli und versuchte ihre Zitronen an den Mann zu bringen, in der Hoffnung, es würde ihr jemand etwas zu Essen geben. Sie hat nicht gerade Beschützerinstinkte in den Männern geweckt. Im Gegenteil – gerade, weil das Mädchen noch sehr jung und wohl auch ein wenig begriffsstutzig war, rief sie jeder an seinen Tisch, um derbe Späße mit ihr zu treiben. Man spendierte ihr Schnaps und verhöhnte Jette, während sie große Gläser leertrank. Das Mädchen soll viel gelacht und oft gesungen haben, aber man lachte nicht mit ihr, man lachte über sie. Vielleicht hat sie davon nichts gemerkt, vielleicht hat sie so getan, als würde sie es nicht hören. Ob Jette im Alter wirklich geistig umnachtet war oder ob man nur den Anblick der alten Trinkerin, zu der man sie gemacht hatte, nicht mehr ertragen mochte, bleibt ungeklärt. Mit über 50 Jahren wurde Henriette Johanne Marie Müller entmündigt und in die Irrenanstalt in Friedrichsberg eingeliefert, wo sie bis zu ihrem Tod blieb. Sie starb 1916 in Hamburg.

KARL DER GROẞE HINTER DEM MICHEL

31

Er war wirklich so groß!

Michaelisstraße 5, 20459 Hamburg (Stadtteil Neustadt, Bezirk Mitte)
S1 (Stadthausbrücke)

In der linken Hand hält der König eine Miniatur der *Hammaburg*, als wäre sie eine Krone. In Wirklichkeit gelang es leider nicht, die *Hammaburg* mit links zu halten, ganz im Gegenteil. Schon 845 fielen die Wikinger in Hamburg ein, überwältigten die Festung und hauten anschließend alles kurz und klein, was der Frankenkönig und Römische Kaiser an der Alster erbaut hatte. Vermutlich wurde die *Hammaburg* um 817 herum, wenige Jahre nach dem Tod Karls, errichtet. Als die Wikinger angriffen, hatte sie noch nicht einmal 30 Jahre lang gestanden.

Die heutige Statue Karls des Großen ist eine Kopie des Originals von Engelbert Pfeiffer. Die ursprüngliche Figur stand am heutigen Domplatz und sie ist während des Ersten Weltkriegs eingeschmolzen worden. Man kann sich denken, dass daraus nicht gerade Kirchenglocken gegossen worden sind. Karl der Große „der Zweite" wurde 1926 gefertigt und ist erst 1977 in der Michaelisstraße auf dem Vorplatz des „Kleinen Michel", wie die Katholische Kirche St. Ansgar von den Hamburgern genannt wird, aufgestellt worden. Vier Löwen eskortieren den König, auf dessen Postament sein Name als geheimnisvoller Code prangt. Das sogenannte Kreuzrhombus-Monogramm ist uns aus mittelalterlichen Urkunden überliefert. Aus dem rautenförmigen O wird die obere Hälfte als A und die untere als U gelesen. Die Konsonanten werden dazu in der Reihenfolge links-oben-unten-rechts ergänzt. Daraus ergibt sich der lateinische Name des Kaisers KA-RO-LU-S. Zu Lebzeiten war Karl der mächtigste Mann in Europa und herrschte über ein riesiges Reich, in dem er, oft umgeben von Frauen und Töchtern, das ganze Jahr unterwegs war. Schließlich erlangte er im Jahr 800 den absoluten Höhepunkt seiner Macht, als er in Rom vom Papst zum Kaiser gekrönt wurde. In den mehr als 40 Jahren seiner Herrschaft erlebte Europa einen kulturellen Aufschwung. Karl führte Bildungsreformen durch und ließ in den Klöstern die Mönche antike Handschriften kopieren und verbreiten.

Die Statue Karls des Großen ist etwa zwei Meter hoch. Man geht heute davon aus, dass Karl für seine Zeit tatsächlich außergewöhnlich groß war. Mindestens 1,82 Meter, wenn nicht sogar 1,90 Meter soll er gemessen haben. Auch ungewöhnlich alt ist der Frankenkönig für seine Zeit geworden, denn bei seinem Tod war Karl der Große über 70 Jahre alt.

DIE EHEMALIGE GESTAPO-ZENTRALE

32

Zentrum des NS-Terrors in Hamburg

Stadthausbrücke 6, 20355 Hamburg (Stadtteil Altstadt, Bezirk Mitte)
Buchhandlung „Lesesaal": Montag bis Samstag 10–19 Uhr
S1, S3 (Stadthausbrücke), Busse 34 und 35 (Axel-Springer-Platz)

Man steht am Platz vor dem einst meist gefürchteten Haus der Stadt. Das Stadthaus, wiederaufgebaut als „Görtz'sches Palais", war der Sitz der Gestapo. Von hier schwärmten die Schlägertypen des „Kommandos zur besonderen Verwendung" aus. Es handelte sich um Polizisten, die für Gewaltbereitschaft im Dienst bekannt waren und sich beliebig „Hilfspolizisten" dazu nahmen, die ebenso verroht und brutal waren wie sie. Das „Kommando zur besonderen Verwendung" durchsuchte willkürlich Wohnungen, nahm politische Gegnerinnen und Gegner fest und verprügelte sie, um sie zu Geständnissen zu zwingen. Im Jahr 2009 verkaufte der Hamburger Senat das Stadthaus an den privaten Investor Quantum AG, eine Immobilienfirma mit Sitz in Hamburg. Quantum sorgte 2016 für Schlagzeilen als aufflog, dass der Investor die Stadt getäuscht hatte. Das Quantum-Projekt „Zeise 2" in Altona, für das der Investor den Bau dringend benötigter Sozialwohnungen zugesagt hatte, wurde stattdessen der neue Sitz der Werbefirma „Scholz and Friends".

Die ehemalige Zentrale des Nazi-Terrors in den Händen eines Investors mit großer Vision von Luxuswohnungen in seinen neuen, eleganten „Stadthöfen" erwies sich, wie nicht anders zu erwarten als verhängnisvoller Spagat. Quantum war vertraglich verpflichtet, einen Gedenkort im Stadthaus einzurichten. Doch wie konnte es der Senat einem Investor überlassen, darüber zu entscheiden, wie angemessenes Gedenken an politischen Widerstand, an willkürliche Verhaftungen, Psychoterror und Folter auszusehen habe? Weder der Verband der Verfolgten des Nazi-Regimes noch Zeitzeugen noch Geschichtswerkstätten wurden in die Vorbereitung des Gedenkortes einbezogen.

Daraufhin entstand ab 2018 eine breite Protestbewegung in Hamburg. Hunderte von Intellektuellen, Künstlern und Bürgerrechtlern forderten angemessene Gedenkkultur statt der üblichen Hamburger Alibi-Gedenkorte mit ihrer ekelhaften Halbherzigkeit und emotionalen Distanz. Die Kulturbehörde räumte ein, die Lage unterschätzt zu haben. Es wurde ein „Beirat für Betroffene" gegründet, wohl mit dem Ziel, den medienwirksamen Protest von der Straße zu holen. Seit der Beirat mitredet, ist eine wertvolle Erweiterung der Ausstellung geplant: Der historische „Seufzergang", durch den die Verhafteten aus den Gefängniszellen zu den Verhören geführt wurden, soll der Öffentlichkeit zugänglich gemacht werden. Der Gang verläuft unter der Arkadenbrücke der „Stadthöfe" und wird von der Buchhandlung aus zu betreten sein.

DER SCHRIFTZUG AM HANSEVIERTEL

(33)

„Damit Polen Polen bleibt"

Große Bleichen 30, 20354 Hamburg (Stadtteil Altstadt, Bezirk Mitte)
S1, S3, U1, U2 (Jungfernstieg)

Die Buchstaben des zweiten versteckten Schriftzugs auf der Fassade des Hanse-Viertels sind beinahe unsichtbar. Um sie leichter aufzuspüren, teile man den Abstand zwischen der goldenen Schrift „Hanse-Viertel" und dem dreistöckigen, aus 23 Glöckchen bestehenden Glockenspiel bei der Hälfte. Die obere Hälfte ist leer, der verborgene Schriftzug befindet sich in der unteren. Lässt man jetzt den Blick von den goldenen Lettern aus so langsam wie irgend möglich nach oben zur imaginären Mittellinie wandern, entdeckt man plötzlich die großen Schatten der fünf Buchstaben P-O-L-E-N. Sie sind nicht mittig platziert, sondern enden rechtsbündig an der rechten Kante der geschwungenen Fassade. Es handelt sich um ein in Hamburg einmaliges historisches Zeugnis. Doch bevor das Rätsel der kryptischen Geisterschrift gelüftet wird, soll ein kurzer Blick auf die Vorgeschichte des Gebäudes, das sie schmückt, geworfen werden.

Auf den Fundamenten des Hanse-Viertels stand einst Hamburgs mondänster Glamour-Tempel, das exzentrische Ballhaus „Trocadero". Die atemberaubende Kuppel des Nachtclubs, der bis vier Uhr morgens rauschende Feste veranstaltete, wirkte auf seine verzauberten Gäste größer als der Nachthimmel. Hier hing, hoch über den Köpfen der schillernden Schönen und Reichen, wie ein extraterrestrisches Raumschiff der legendäre „Trocadero-Kronleuchter" mit imposanten vier Metern Durchmesser und über 500 elektrischen Lichtern! Mehr Champagner als auf den ausschweifenden Partys in den Großen Bleichen soll während der Weimarer Republik nicht einmal in Berlin geflossen sein. Der Wahnsinn des Krieges zerstörte den Tanzpalast in einer Nacht. Bei britischen Bombenangriffen versank das „Trocadero" 1943 in Schutt und Asche.

Das Hanse-Viertel eröffnete im November 1980 mit rund 60 Geschäften. Niemand außer den Architekten bemerkte zunächst die fünf großen dunklen Buchstaben, die wie eine Sinnestäuschung aus dem Gemäuer hervortraten. Während der Bauzeit war keinem aufgefallen, dass die polnischen Gastarbeiter, als billige Maurer nach Hamburg geholt, sorgfältig dunkle Klinkersteine zwischen die roten gesetzt hatten, um der jungen Gewerkschaft Solidarność in der reichsten Stadt ihres Nachbarlandes Deutschland ein Denkmal zu setzen. Es war ein gewitzter, mutiger Entschluss, der an ein Zitat des berühmten Wortführers der Solidarność, späteren Präsidenten Polens und Friedensnobelpreisträgers Lech Wałęsa erinnert, der gesagt hat: „Wir haben getan, was wir getan haben, damit Polen Polen bleibt."

DAS DAMPFBOOT-WARTEZIMMER

34

Gut versteckt mitten in der Stadt

Lombardsbrücke, 20096 Hamburg (Stadtteil Altstadt, Bezirk Mitte)
U1, U2, U4, S1, S2, S3 (Jungfernstieg)

Mitten an der Alster, unten am östlichen Brückenfundament der Lombardsbrücke, befindet sich eine geheimnisvolle verschlossene Gittertür aus Eisen. Darüber prangt in Jugendstilschrift die leicht verwitterte Aufschrift „Dampfboot-Wartezimmer". Hier steht man heute vor dem letzten Exemplar seiner Art, doch 125 Jahre lang gab es an allen Alsteranlegern Dampfboot-Wartezimmer. Damals spielten die Alsterdampfer dieselbe wichtige Rolle wie heute Bus und Bahn: Sie übernahmen den Personentransport der Hamburger Angestellten und Arbeiter. Mit der „Alina", gebaut auf der Hamburger Buschmann-Werft im Reiherstieg in Wilhelmsburg, trat 1859 der erste Dampfer der Alsterschifffahrt den Dienst an. Schon bald entstand ein gut organisierter Verkehrsverbund zu Wasser mit festen Fahrplänen und einheitlichem Tarifsystem. Gegen Ende des 19. Jahrhunderts fuhren die Alsterdampfer bereits alle 10 bis 20 Minuten. Als im Jahr 1888 Kaiser Wilhelm II. nach Hamburg kam, um in einem feierlichen Festakt den Freihafen einzuweihen, wurde ihm zu Ehren der Alsterdampfer, der ihn zum Hafen brachte, mit einem großen Schwan aus Pappmaché geschmückt.

Zu Beginn des 20. Jahrhunderts waren bereits 30 Dampfer im Einsatz. Damals wurde der Betrieb bis in die Nachtstunden ausgedehnt und lief nachts im 30-Minuten-Takt weiter. Historische Aufnahmen zeigen, wie die Alsterdampfer während des Zweiten Weltkrieges mit Tarnanstrich fuhren, um Passagiere und Schiffe vor Luftangriffen zu schützen. Da die Passagierzahlen kontinuierlich abnahmen, stellte der Hamburger Senat im Februar 1984 die Linienschifffahrt auf der Alster ein, doch die Alsterdampfer fahren natürlich weiterhin und sind eine beliebte Touristenattraktion der Stadt. Aus der einstigen Flotte historischer Alsterdampfer ist bis heute die „St. Georg" von Anfang April bis Ende Oktober unterwegs. Sie wurde auf ihrer Heimatwerft in Wilhelmsburg originalgetreu restauriert. Der kleine weiße Dampfer lief 1876 bei Buschmann in Wilhelmsburg vom Stapel und ist mit seinem originalen ölgefeuerten Dampfkessel samt Dampfmaschine, Baujahr 1922, das älteste verkehrstüchtige Dampfschiff Deutschlands. Während der Saison legt die „St. Georg" täglich von 10:45 bis 16:45 am Jungfernstieg zur historischen Hamburger Alsterrundfahrt ab. Wie in der guten alten Zeit mit einer drei Mann starken Crew an Bord, bestehend aus Kapitän, Maschinisten und dem sogenannten Conducteur.

DER FUNDAMENTSTEIN DES MARIENDOMS

(35)

Schicksalhafte Geschichte des Erzbistums Hamburg

Am Mariendom 1, 20099 Hamburg (Stadtteil St. Georg, Bezirk Mitte)
www.mariendomhamburg.de
U1 (Lohmühlenstraße)

Der Mariendom blickt auf eine lange Geschichte zurück, an die der aus dem 14. Jahrhundert stammende Fundamentstein erinnert. Man kann sich heute die Trostlosigkeit der endlosen öden Sümpfe nicht mehr vorstellen, in denen Hamburg im 9. Jahrhundert, ungefähr hundert Jahre vor dem ersten Bau des Mariendoms, seine ersten Missionare willkommen hieß. Hinter den weitgereisten Männern lag Rom, die Heilige Stadt, eine lichtdurchflutete Metropole voller Menschen. Vor ihnen erstreckte sich nun eine kalte Wildnis, bevölkert von Wilden, die ihre primitiven Hütten auf Pfählen bauen mussten, um nicht im Morast zu versinken. Hamburg war nicht das Tor zur Welt, sondern das Ende der Welt. Der unglückliche Papst Benedikt V., aus Rom unschuldig in die Verbannung im kalten Norden geschickt, starb in Hamburg nach weniger als zwei Jahren an Einsamkeit, Heimweh und Depressionen. Hamburg ist der einzige Ort Deutschlands, an dem jemals ein Papst gestorben ist.

Begonnen hat die Geschichte des Erzbistums Hamburg im Jahr 831, als Ludwig der Fromme in der Hammaburg ein Bistum gründete, das im darauffolgenden Jahr von Papst Gregor IV. zum Erzbistum erhoben wurde. Doch der Hammaburg war kein Glück beschieden und Wikinger zerstörten sie im Jahr 845, woraufhin der Hauptsitz des Erzbistums in die Nachbarstadt Hamburgs, nach Bremen verlegt wurde. Erst Mitte des 10. Jahrhunderts stand Hamburg wieder einigermaßen sicher, bevölkert von ein paar hundert Einwohnern, die den Mariendom und ihre Wohngebäude aus Holz neu aufgebaut hatten. Bischof des Mariendoms war St. Ansgar und wie alle Gebäude war auch der Dom mit Pfählen im sumpfigen Boden verankert.

Im 11. Jahrhundert wurde ein steinerner Mariendom errichtet, der in den folgenden Jahrhunderten mehrfach verändert und erweitert wurde. Ab 1245 wurde eine dreischiffige Basilika in frühgotischem Stil errichtet, die 1329 geweiht wurde und 1443 eine Turmspitze erhielt. Dieser Bau, von dem der Fundamentstein stammt, blieb im Wesentlichen bis zum Abbruch 1806 erhalten. Nachdem der Hamburger Dom 1803 säkularisiert worden war, begann 1804 der Abriss des Gotteshauses. Begründet wurde die Zerstörung der Kirche mit dem Hinweis auf die unbedeutend klein gewordene Hamburger Domgemeinde. Es ist unvorstellbar, wie damals mit wertvollen Bildern, Urkunden und Dokumente umgegangen worden ist. Kunstschätze aus dem Dombestand wurden gestohlen, verschenkt oder verkauft. Obwohl der Dom ein Begräbnisort mit mehr als 370 Gräbern war, wurden viele der Grabplatten zur Befestigung des Kanalbaus und der Sielanlagen in Hamburg verwendet. Man kann nur von einem brutalen Affront ohne jede Spur von Mitgefühl gegen das Hamburger Erzbistum sprechen.

DER TIEFBUNKER BERLINER TOR ㊱

Die Luft des Kalten Krieges

Grünfläche Borgfelder Straße, Hotel Berlin, 20537 Hamburg (Stadtteil Borgfelde, Bezirk Mitte)
Termine für Führungen unter www.unter-hamburg.de
S31 (Berliner Tor)

„Ein Vogelkäfig aus daumendickem Stahl – so müsste man sich die Stahlbetonkonstruktion des Tiefbunkers vorstellen.“, veranschaulicht der Veranstalter die Bauweise des Relikts aus dem Zweiten Weltkrieg, das in den Sechzigerjahren zum Schutzbunker gegen Atomwaffenangriffe umgebaut wurde. Zwei Meter dicke Wände, die drei Etagen weit unter die Erde führen. Nach neun Monaten Bauzeit war der Bunker 1940 fertig, die heutige Einrichtung des Rundbunkers stammt allerdings nicht mehr aus dem Zweiten Weltkrieg, sondern aus den Sechzigern. Zur Ausstattung gehört auch ein Wandtelefon, das 25 kg schwer ist. Während des Zweiten Weltkriegs war auf jeder der drei Etagen für etwa 200 Personen Platz und die planmäßige Aufenthaltsdauer während eines Luftangriffs lag bei etwa vier bis maximal acht Stunden.

Im Kalten Krieg herrschte Angst und die Furcht vor einem atomaren Angriff brachte den Hamburger Senat auf die bizarre Idee, den Tiefbunker so umzubauen, dass es möglich wäre, darin den Abwurf einer Atombombe zu überleben. Heute schaudert es einen bei der immensen Naivität damaliger Überlebenshoffnungen. Als zu Beginn der Sechzigerjahre mit dem Umbau des Tiefbunkers begonnen wurde, setzte man neue, druckresistente Türen ein, die der Druckwelle einer Atombombe hätten standhalten sollen. 440 Menschen sollten im neuen Atombunker Platz finden. Wenn sich niemand im Bunker aufhält, liegen seine winterlich kalten Innentemperaturen zwischen neun und zwölf Grad. Im mit über 400 Menschen vollbesetzten Bunker hätten die Temperaturen auf bis zu 30 Grad Innentemperatur ansteigen können. Während der Führung wird die lärmende Lüftungsanlage vorgeführt und auch der gigantische Motor, der den Bunker mit Strom versorgt hätte, wird zur Vorführung in Betrieb genommen. Tosender Lärm dröhnt durch die Aufenthaltsräume, sodass man brüllen muss, um sich noch verständigen zu können.

Es ist eine Hölle, die man da betritt und zugleich das eindringlichste Anti-Kriegs-Monument von Hamburg. Wer hier unten längere Zeit hätte aushalten müssen, wäre hinterher schwerst traumatisiert ans Tageslicht zurückgekrochen. Und wie lange hätten Familien mit Kindern nach einer Atombombe hier unten bleiben sollen? Es ist heute kaum noch zu glauben, doch geplant war tatsächlich, dass die Insassen den Bunker zwei Wochen nach dem atomaren Angriff, in dicke Schutzanzüge gekleidet, hätten verlassen und ihr Leben oben in der Stadt wieder aufnehmen sollen.

DAS GEMÄLDE „KÜNSTLERFESTE" IM MUSEUM FÜR KUNST UND GEWERBE

37

Hamburgischer Fasching

Steintorplatz, 20099 Hamburg (Stadtteil St. Georg, Bezirk Mitte)
Curiohaus, Rothenbaumchaussee 11, 20148 Hamburg (Bezirk Rotherbaum)
Alle S- und U-Bahnlinien (Hauptbahnhof, Curiohaus), Bus 34 (Museum Rotherbaum)

Während der Weimarer Republik stieg alljährlich im Februar das Hamburger Künstlerfest. Es waren die rauschendsten Faschingsnächte, die Hamburg je gesehen hatte. Das Hamburger Künstlerfest wurde 1919 aus der Taufe gehoben, überstand Weltwirtschaftskrise und Inflation und überdauerte selbst das Dunkel der Hamburger NS-Zeit bis zum Kriegsausbruch. Heute finden sich nur noch zwei Spuren der berauschenden Partynächte dieser Zeit. Die erste ist das Curiohaus in der Rothenbaumchaussee 11, wo die Hamburger Künstlerfeste in schillernden Inszenierungen stattfanden. Außerdem hängt ein Gemäldeschinken des skurrilen Exzentrikers Otto Tetjus Tügel mit dem Titel „Künstlerfeste" im Museum für Kunst und Gewerbe und zeigt die Köpfe, die hinter den Festen steckten, in nächtelanger, verqualmter Debatte. „Wie viel Zeit, Nerven und Grips wurden da für ein paar Februarnächte in Flitterglitz und Glorie

vergeudet", spottete Lili-Marlen-Dichter Hans Leip später in seinen Erinnerungen. Initiator des Pöseldorfer Künstlerfaschings war Art-déco-Legende Prof. Friedrich Adler, der den Kunstgeschmack des Hamburger Bürgertums zu beflügeln und im selben Handgriff dessen Brieftaschen und Scheckhefte zu lockern hoffte. Den Künstlern sollte das Fest als Sprungbrett gereichen, mit Mäzenen und Galeristen in Kontakt zu kommen.

Es entstand ein gesellschaftliches Ereignis der Extraklasse „in allen Räumen des Curiohauses", wie Jahr für Jahr quer über die knalligen, frivolen Plakate gedruckt stand. Das Motto wechselte jährlich und man merkt den Themen noch deutlich die Nähe der Zeit zum Dadaismus, Expressionismus und den nonchalanten Sprüchen der Swing-Jugend an: „Die Götzenpauke" (1921), „Noa Tawa" (1926), „Komplott der Komplexe" (1931) oder „Krawall im All" (1932). Die Nächte waren endloser, großer Rausch; Champagner sprudelte, Kokain kursierte (in damals noch flüssiger Form), vielleicht rauchten manche Opium aus dem Chinesenviertel und für einige Wenige der theatralisch aufgedonnerten Bohème wurde der Traum vom sorgenfreien oder zumindest nicht mehr ganz so sorgenvollen Künstlerleben wahr, wenn sie ihrem zukünftigen Mäzen über den Weg tanzten.

Nach dem Krieg wurde versucht, die Tradition der skandalösen Künstlerfeste wieder aufzunehmen, doch die unbekümmerte Leichtigkeit der Zwanzigerjahre, ihre charmant-skandalöse Originalität, ihre Stilsicherheit und die genial-überdrehten Geistesblitze der Hamburger Bohème waren untergegangen.

DAS GLASDACH IM LEVANTEHAUS ㊳

Metamorphosen in Glas

Mönckebergstraße 7, 20095 Hamburg (Stadtteil Altstadt, Bezirk Mitte)
Montag bis Samstag 10–19 Uhr
www.levantehaus.com
Alle S-Bahnen und U-Bahnen (Hauptbahnhof)

Ein ganz besonders außergewöhnliches Kunstwerk kann man unerwartet im Levantehaus, einer eher ruhigen Einkaufspassage in der Mönckebergstraße, entdecken. Das Levantehaus wurde 1912 als Hubertushof gebaut. Seinen heutigen Namen verdankt das Haus seinem berühmtesten Mieter von damals, der Reederei Deutsche Levante-Linie, die das Haus als Geschäftsräume nutze. Levante – italienisch für Morgenland – bezeichnete früher in der Schifffahrt die Länder im östlichen Mittelmeerraum. Das Haus birgt in luftiger Höhe einen seltenen Schatz. Ganz unverhofft entdeckt der Besucher das Glasdach mit dem Titel *Lebensbilder*, das 1997 von der Künstlerin Ada Isensee geschaffen wurde. In ihrem farbenprächtigen Kaleidoskop stellt die in Potsdam geborene Künstlerin ein Weltmodell dar. Von Etage zu Etage entfalten sich die fantasievollen Einzelheiten vor den Betrachtern. Außen durchschwimmt eine 35 Meter lange Schlange ein dunkles Wasser und im Mittelpunkt strahlt flammend die Sonne. Wie eine Fassung hält der Körper der Schlange das ganze Bild als Symbol der großen Einheit des Lebens, in der Helles und Dunkles noch nicht voneinander getrennt sind, sondern ineinander vereint ruhen. Erst der Lichteinfall von oben erweckt das Glasbild zum Leben, lässt die Schöpfung beginnen und entwickelt Mythologien über Liebe, Feindschaft und Verwandlung. Die Lebens- und Schicksalsbilder sind wie die Ziffern einer großen Uhr kreisförmig nebeneinander angeordnet.

Auf einem der empfindsamen Bilder ist die Nymphe Daphne zu sehen, die sich auf der Flucht vor Apollon in einen Lorbeerbaum verwandelt hat. Aus ihrem langen Haar ist eine Baumkrone mit Blättern geworden, die Rinde des Baumes umgibt schützend Daphnes Leib. Die Motive Verwandlung und Baum erscheinen etwas weiter im Kreis in anderer Gestalt wieder. Hier sehen wir die Liebenden Philemon und Baucis aus den Metamorphosen des Ovid. Das Liebespaar flehte die Götter an, sie in zwei Bäume zu verwandeln, um untrennbar zu werden und für immer beieinander sein zu können.

Ada Isensee ist einen einzigartigen künstlerischen Weg gegangen. Ihr Arbeitsmaterial Glas verkörpert das Lebensprinzip der Dualität von Geist und Materie. Glas ist stofflich und es fängt in sich das Licht, das nicht stofflich ist. Geist und Materie verschmelzen zu einer Einheit – ein Sinnbild für die Vollkommenheit der belebten Natur.

DAS MOSAIK IM U-BAHNHOF STEINSTRAßE

(39)

Die Wasch- und Badeanstalt am Schweinemarkt

U-Bahnhof Steinstraße (Eingang Lange Mühren), 20095 Hamburg (Stadtteil Münzviertel, Bezirk Mitte)
U1 (Steinstraße)

Im U-Bahnhof Steinstraße kommt man Richtung „Saturn“ an einem großflächigen dreiteiligen Mosaik in kühlen Farben und strengen geometrischen Formen vorüber. Es stammt vom Hamburger Maler und Grafiker Walter Siebelist, der sich tief von Antoni Gaudís Modernisme inspiriert fühlte. Siebelists Gemälde hängen heute in der Hamburger Kunsthalle. Sein Mosaik im U-Bahnhof Steinstraße entstand 1960 und zeigt unter dem Titel „Alte Badeanstalt“ eine früher berühmte öffentliche Badeanstalt, die 1963 nach über 100 Jahren Bestehen trotz großer Proteste abgerissen wurde. Anstelle des Bades, eines großzügig angelegten Rundbaus, wurde erst „Horten“, später das monströse „Saturn“-Parkhaus hochgezogen.

Europas erste Warmbadeanstalt hatte am 5. April 1855 am Schweinemarkt eröffnet. Zu jener Zeit gab es in den meisten Arbeiterwohnung keine ordentliche Waschgelegenheit und erst recht keine Badewanne. Den kinderreichen Hamburger Arbeiterfamilien wird die neu eröffnete Badeanstalt wie ein Himmel auf Erden vorgekommen sein. In den höheren Kreisen versprach man sich sichtbaren Erfolg für den sozialen Frieden. Der Senat neigte zu der Auffassung, eine unreinliche Bevölkerung würde eher verwildern und stärker dazu neigen, die Gesetze zu brechen. Seife und frische Handtücher hielt man im Rathaus für geeignete Mittel zur Verbrechensbekämpfung, während Strategien zur Überwindung der Armut schon damals nicht in geistiger Reichweite lagen. Der Einfall einer geräumigen öffentlichen Badeanstalt im Zentrum der Stadt kam vom britischen Ingenieur Sir William Lindley, der nach der Feuerkatastrophe von 1842 Hamburgs Wasserversorgung neu durchdacht und grundlegend modernisiert hatte. Lindley – wie später Robert Koch – spornte weniger die Senkung der Kriminalitätsrate an als der Wunsch, die fürchterlichen hygienischen Zustände zu verbessern, in denen die Hamburger Arbeiterfamilien leben mussten.

Am Dienstag, den 10. April 1855, berichtete der „Hamburger Correspondent“ über das soeben eröffnete, luftige und helle Stadtbad, lobte das stilvolle Entrée und stellte seinen Leserinnen und Lesern die moderne Inneneinrichtung vor. Das eingeschossige, kreisrunde Gebäude, wie es auf Siebelists Mosaik gut zu erkennen ist, besaß zwei separate Eingänge für Männer und Frauen und zwei Klassen von Badewannen. Vier Schillinge zahlte man für ein Bad in einer Erste-Klasse-Badewanne aus weiß glasiertem Steinmörtel. In der zweiten Klasse hingegen bekam man zum halben Preis eine Badewanne aus Zink.

DER KUNSTVEREIN SEIT 1817

(40)

Neuanfang nach Napoleons Unterdrückung

Klosterwall 23, 20095 Hamburg (Stadtteil St. Georg, Bezirk Mitte)
Dienstag bis Sonntag 12–18 Uhr
U1 (Steinstraße)

Ein weitläufiges Loft, nüchterne und unaufgeregte Atmosphäre. Man erwartet beinahe, die Künstler hier beim Arbeiten anzutreffen. Der Kunstverein von 1817 präsentiert mehrmals im Jahr Ausstellungen zeitgenössischer Kunst. Manches davon inspiriert, öffnet neue Blickwinkel und verändert die eigene Sichtweise. Anderes wirkt belanglos, lediglich dekorierend, scheinbar ohne Bedeutung. Aber so ist Kunst und die Ausstellungsräume im Klosterwall sind ruhig und unaufdringlich, sodass man die Exponate wie in einem Atelier auf sich wirken lassen kann. Man findet dort Textilkunst neben Installationen, abstrakten Lichtobjekten und farbgewaltigen Gemälden und das Fotografieren ist ausdrücklich erlaubt. Was beinahe unvorstellbar erscheint, ist, dass der Kunstverein bereits auf eine über 200-jährige Geschichte zurückblickt.

Gegründet wurde dieses Forum für zeitgenössische Kunst im Schwung von Hamburgs stolzer Freude an seiner wiedergewonnen, frisch zurückeroberten Selbstbehauptung nach schlimmen Jahren der Unterdrückung unter französischer Besatzung. Die harten Jahre unter Napoleons Generälen und ihren Truppen weckten in den Mitgliedern der Hamburger Patriotischen Gesellschaft einen innigen Wunsch: Sie sehnten sich danach, die Kunst und Künstler ihrer Stadt durch Ausstellungen zu fördern und bekannt zu machen. Ein Standpunkt, den rund 70 Jahre später auch Alfred Lichtwark als erster Direktor der Hamburger Kunsthalle vertrat.

Bei dem Initiator des Kunstvereins handelte es sich um einen Hamburger Volkshelden aus den Jahren unter Napoleon. David Christopher Mettlerkamp hatte, wie sein Vater, Blitzableiter gebaut. Vom Vater stammte der erste Blitzableiter Deutschlands, der in Hamburg auf der Petrikirche montiert wurde. Dann schlug ein gewaltiger politischer Blitz ein, als Hamburg im Jahr 1806 unter französische Besatzung fiel. Die große Stunde Mettlerkamps kam sieben Jahre später, als er vom schwedischen Kronprinzen Bernadotte zum Oberstleutnant ernannt wurde und mit der Hanseatischen Bürgergarde Hamburgs Befreiung erkämpfte.

Als die Gruppe der Hamburger Kunstfreunde um David Christopher Mettlerkamp immer zahlreicher wurde, öffnete Kunsthändler Georg Ernst Harzen den Mitgliedern die Tür zu seiner Kunsthandlung und wurde nicht lange danach Geschäftsführer des Vereins. Es wurden erste öffentliche Ausstellungen organisiert, die beim Publikum großen Anklang fanden und deren Erfolg bis heute andauert.

DER PILGERVORHANG AM JAKOBUSPORTAL

41

Von Hamburg zum Heiligen Grab

St. Jacobi, Jakobikirchhof 22, 20095 Hamburg (Stadtteil Altstadt, Bezirk Mitte)
U3 (Mönckebergstraße)

Ein geheimnisvoller Vorhang am Seitenportal der Jacobikirche stellt die Geschichte der Pilgermetropole Hamburg dar. Man findet bereits im Jahr 1255 erste Erwähnungen von St. Jacobi, damals noch eine Kapelle für reisende Pilger auf dem Weg nach Santiago de Compostela im spanischen Galizien. Nachdem die Hamburger Stadtmauer 1260 erweitert worden war, lag die Kapelle im Inneren der Stadt an der ersten befestigten Straße Hamburgs, der Steinstraße. Es war das Wunder des Heiligen Grabes, das Pilger aus Hamburg an einen Wallfahrtsort im über 2.000 Kilometer entfernte Galizien lockte.

Im Jahr 813 hatte sich am Heiligen Grab in Santiago de Compostela Folgendes zugetragen: Wie ein Einsiedler dem Bischof Teodomiro berichtete, war ein starkes Licht im Wald zu sehen, das wie ein helles Sternenlicht leuchtete. Daraus entstand der Name Compostela (lat. „campus stella", dt. „Sternenfeld"). Als man den Ort aufsuchte, an dem das rätselhafte Licht strahlte, stieß man auf einen Altar und drei Grabmale. Eins der Gräber barg einen Enthaupteten mit abgeschlagenem Kopf unter dem Arm. Daneben fand sich ein Schild, das ihn als Jakobus auswies. Nun wurde König Alfons II. „Der Keusche" von Asturien benachrichtigt, der als erster Pilger das Heilige Grab aufsuchte, dort eine Kirche zu Ehren des Heiligen Jakobus bauen ließ und den Apostel (Gesandter Christi) Jakobus zum Symbol der spanischen Reconquista (Rückeroberung der iberischen Halbinsel aus arabischer Herrschaft) erhob.

Auf dem Vorhang am Kirchenportal sieht man die vereinfachte Darstellung einer Kogge. Während im 10. und 11. Jahrhundert noch überwiegend Adlige und Bischöfe nach Santiago de Compostela pilgerten, setzte im 12. und 13. Jahrhundert eine Massenbewegung ein. Die Wallfahrt nach Galizien war im Mittelalter für einfache und in bescheidenen Verhältnissen lebende Leute der Höhepunkt ihres Lebens. Von Hamburg fuhren Pilgerschiffe, die für wenig Geld die Reise ermöglichten. Gleichzeitig wurden auf dem Jakobsweg Pilgerkapellen und einfache Herbergen gebaut, damit sich auch die Armen die Wallfahrt leisten konnten.

Ein weitverzweigtes Netz verschiedener Pilgerwege durchzieht heute Europa. Etliche führen die Jakobspilger auf den Weg zum Heiligen Grab in Santiago de Compostela. Die Hauptkirche St. Jacobi hat im Jahr 2013 in einer Kapelle das „Pilgerzentrum im Norden" eröffnet, das Pilger auf ihrer Wanderung auf dem Jakobsweg betreut. Eine lebendige Pilgergemeinschaft trifft sich regelmäßig in Hamburg, um Erfahrungen auszutauschen.

DAS RELIEF AM HULBE-HAUS

(42)

Hulbes Relief der Rache

Mönckebergstraße 21, 20095 Hamburg (Stadtteil Altstadt, Bezirk Mitte)
U3 (Hamburg Rathaus)

Das Hulbe-Haus, im Stil eines altflämischen Bürgerhauses erbaut, ist eins der hübschesten Kaufmannshäuser der Hamburger Innenstadt. Nur das Trüppchen verschwommener, kartoffelähnlicher Figuren auf dem klammheimlich angebrachten kleinen Fassadenrelief will ganz und gar nicht zum Glanz des denkmalgeschützten Jugendstilbaus passen. Aber gerade deshalb erfüllt es seinen Daseinszweck, denn es war von Anfang an als Störung gedacht.

Das kunstvolle Prägen von Leder machte Georg Hulbe (1851–1917) weit über Hamburg hinaus berühmt. Hulbes Ledertapeten und Ledersessel gehören zum Interieur des Hamburger Rathauses und wurden zwischenzeitlich mit Hulbes historischen Schnitt- und Punzwerkzeugen restauriert. Ein begnadeter Kunsthandwerker, der vom Senat mit der Ausstattung des Rathauses beauftragt wurde, hätte doch eigentlich allen Grund, mit sich und der Welt zufrieden zu sein. Wozu also ließ er das hämische kleine Relief an der eigenen Firma anbringen?

Die Figurengruppe zeigt einen Narren, einen auf einem Esel reitenden Mönch, der eine Fahne hinter sich herzieht und den Hamburger Wasserträger samt Möwe am Himmel. Man sieht deutlich den geöffenten Mund des Wasserträgers, der etwas ruft. Und was rief der Hamburger Wasserträger? „Mors, Mors!“, rief Hummel, was so viel bedeutet wie: „Leck mich am ...“. Ein reichlich deftiger Ausdruck, um ihn einem Mönch hinterher zu brüllen. Welche Bedeutung hat der Mönch? Hatte sich Hulbe mit der katholischen Kirche angelegt? Der Mönch reitet kein Pferd, sondern einen Esel, der obendrein von einem Narren geführt wird. Gleich zwei Indizien dafür, dass Dummheit im Spiel gewesen sein muss. Der Mönch ziert das Familienwappen der Hamburger Familie Mönckeberg, die einen Bürgermeister hervorbrachte, nach dem die Mönckebergstraße benannt ist, und der einen jüngeren Bruder hatte, der Rechtsanwalt war. Diesen jüngeren Bruder, Rudolf Mönckeberg, hätte Lederpunzer Hulbe gern dahin geschickt, wo der Pfeffer wächst. Auf dem Relief zieht der Mönch eine Fahne durch den Dreck, die hier die Kunst symbolisiert. Georg Hulbe hatte im Schaufenster seiner Werkstatt Zeichnungen des österreichischen Illustrators Freiherr Ferdinand von Řezníček für das berühmte Satiremagazin „Simplicissimus“ ausgestellt. Anwalt Mönckeberg fand sich durch den Anblick einiger freizügig bekleideter Damen persönlich erregt. Dafür verdonnerte er Hulbe wegen „Erregung öffentlichen Ärgernisses“ zu einer Geldstrafe von 50 Mark.

DIE REKLAMEKUNST DER MELLIN-PASSAGE

43

„Mellins's Food" in Hamburg

Mellin-Passage, Neuer Wall 11, 20354 Hamburg (Stadtteil Altstadt, Bezirk Mitte)
S1, S3, U1, U2 (Jungfernstieg)

Die Mellin-Passage ist Hamburgs Jugendstil-Schatzkästchen. Ornamentale Blumenmotive, schöne Frauen mit nackten Schultern vor dem charakteristischen Bildmittelpunkt des reich verzierten Kreises, verschlungene Rahmenlinien und leuchtende Farben. Die Mellin-

Passage wurde 1864 erbaut und ist die älteste erhaltene Einkaufspassage Hamburgs. Auf knallrotem Grund strahlt weiß die Hinterglasschrift „Mellin's Food". Die englische Firma Mellin finanzierte 1902 im Vereinigten Königreich den Bau des ersten Luftschiffs der britischen Geschichte. Das „Mellin-Luftschiff", wie die „Times" es respektvoll nannte, trug den Namen „Airship No. 1" und legte im Juni 1902 einen tadellosen Jungfernflug am Himmel von London hin. Am Steuer saß der berühmte Aeronaut Stanley Spencer. Auch Stanleys Ehefrau Rose flog das „Mellin-Luftschiff" im perfekten Alleingang, selbst das drei Monate alte Baby Gladys flog auf Papas Schoß über London. Von nun an segelte „Airship No. 1" mit dem weithin sichtbaren Werbeaufdruck „Mellin's Food" am Himmel. Auch die Hanseaten waren hellauf begeistert. Nach einem Hamburg-Besuch des Grafen Ferdinand von Zeppelin im Jahr 1910 wurde auf Anregung von Albert Ballin und Edmund Siemers eine Luftschiffhalle für zwei Zeppeline nahe des damaligen Dorfes Fuhlsbüttel auf einer Wiese gebaut und 1912 eingeweiht. So begann die Geschichte des Flughafens Fuhlsbüttel.

Gustav Mellin hatte sein weltberühmtes Unternehmen im Jahr 1866 gegründet. Seine millionenschwere Geschäftsidee, die der Schweizer Nestlé zur gleichen Zeit wie Mellin entwickelte, war Pulver zur Herstellung von Babynahrung. In rasendem Tempo stieg die Nachfrage in den USA, Südamerika, Europa und Indien. Mellins Muttermilchersatz, der sich sekundenschnell in Wasser oder Milch auflösen ließ, bestand aus Weizenpulver, Gerstenmalz und Natron. Mellins Werbung versprach vollwertige Babynahrung: „Mellin's Food for Infants: The only perfect substitute for Mother's Milk." („Mellin's Food für Säuglinge: Der einzige perfekte Ersatz für Muttermilch.")

Die Mellin-Passage ist die exklusivste Nische der Hamburger City. Nach dem Großen Brand von 1842 ließ Architekt Chateauneuf sich von der malerischen Lage am Kanal inspirieren und gestaltete das „Herz der Stadt" im Stil der Arkaden Venedigs. Am Silvestermorgen 1989 brach Feuer in den Alsterarkaden aus. Brandstiftung und versuchter Versicherungsbetrug brachten einen Restaurantpächter hinter Gitter. Die anschließende Restaurierung der Mellin-Passage brachte die herrlichen Hinterglasschriften und Deckenmalereien zum Vorschein.

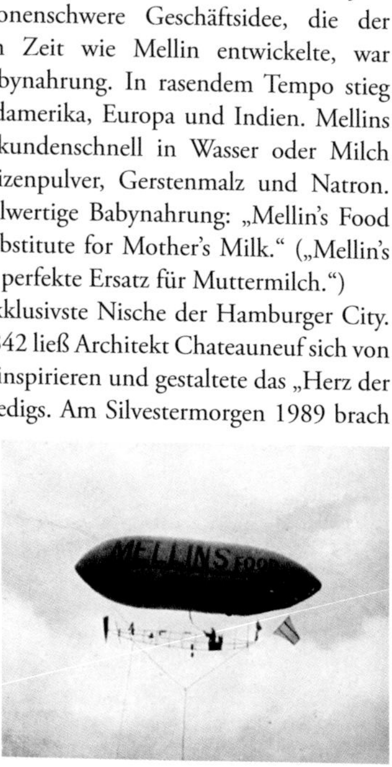

DER HYGIEIA-BRUNNEN

(44)

Die Schreckenszeit der Cholera

Hamburger Rathaus, Rathausmarkt, 20095 Hamburg (Stadtteil Altstadt, Bezirk Mitte)
S1, S2, S3 (Jungfernstieg)

Erkundet man den Innenhof des Hamburger Rathauses, findet man eine Spur in die schwarze Zeit der Cholera. Praktisch über Nacht verwandelte sich Hamburg im Sommer 1892 in ein Seuchengebiet. Die Schrecken der Cholera beschrieb der Arzt Robert Koch, der August 1892 den Ausbruch der Epidemie offiziell bestätigt hatte, mit folgenden Worten: „Überall Menschen, die noch vor Stunden von Gesundheit strotzend und lebensfroh in den Tag hineingelebt hatten und nun in langen Reihen dalagen, von unsichtbaren Geschossen dahingestreckt." Als wichtigste und dringendste Maßnahme zur Bekämpfung der Seuche forderte der spätere Nobelpreisträger für sämtliche Bewohner der Stadt Hamburg die Versorgung mit sauberem Trinkwasser. Die Cholerabakterien waren mit dem Elbwasser in die Wohnungen der Armen gelangt, die es aus Not ungefiltert tranken. Außerdem grassierte 1892 die Krankheit auch in Frankreich und Hamburger Schiffe, die Ladung in Le Havre abluden, schleppten verseuchtes Wasser in Hamburg ein. Sie füllten mit Cholerabakterien verseuchtes Hafenwasser als Ballastwasser in ihre Tanks und pumpten diese im Hamburger Hafen wieder leer. Es war Sommer und an heißen Tagen wurde in den Fleeten, deren Wasser ebenfalls verseucht war, gebadet.

Von 16.956 gemeldeten Cholerafällen verliefen 8.605 tödlich. In der unvorstellbaren Enge der damaligen Armensiedlungen breitete sich die Seuche rasend schnell aus. Fassungslos schloss Robert Koch seine Visite des Gängeviertels mit den berühmten Worten: „Meine Herren, ich vergesse, dass ich in Europa bin", ab. Tropenmediziner Bernhard Nocht, Kochs Mitarbeiter, wurde zum Hafenarzt ernannt und sorgte dafür, dass ein ärztlicher Überwachungsdienst im Hamburger Hafen eingerichtet wurde. Bis heute trägt das Hamburger Tropeninstitut seinen Namen.

Im Innenhof des Rathauses errichtete Bildhauer Joseph von Kramer 1895/96 den Hygieia-Brunnen. Göttin Hygieia steht barfüßig im Brunnenbecken und hält eine Schale empor, aus der klares Wasser herabströmt. Sie hat den wütenden Drachen Cholera besiegt. Zwischen Brunnenfiguren zu Füßen der Göttin verbergen sich im Sockel des Brunnens ornamental verzierte Öffnungen. Hamburger Kinder steigen im Sommer mit hochgekrempelten Hosen in den Brunnen, um aus der Nähe zu erforschen, was das geheimnisvolle Rauschen, das sie hinter den Öffnungen hören, zu bedeuten hat. Es sind übrigens die Belüftungsschächte des Rathauses.

RÄTSEL UM DIE KLEINE NASE

(45)

Alffckes größter Coup

Alter Wall 37, 20457 Hamburg (Stadtteil Altstadt, Bezirk Mitte)
S1, S2, S3, U1, U4 (Jungfernstieg)

An den vergitterten Fenstern der Deutschen Bank befindet sich eine kleine Nase aus Kunststoff. Es ist der Gruß eines unbekannten Künstlers an den Hamburger Bankräuber Spitznase. Sein richtiger Name war Hugo Alffcke, geboren im Jahr 1915. Im bürgerlichen Leben war er Polizeibeamter in Hamburg und sein Gehalt betrug satte 1.253 D-Mark. Spitznase ist bis heute der einzige Bankräuber, der die Filiale der Deutschen Bank am Alten Wall überfallen hat.

Bei der Polizei galt Alffcke als liebenswürdiger und beliebter Kollege und seine Vorgesetzten schätzten ihn wegen seiner außerordentlichen Zuverlässigkeit und Korrektheit – eine bis dato solide Karriere. Als Alffcke auf die schiefe Bahn geriet, lagen 19 Dienstjahre hinter ihm. Der zuverlässige und korrekte Beamte war bereits zum Polizeimeister befördert worden. Er hatte eine Frau und drei Töchter und galt als liebevoller Ehemann und Vater. Der gelernte Weinküfer war Hobbygärtner und half daheim in der Küche seiner Frau beim Abwasch. Von seinen Nachbarn wurde Alffcke als kontaktscheu, freundlich und unscheinbar wahrgenommen. Unauffällig war auch seine Verwandlung vom Polizeimeister zum Bankräuber. Nach keinem seiner Überfälle gab es verwertbare Zeugenaussagen über sein Aussehen. Spitznases Fluchtwagen war ein bescheidener VW Käfer mit Hamburger Kennzeichen. Einen schnelleren Wagen brauchte er nicht und er fuhr nach seinen Überfällen in Ruhe nach Hause, denn in welchen Straßen Hamburgs Polizei nach ihm fahndete, hörte er live mit und machte einen großen Bogen darum. Ein Bankräuber mit Polizeifunk im VW Käfer.

Beim Überfall auf die Deutsche Bank am Alten Wall schoss Alffcke einen Bankangestellten in den Arm und entkam unerkannt durch ein Fenster. Seine Beute betrug 20.000 D-Mark. Gefasst wurde er schließlich erst bei einem Banküberfall außerhalb von Hamburg. Mit den Presseberichten von damals verliert sich jedoch die Spur des größten Bankräubers der Nachkriegszeit. Es ist unmöglich geworden, heute noch etwas über den Prozessverlauf zu recherchieren, oder nachzulesen, wie sich der Polizist und Bankräuber Alffcke nach seiner Verhaftung vor Gericht geäußert hat. Die Akten zum Fall Hugo Alffcke, mit sämtlichen Vernehmungsprotokollen und Polizeiberichten zu seinen Raubüberfällen, gelten als verschwunden. Das Geld hat Spitznase seiner Ehefrau hinterlassen: 58.000 D-Mark in bar, versteckt in einer Brotdose im Keller seines Hauses.

BESUCH EINER BÜRGERSCHAFTSSITZUNG

46

Das Hamburger Rathaus

Hamburger Rathaus, 20095 Hamburg (Stadtteil Altstadt, Bezirk Mitte)
Die Bürgerschaftssitzungen tagen jeden zweiten Mittwoch. Voranmeldung für die kostenlose Teilnahme an der Plenarsitzung unter 040 428312409 oder unter kontakt@bk.hamburg.de
S1, S3, U1 (Jungfernstieg)

Dabeisein ist alles, wenn im Plenarsaal debattiert wird. Doch kaum jemand weiß, dass die Sitzungen öffentlich sind. Alle zwei Wochen tagt im Hamburger Rathaus das Plenum der Hamburgischen Bürgerschaft. Verglichen mit anderen Sälen, wie dem prunkartig mit Kristallleuchtern ausgestatteten goldenen Kaisersaal, passt der eichenholzgetäfelte Plenarsaal exzellent ins hanseatisch schlichte Understatement. Vielleicht damit die Aufmerksamkeit nicht abgelenkt wird und auf das gerichtet bleibt, worum es geht: Die Hansestadt und ihre Gesetzgebung. Die Demokratie ist vergleichsweise jung in Hamburg. Erst seit 1860 bestätigt und kontrolliert das Abgeordnetenparlament den Hamburger Senat und wählt den Ersten Bürgermeister. Dieser wiederum beruft die Senatorinnen und Senatoren. Eine Erste Bürgermeisterin hatte Hamburg leider in seiner gesamten Geschichte noch nie, lediglich das Amt des Zweiten Bürgermeisters wird gelegentlich an Frauen vergeben. Auf die Wahl eines Bürgermeisters oder einer Bürgermeisterin nicht-deutscher Abstammung wartet Hamburg selbst im 21. Jahrhundert bisher vergeblich.

Nichts geht im Rathaus ohne die Bürgerschaft, Hamburgs gewählte Volksvertretung. Ob es um das Hundegesetz, Schulgesetze oder die Regelung des Stadtverkehrs geht, abgestimmt wird hier. Im Plenarsaal kommt alles auf den Tisch, was der Senat nach Ansicht der Bürgerschaft entweder nicht mehr im Griff hat oder in Zukunft besser regeln muss. Öffentlich vor den Bürgern und Besuchern der Stadt diskutieren Regierung und Opposition, mal scharf, mal ironisch, hin und wieder sogar leidenschaftlich. Hat der Senat die Absicht, eine unpopuläre Entscheidung durchzusetzen, etwa wenn es um das Thema der Kürzungen geht, muss er sie vor den 121 Abgeordneten der Bürgerschaft begründen. Durch direkte Demokratie, in diesem Fall den Volksentscheid, kam es im Jahr 2010 dazu, dass die Bürgerschaft ein Schulgesetz des Senats revidierte. Die Bürger hatten dagegen gestimmt. Der damalige Erste Bürgermeister Ole von Beust trat daraufhin von seinem Amt zurück. Als Besucher der öffentlichen und kostenfreien Bürgerschaftssitzungen nimmt man auf dem Zuschauerrang Platz, von wo aus man bei jedem Schlagabtausch den Überblick behält. Man sitzt vielleicht nicht ganz so bequem wie im Theater, dafür erlebt man, wie aus einem öffentlichen Anliegen eine Debatte, aus der folgenden Abstimmung ein Gesetz und aus einer Sitzung im Rathaus Hamburger Alltag wird.

DER LÖWENKOPF AN DER ST. PETRIKIRCHE

(47)

Hamburgs ältestes Kunstwerk

Hauptkirche St. Petri, Bei der Petrikirche 2, 20095 Hamburg (Stadtteil Altstadt, Bezirk Mitte)
Busse 4 und 6 (Rathausmarkt (Petrikirche))

St. Petri ist seit dem Abriss des Mariendoms im Jahr 1805 die älteste Kirche von Hamburg. Gegründet wurde die Petrikirche vor etwa tausend Jahren, zu Beginn des 11. Jahrhunderts. Am Hauptportal der Kirche finden sich zwei Löwenköpfe, aus Bronze gegossen und mit Ornamenten verziert. Der rechte Löwe stammt aus jüngerer Zeit, beim linken Löwenkopf dagegen handelt es sich um das älteste Kunstwerk der Freien und Hansestadt Hamburg. Die Inschrift lautet ANNO DNI (=DOMINI) MCCCXLII INCEPTUM EST FUNDAMENTUM HUIUS TURRIS OR P IURAT (= ORATE PRO IURATI) und bedeutet übersetzt: „Im Jahre 1342 ist das Fundament dieses Turmes gelegt worden, betet für die Kirchengeschworenen."

Der bronzene Löwenkopf stammt vermutlich aus der Lübecker Werkstatt des Erzgießers und Bildhauers Hans Apengeter. Die zwölf Weinblätter verweisen auf die Apostel. Im Mittelalter versinnbildlichte der Löwe Jesus Christus, der die Kirche beschützt und alles Böse von ihr abhält. Den Ring im Löwenmaul mit der Hand zu berühren, gewährte Verfolgten Asyl in der Kirche. Auch bei Eiden und Schwüren wurde die Hand zur Bekräftigung auf den Ring am Kirchenportal gelegt, ebenso wie bei Übergabe des Besitzes bei Haus- und Grundstücksgeschäften.

Vor 1000 Jahren war die Petrikirche noch eine kleine Kapelle aus Holz. Wann an ihre Stelle zum ersten Mal ein Steinbau gesetzt wurde, ist nicht überliefert. Im Jahr 1220 ernannte Papst Honorius III. den Apostel Petrus, Beschützer von Fischern und Seefahrern, zum Patron der Hamburger Kirche, die so zu ihrem heutigen Namen kam. Im Großen Brand, der 1842 die Altstadt verwüstete, wurde St. Petri schwer beschädigt. Sieben Jahre später konnte die neu erbaute Kirche erneut eingeweiht werden, doch bis der Kirchturm mit einer Höhe von 127 Metern wieder aufgebaut war, sollte ein Vierteljahrhundert vergehen. Heute kann man zu Fuß in den Kirchturm hinaufsteigen. Es sind über 500 Treppenstufen, die am Glockenturm vorbei zur höchsten Aussichtsplattform von ganz Hamburg hinaufführen. Die Altstadt veränderte sich im 20. Jahrhundert rasant und entwickelte sich zunehmend zur Kaufhausmeile. Die Armenviertel wurden abgerissen, durch Kontorhäuser ersetzt und damit verschwand auch die Kirchengemeinde. Hatte die Petrikirche 1838 noch über 10.000 Gemeindemitglieder, sind es aktuell kaum noch 100. In der Petrikirche wird regelmäßig mit Taizé-Gesängen gebetet. Die Gottesdienste sind lebendig und meditativ. Auf der Südseite findet man ein weiteres Doppelportal, über dessen beiden Türen sich jeweils eine Hand aus Stein befindet. Die rechte Hand ist nackt, die linke trägt einen Ring. Es handelt sich um das alte Brautportal. Durch die rechte Tür betrat man St. Petri zur Trauung und auf der linken Seite, der Seite des Herzens, verließ man die Kirche als Ehepaar.

DER SPIELTISCH DER ARP-SCHNITGER-ORGEL

48

Finden Sie den Kopf von Albert Schweitzer?

Jakobikirchhof 22, 20095 Hamburg (Stadtteil Altstadt, Bezirk Mitte)
Orgelführung Donnerstag 12–13 Uhr
Bus 5 (Gerhart-Hauptmann-Platz), U3 (Mönckebergstraße)

Jeden Donnerstag um 12 Uhr beginnt in der Jacobikirche eine einstündige Orgelführung. Aus der ganzen Welt kommen Orgelliebhaber nach Hamburg, um mit eigenen Ohren den Klang der berühmten Arp-Schnitger-Orgel von St. Jacobi, Norddeutschlands größter erhaltener Barockorgel, zu hören. Etwas abseits auf der Empore findet sich eine behexend originelle Kuriosität. Der alte Spieltisch der Arp-Schnitger-Orgel wurde mit handgeschnitzten Registerknöpfen bestückt, doch statt der üblichen runden Knäufe sind es Köpfe. In der oberen linken Hälfte schaut Albert Schweitzer aus dem Kasten und rechter Hand der Tastatur lässt sich Hans Henny Jahn blicken.

Schnitger wurde 1648 in Golzwarden in der Nähe von Oldenburg geboren, machte eine Tischlerlehre bei seinem Vater und lernte Orgelbau bei seinem Onkel, Orgelbauer Berendt Huß. Seine erste Orgel steht heute noch in der St. Cosmae Kirche in Stade, etwa 50 Kilometer von Hamburg entfernt. Die Orgel von St. Cosmae bereitete Schnitger den Weg zum berühmtesten Orgelbauer seiner Zeit und öffnete ihm die Stadttore der reichen Hansestadt Hamburg, wo er mit Mitte 30 die berühmteste Orgelwerkstatt Europas gründete. Schnitger, der ein begabter Tischler und überragender Intonateur war, schuf einen nie dagewesenen Orgeltyp. Äußerlich neu waren die zunehmend in die Höhe strebenden Orgelkörper, deren Maße Schnitger radikal erweiterte, bis in seiner Werkstatt die größten Orgeln seiner Zeit entstanden. Ihr Wunder war der Klang. Schnitger schuf ein außergewöhnlich vielfältiges und farbiges, zugleich klares und differenziertes Klangbild. Seine Orgeln werden wegen ihres lebendigen Klangs und ihrer akustischen Präsenz mit den Geigen von Schnitgers Zeitgenossen Antonio Stradivari aus Italien verglichen.

Doch wie kommen Friedensnobelpreisträger Albert Schweitzer und Hamburgs Schriftsteller-Urgestein Hans Henny Jahn ins Spiel? Beide waren Orgelspieler, Jahn obendrein Orgelbauer von internationalem Ruf. Schweitzer begründete die „Elsässisch-neudeutsche Orgelreform“, die sich für handwerklich hochwertigen Orgelbau einsetzte und industriell gefertigte Massenware strikt ablehnte. Hans Henny Jahn begann 1923 damit, die Schnitger-Orgel von St. Jacobi zu restaurieren und beriet sich in vielen Briefen intensiv mit seinem Weggefährten Schweitzer. Sein Werk blieb jedoch unvollendet. Jahns Vision vom vollkommenen Klang erforderte, den Kirchturm von St. Jacobi ein Stück zu verschieben, was Hamburg zu fantastisch und zu kostspielig erschien.

DER TREPPENAUFGANG MONTANHOF

49

Eine Rarität des Art déco

Kattrepel 2, 20095 Hamburg (Stadtteil Altstadt, Bezirk Mitte)
U1 (Ritterstraße), Bus 36 (Wagnerstraße), Bus 261 (Gluckstraße)

Die Geschichte des Kontorhausviertels, in dem sich der Montanhof befindet, in einem Satz? „Aus dem Sumpf eines Elendsviertels erhoben sich Paläste." So ist es tatsächlich nach dem Ersten Weltkrieg geschehen. Im Abstand von 50 Jahren hatten gleich zwei Katastrophen die Hamburger Altstadt nahezu vernichtet: Zuerst 1842 der große Brand, danach 1892 die Cholera. Die Seuche sollte das Gesicht der Altstadt für immer verändern. Als die Toten bestattet waren, stand für Hamburgs Stadtväter fest, dass die Zeit der beengten, schmutzigen Gängeviertel endgültig abgelaufen war. Es war ein atemberaubend großes Projekt, das die Stadt nach dem Ersten Weltkrieg „dem Doppelfritzen" in die Hände legte. Stararchitekt Fritz Höger aus Elmshorn und Oberbaudirektor Fritz Schumacher aus Bremen planten ein Quartier imposanter Kontorhäuser, das man zusammenfassend nur als „Ensemble der Individualisten" bezeichnen kann. Die Architektur ist atemberaubend.

Hamburgs kunstvollste Architekturepoche war der Backsteinexpressionismus. Es entstanden hohe Gebäude aus verklinkertem (gehärtetem) Backstein, deren aufwändig gestaltete Fassaden charakteristisch waren. Beim Anblick des Montanhofs wird man an die Struktur eines großen Kristalls erinnert. Die dreieckigen Erker an der Stirnseite wirken, als ob sie das Gebäude aufblättern würden. Das gesamte Gemäuer bedecken aufsteigende Mauerblenden, die den Blick in die Höhe führen. Das Erstaunliche an den Entwürfen des Backsteinexpressionismus ist, welche Leichtigkeit und Transparenz aus einem normalerweise so plump wirkenden Baumaterial wie Backstein erzielt werden kann. Am Montanhof sieht man, wie mit Ziegeln vollkommen neue Ansichten geschaffen wurden, indem man nicht nur ihre Flächen zeigte, sondern mit den freiliegenden, schwebend wirkenden Kanten der Steine Fassaden gestaltete. Der Entwurf stammt von den Architekten Herrmann Distel und August Grubitz und erbaut wurde der Montanhof von 1924 bis 1926.

In der Halle entdeckt man einen einzigartig schönen Treppenaufgang im Art-déco-Stil. Der geschwungene Handlauf sieht aus wie ein schwarzes Ornament, dessen Zweige von beiden Seiten der Treppe her aufeinander zu in die Höhe streben. Man erkennt deutlich die floralen, rankenden Formen des Jugendstils, aus dem der Art déco hervorging, der sie jedoch sachlicher einsetzte und geometrisch klare, strenge Formen schuf. Der Montanhof zeigt eine Verbindung von Art déco und Backsteinexpressionismus, zwei zeitgleichen Stilen der Zwanzigerjahre, die sich nirgendwo sonst in Hamburg findet.

DER BISCHOFSTURM

50

Kaffee und Kuchen im tausendjährigen Steinkreis

Bäckerei Dat Backhus, Speersort 10, 20095 Hamburg (Stadtteil Altstadt, Bezirk Mitte)
Bus 5 (Gerhart-Hauptmann-Platz)

Auf eines der größten Geheimnisse der Stadt stößt man bei einem Bummel durch die Mönckebergstraße. Mitten in der City, am Domplatz Ecke St. Petrihof, hat ein Archäologenteam das riesige Fundament des sagenhaften Bischofsturms ausgegraben. Nach Freilegung des unerwarteten Sensationsfundes hat die Stadt um den geheimnisvollen Steinkreis tausendjähriger Findlinge herum ein Café gebaut. Besucher sitzen bei Kaffee und Kuchen neben echter Hamburger Frühgeschichte. Der Steinkreis, der die mythische Stimmung vorchristlicher Kultstätten beschwört, kann fotografiert und sogar angefasst werden. Der uralte Bischofsturm stammt aus der Zeit der ersten Siedler. Vor mehr als tausend Jahren ließen sie sich um den Domplatz herum nieder und begründeten die Geschichte der Stadt Hamburg. Was aber war das für ein Turm mit seinem Fundament von beachtlichen 19 Metern Umfang?

Adalbrand von Bremen – auch Bezelin oder Alebrand genannt – war ursprünglich Kölner Geistlicher und gehörte später der königlichen Kapelle an. Als Erzbischof ließ er in Hamburg den zuvor niedergebrannten Dom wiederaufbauen. Im Jahr 1035 übernahm Bezelin das Amt des Erzbischofs von Hamburg. Sein Standbild findet man an der Trostbrücke in der Nähe der Hamburger Patriotischen Gesellschaft und ein weiteres befindet sich auf der Brooksbrücke in der Speicherstadt im Freihafen. Während Bezelins Amtszeit als Erzbischof wurde der Bischofsturm erbaut. Sein Schalenmauerwerk bilden eine Außen- und Innenwand aus großen, teilweise künstlich geglätteten Findlingen, wobei mit Schlick gebundene Rollsteine den Zwischenraum füllen. Wahrscheinlich handelte es sich um einen mehrgeschossigen Steinbau, dessen Obergeschoss durch eine Leiter erreicht werden konnte. Es wurde lange vermutet, der Steinbau in unmittelbarer Nähe des Doms hätte Erzbischof Bezelin als Wohngebäude gedient. In Hamburg wird er heute noch „Das Steinerne Haus“ genannt. Doch warum sollte sich jemand zum Wohnen einen Turm bauen? Zum Wohnen hätte der Erzbischof sich ein Haus bauen lassen. Der Turm lässt vielmehr darauf schließen, dass das Bauwerk in alter Zeit als Wachturm eines Stadttores diente. Er befand sich in der Nähe des Heidenwalls, der größten Einfallstraße von Osten in die Stadt. Das Rätsel um den Turm ist noch nicht gelöst, denn die Erforschung der Frühgeschichte braucht Zeit. Selten genug haben Archäologen Gelegenheit, mitten in der Großstadt bei Ausgrabungen Hinweise auf Spuren aus alter Zeit zu erhalten.

DAS MOSAIK IM U-BAHNHOF MEẞBERG

51

Fritz Kronenberg und die Hamburgische Sezession

U-Bahnhof Meßberg (Eingang Hopfensack), 20095 Hamburg (Stadtteil Altstadt/Kontorhausviertel, Bezirk Mitte)
U1 (Meßberg)

Meßberg gehört nicht zu den bekanntesten U-Bahnhöfen der Stadt, eignet sich aber ausgezeichnet als Start- und Zielpunkt für einen Spaziergang durchs Kontorhausviertel. An der Treppe nach oben in die Stadt wartet eine überraschende Entdeckung. In strahlenden Farben vermittelt Fritz Kronenbergs Mosaik beschwingte Klarheit und Harmonie. Kronenberg (1901–1960) gehörte seinerzeit zu den modernsten Malern der Stadt, zur Avantgarde der Kunstszene, und der gebürtige Kölner war Mitglied des berühmten Künstlerverbandes der Hamburgischen Sezession.

Fritz Kronenberg, Zeitgenosse von Pablo Picasso und George Braque, war Feuer und Flamme, als die beiden Meister der Moderne in Paris den Kubismus begründeten. Sprachlos stand die Weltöffentlichkeit vor Gemälden, deren Betrachtung das Gehirn aus den Angeln hob. Das Abstraktionsniveau der neuen Bilder aus Paris war ebenso schockierend wie ehrfurchtsgebietend. Nicht die Abbildung des Motivs, sondern die Abbildung seiner Auflösung wurde von Picasso und Braque auf die Spitze getrieben. Die beiden begnadeten Visionäre interessierte damals im Paris der Zwanzigerjahre nicht die Beherrschung der perspektivischen Malerei. Es war die Neuerfindung der Perspektive, die sie gepackt hatte und die Malerei des 20. Jahrhunderts für immer veränderte.

Kronenberg gab der klassischen Malerei den Laufpass. Von den ungeahnten neuen Möglichkeiten aus Paris begeistert, brachte er den Kubismus nach Hamburg, wo er sich in den späten Zwanzigerjahren niedergelassen hatte. Er wurde Mitglied der Hamburgischen Sezession und bereits nach zwei kurzen Jahren künstlerischen Schaffens fanden seine Werke in Hamburg große Beachtung. 1933 diffamierten die Nazis die Malerei der Sezessionisten und forderten den Ausschluss ihrer jüdischen Mitglieder, zu denen neben vielen anderen auch die weltberühmte Malerin Anita Rée gehörte. Die Sezessionisten setzten sich über den Befehl der Nazis hinweg und die avantgardistische Künstlerbewegung schloss kein einziges ihrer Mitglieder aus, sondern stellte sich hinter sie. Man feierte noch einmal gemeinsam eine Party und gab anschließend die Auflösung der Hamburgischen Sezession bekannt.

Nach dem Krieg lebte Kronenberg bis zu seinem Tod in Hamburg. 1958 erhielt der große deutsche Maler zur Ehrung seines Werkes den Edwin-Scharff-Preis, benannt nach dem großen deutschen Bildhauer und Grafiker. Das Mosaik „Ohne Titel“ im U-Bahnhof Meßberg war eine der letzten Arbeiten Kronenbergs.

DER PUDEL AUF DEM LAEISZHOF ⑤②

Wer ist der Pudel?

Trostbrücke 1, 200457 Hamburg (Stadtteil Altstadt, Bezirk Mitte)
U3 (Haltestelle Rathaus)

Betrachtet man das imposante Kontorhaus der Hamburger Reederei Ferdinand Laeisz genauer, entdeckt man auf dem Dach einen grünen Pudel. Er sitzt auf dem Dach eines Giebels und blickt über den Kanal. In Hamburg gehört er zu den geheimen Sehenswürdigkeiten, die man normalerweise übersieht. Wer ist der Pudel? War er der Lieblingshund des Reeders, der ihm auf diese Weise ein Denkmal zu setzen wünschte? Nein, nicht sein Lieblingshund, sondern seine Ehefrau! Sophie Christine Laeisz, eine schöne Frau mit einem Kopf voller kleiner Löckchen, trug bei ihrem Ehemann Carl Heinrich Laeisz den Spitznamen „Pudel". Sie war in Hamburg eine bedeutende Wohltäterin, die auf St. Pauli ein Armenstift gründete. Vor allem aber ließ sie nach dem Tod ihres Mannes in Hamburg eine Musikhalle, die Laeiszhalle, bauen. Das Konzerthaus am heutigen Johannes-Brahms-Platz wurde zum Mittelpunkt des kulturellen Lebens der Stadt.

Wenn man weiß, dass die Reedergattin den Spitznamen „Pudel" trug, versteht man besser, warum die Namen der großen Segelschiffe aus dem Hause Laiesz mit dem Buchstaben P anfangen. Von 86 Großseglern der Reederei, die vom Stapel liefen, trugen 66 einen Namen mit P. Windjammer wie die Viermastbarken „Pamir", „Peking", „Potosi" und die „Passat" segelten als Frachtschiffe um die Welt und schrieben als Hamburger „Flying P-Liner" Seefahrtgeschichte. Heute gelten die P-Liner, die für den Seehandel mit Südamerika und die gefährliche Passage rund um Kap Hoorn gebaut wurden, als technischer Höhepunkt des Segelschiffbaus. Obwohl weltweit zunehmend Dampfschiffe, also Motorschiffe, zum Einsatz kamen, setzte Carl Heinrich Laeisz weiterhin unbeirrbar auf Segelschiffe. Die legendäre „Preußen" (Stapellauf 1902) der Reederei Laeisz war das einzige Fünfmastvollschiff, das jemals gebaut worden ist. Auf Salpeterfahrt nach Chile segelte „die Königin der See", das größte Segelschiff der Welt, Rekordzeiten.

Die Viermastbark „Passat", die im Hamburger Hafen auf der weltbekannten Werft Blohm & Voss gebaut wurde und 1911 vom Stapel lief, kann man heute im Hafen von Travemünde besichtigen (eine Stunde Zugfahrt vom Hamburger Hauptbahnhof bis Lübeck-Travemünde Hafen). Es ist fantastisch, das schöne, alte Schiff zu erkunden und an Bord eines echten Hamburger Windjammers zu sein, der vor 100 Jahren bei extremen Stürmen um das Kap Hoorn segelte.

DAS ALTE PORTAL DER ST. NIKOLAIKIRCHE

53

Schatz der Ruine

Mahnmal St. Nikolai, Willi-Brandt-Straße 60, 20457 Hamburg (Stadtteil Altstadt, Bezirk Mitte)
Mai bis September: täglich 10–18 Uhr, Oktober bis April: täglich 10–17 Uhr
S1, S3 (Stadthausbrücke), U3 (Rödingsmarkt)

Das uralte, mit wunderschönen Eisenbeschlägen verzierte Türenpaar aus schwarzem Eichenholz ist etliche Jahrhunderte alt. Um sich ein Bild der Stadt Hamburg im 12. Jahrhundert zu machen, ist man hier genau am richtigen Ort. Ein kurzer Spaziergang in die Nachbarschaft der Kirchenruine führt in zwei unscheinbare kleine Seitenstraßen, die von erstrangiger Bedeutung für Hamburgs Geschichte sind: Hopfenmarkt und Neue Burg. Im heutigen Hopfenmarkt stand die Neue Burg, die um das Jahr 1024 herum in einer Wallfestung gebaut worden war. Damals halfen die Bewohner der Stadt nach Kräften dabei, in den feuchten Niederungen zwischen Alster und Elbe Deiche aufzuschütten und damit festen Baugrund für ihre Häuser zu schaffen. Einen großen Deich hatten sie bereits bebaut. Er verlief in der heutigen Deichstraße, führte zur Alster und stellte die Grenze zwischen der damaligen Altstadt und Neustadt dar. In der Altstadt hatten die Hammaburg und der St. Mariendom gestanden und die Bürger wünschten sich vor über 800 Jahren für die eben neu gegründete Hamburger Neustadt ebenfalls eine Kirche. Deshalb ließ Graf Adolf III. von Schauenburg im Jahr 1195, sechs Jahre nachdem der Alsterdeich fertig wurde, eine Kapelle für etwa 300 Gläubige bauen. Das kleine Gotteshaus war nicht bestuhlt, sodass man während des Gottesdienstes stand oder kniete. Aus dieser Kapelle entstand im Verlauf der Jahrhunderte die heutige St. Nikolaikirche.

Die Kapelle weihten die Kaufleute und Seefahrer der Hamburger Neustadt dem Heiligen Nikolaus von Myra. Er ist derselbe Heilige, der in Deutschland am Nikolaustag, dem 6. Dezember, gefeiert wird, wenn er nachts die schlafenden Kinder besucht und ihnen einen Schuh oder Stiefel mit Süßigkeiten füllt. Obwohl es keine historischen Zeugnisse über Nikolaus von Myra gibt, gehört er seit Jahrhunderten zu den beliebtesten Volksheiligen in Ost- und Westeuropa. Der heilige St. Nikolaus ist der Freund der Kinder, soll als Handel treibender Seefahrer Schiffbrüchige aus Seenot gerettet haben und ist der Schutzpatron für eine glückliche Heirat.

Einen Kirchturm erhielt die im Laufe der Zeit zunehmend größer gebaute Kirche erst 1517. Der Turm musste wegen Blitzeinschlägen und Feuersbrünsten mehrmals neu gebaut werden, aber schließlich ragte der Kirchturm von St. Nikolai mit 147 Metern Höhe in den Himmel und war bis 1876 sogar das höchste Gebäude der Welt.

DER SCHIFFSPROPELLER DER FAIRPLAY IX

(54)

Souvenir der Schlepperflotte

Mattentwiete, 20457 Hamburg (Stadtteil Altstadt, Bezirk Mitte)
U3 (Rödingsmarkt)

Die Mattentwiete verbindet die beiden bedeutenden historischen Hamburger Fleetbrücken Holzbrücke und Brooksbrücke. Wer die kleine Straße entlanggeht, entdeckt eine Überraschung. Ganz unerwartet sieht man plötzlich einen riesigen Propeller auf dem Bürgersteig. Zur Erinnerung an den Hafenschlepper Fairplay IX wurde die prächtige goldene Schiffsschraube als Souvenir der traditionsreichen Hamburger Schlepperflotte in Hafennähe aufgestellt.

Die Reederei Fairplay Richard Borchard GmbH heißt heute Fairplay Towage Group und hat ihren Hauptsitz seit der Firmengründung im späten 19. Jahrhundert in Hamburg. Vom Hochseeschlepper bis zum Schubboot zählt die Flotte über zwei Dutzend leistungsstarke kleine Schiffe. Aus dem Hamburger Hafen sind sie nicht wegzudenken. Wer einmal selbst vom Ufer Neumühlen/Övelgönne aus dabei zugesehen hat, wie zwei Schlepper ein riesengroßes Containerschiff in den Hafen von Waltershof hineinlotsen, kann hinterher bestätigen, dass die wendigen, zugkräftigen Boote der Fairplay-Flotte als „Einparkhelfer" bei Wind und Wetter akrobatische Allroundtalente sind. Die römischen Ziffern haben Tradition. Musste im Laufe der Reedereigeschichte ein Schiff ausgemustert werden, gab man dessen Nummer später dem Folgemodell. Dementsprechend gab es auch Schlepper Fairplay IX schon in einer früheren Ausführung. Der goldene Propeller in der Mattentwiete erinnert an die Fairplay IX aus dem Jahr 1971. Der Kraftprotz wurde auf der Schichau-Werft in Bremerhaven gebaut. 50 Meter lang, elf Meter breit und mit einem Tiefgang von sechs Metern, kam er mit 3.600 PS und über 800 Bruttoregistertonnen Ladevolumen für Einsätze rund um den Erdball auf die Elbe gedampft. Den ungewöhnlich großen Laderaum der Fairplay IX füllten große Brennstofftanks aus, mit deren Vorräten der Schlepper mehrere Monate ununterbrochen auf See im Einsatz bleiben konnte.

Die Fairplay-Reederei blickt auf vier Generationen in Familienbesitz zurück. Eine beeindruckende Standfestigkeit, angesichts der wechselvollen und krisengeschüttelten Geschichte deutscher Reedereien seit der Jahrtausendwende. Von den Nazis war Reederin Lucy Borchard 1938 enteignet worden und musste nach London emigrieren, um zu überleben. Erst Jahre nach dem Zweiten Weltkrieg erwirkte die Reederfamilie erfolgreich die Rücknahme der Enteignung und führte ihr Unternehmen wieder selbst.

DER LANDUNGSSTEG DES KAISERS

55

Wo Wilhelm II. von Bord ging

Brooktorkai 17, 20457 Hamburg (Stadtteil Altstadt, Bezirk Mitte)
Bus 6 (St. Annen)

Am Montag, den 29. Oktober 1888 war von hanseatischer Sachlichkeit in Hamburg nichts zu spüren. Die Stadt war im Kaiserfieber und die Ankunft Wilhelms II. in der Hansestadt glich einem Nationalfeiertag. Sämtliche Geschäfte blieben geschlossen, Angestellte hatten frei und die Straßen waren voller Schaulustiger. Wer ein Boot besaß, war unterwegs auf dem Wasser, um den Monarchen aus nächster Nähe sehen zu können. Wilhelm II. war nach Hamburg gekommen, um den Hamburger Freihafen und die Speicherstadt zu besichtigen. Ein prunkvolles „Kaiserboot" war hergerichtet worden, den hohen Besuch über Alster und Fleete zu gondeln. Das Kaiserboot war mit Girlanden geschmückt und trug als Galionsfigur einen prächtigen Schwan aus Pappmaché.

In unmittelbarer Nähe des Kanals befindet sich das Fleetschlösschen, heute wie damals von Säulen getragen, unter denen zwei helle Freitreppen vom Wasser aus nach oben zur Straße führen. Um seinen Anleger rankt sich die Legende, dass hier das prächtige Boot mit dem festlich in der Sonne funkelnden Schwan anlegte und der junge Kaiser mit seiner Gefolgschaft feierlich über die Freitreppe in die Speicherstadt geführt wurde. Eine Beschreibung des amerikanischen Historikers Robert Massie vermittelt ein anschauliches Bild des Monarchen. Wilhelm II. war von mittlerer Größe, mit „rastlosen, strahlend blauen Augen und lockigem, hellbraunem Haar. Sein auffallendstes Merkmal war ein buschiger Schnurrbart mit aufgebogenen Spitzen."

Anlass des großen Besuches war der erfolgreiche Abschluss langer, zäher Verhandlungen zwischen der Freien und Hansestadt Hamburg und dem Deutschen Reich. Die Hamburger Stadtväter blieben störrisch, als sie von Reichskanzler Bismarck aufgefordert wurden, dem deutschen Zollgebiet beizutreten. Schließlich einigte man sich aber doch, nicht zuletzt dank 40 Millionen Reichsmark Fördergeld, auf den Bau der Hamburger Speicherstadt. Den Höhepunkt des kaiserlichen Besuches bildete die Schlusssteinlegung der Brooksbrücke 600 Meter vom Anleger beim Fleetschlösschen entfernt. Die Brooksbrücke war eine der drei neu errichteten Brücken, die in die Speicherstadt führten. Hamburgs Bürgermeister und der gesamte Senat begleiteten den Kaiser zur Brücke, wo ihm eine silberne Maurerkelle überreicht wurde. Mit der Kelle in der Hand schlug der Kaiser dreimal auf den Schlussstein der Brooksbrücke und sprach dazu die feierlichen Worte: „Zur Ehre Gottes. Zum Besten des Reichs. Zu Hamburgs Wohl."

DIE GLEISKANTE IM LOHSEPARK

56

Tatort und Tabu

Lohseplatz, 20457 Hamburg (Stadtteil HafenCity, Bezirk Mitte)
Bus 111 (Osakaallee)

Vom Hannoverschen Bahnhof ist kaum noch etwas übrig. Nachdem der heutige Hamburger Hauptbahnhof eröffnet worden war, diente der Hannoversche Bahnhof nur noch als Güterbahnhof. Als in Hamburg die Nazis regierten, wurden von hier aus Tausende Juden, Sinti, Roma und Antifaschisten in fensterlosen Güterzügen deportiert. Heute gehört das ganze Areal der HafenCity. Die HafenCity baut. Profitträchtige Prestigeprojekte sind der einzige Zweck ihrer Existenz und für ihren Bau wurde auf dem Gelände des ehemaligen Hannoverschen Bahnhofs der Boden ausgeschachtet, ohne auf Erhalt historischer Gebäudeteile und Gleisanlagen Rücksicht zu nehmen. Als sich der Protest gegen die Zerstörung nicht mehr ignorieren ließ, versuchten die Projektplaner, das Gedenken an Deportationen und tausendfachen Mord in ihr Konzept eines „attraktiven Quartiers“ hineinzubiegen. Das Ergebnis ist der Lohsepark. Den Abriss des letzten historischen Bahnsteigs hat nur öffentlicher Protest verhindern können, nachdem alles andere schon abgerissen war. Nun präsentiert die HafenCity eine Gleiskante als Detail, das es an Bedeutung mit einem ganzen abgerissenen Bahnhof aufnehmen kann.

Leider ist der Lohsepark ein weiteres öffentliches Beispiel dafür, wie in Hamburg die Eliten NS-Geschichte umgeschrieben haben. So lautet der Schlusssatz auf den Tafeln am Eingang des Parks: „Über Proteste der Hamburger Bevölkerung gegen die Deportationen ist nichts bekannt.“ Damit wird, noch dazu an einem Gedenkort für Opfer des NS-Regimes, die totalitäre Allmacht von Partei und Geheimpolizei während der NS-Zeit bis zur Unkenntlichkeit vertuscht. Jeder öffentliche Protest gegen Hitler führte ins KZ. 1933 ließ Hamburgs Polizeisenator Schönfelder Proteste gegen das NS-Regime bei härtester Strafe verbieten, nachdem vorher auf Hamburgs Straßen Zehntausende gegen die Nazis demonstriert hatten. Darüber wissen die Historiker der Hamburger Kulturbehörde selbstverständlich genau Bescheid. Trotzdem stellen sie Tafeln auf, die suggerieren, man hätte öffentlich gegen Hitler protestieren können, und – schlimmer noch – als wäre es den Hamburgern egal gewesen, ob es Deportationen gab oder nicht. In Hamburg wurde gegen die Deportationen gekämpft – heimlich und in ständiger Lebensgefahr. Alle Familien, die Verfolgten geholfen haben, sich vor der mörderischen Gestapo zu verstecken, um Deportation und Tod zu entkommen, haben das eigene Leben riskiert, um gegen die Deportationen zu kämpfen.

DER U-BAHNHOF HAFENCITY UNIVERSITÄT

57

Leuchtspaß am Hafenrand

Versmannstraße, 20457 Hamburg (Stadtteil HafenCity, Bezirk Mitte)
U4 (HafenCity Universität)

Eine Haltestelle abseits der Innenstadt und ein unterirdisches Lichtspiel am Hafenrand, das den Umweg wert ist. Die U-Bahnlinie 4 verbindet seit 2012 die HafenCity mit Hamburg. Im Untergrund des Lohseparks entstand eine hypnotische Installation aus Farben und Licht, die als effektvoller Bezug zum nahegelegenen Hafen gemeint ist. Man erkennt erst auf den zweiten Blick, welche Idee hinter der Lichtinstallation steckt. Hamburger denken beim Hafen typischerweise an die Schiffe, die Elbe und die Möwen. Aus der Perspektive der HafenCity dagegen fasziniert der Hafen als Wirtschaftsmacht. Der Wirtschaftsfaktor Nummer Eins im Hamburger Hafen ist der Containerumschlag. Entsprechend sollen die Leuchtkörper im U-Bahnhof zwölf 20-Fuß-Container darstellen, die, wie im Hafen am Verladekran, über dem Bahnsteig schweben.

Die Installation zeigt den Betrachtern Container aus einer Nähe, wie sie sonst nur Hafenarbeiter zu sehen bekommen. Leider sind die Abmessungen ungenau und nicht maßstabsgetreu, sonst wären die Leuchtcontainer der HafenCity vielleicht eine neue Hamburgensie geworden. So sind sie ein netter Gag. Während die Leuchtcontainer die Maße 6,50 m (Länge) x 2,80 m (Breite) x 2,80 m (Höhe) haben, hat ein 20-Fuß-Container die Maße 6,06 m (Länge) x 2,44 m (Breite) x 2,59 m (Höhe). In der Schifffahrt sind die Maße eines 20-Fuß-Containers die Einheit für das internationale Maß TEU (Twenty Foot Equivalent Unit). Die Größe eines Containerfrachters wird weltweit in TEU gemessen, also danach, wie viele 20-Fuß-Container der Frachter laden kann.

Mit den Farben des Lichtspiels werden die bunten Lichter im Containerhafen zitiert, die nachts in der Dunkelheit leuchten. Die zwölf Container leuchten abwechselnd synchron oder in verschiedenen Farbtönen. Jeder hat 280 LED-RGB-Knoten, bestehend aus je einer roten, einer grünen und einer blauen LED-Diode, die als Grundfarben nach dem Prinzip „additiver Farben“ alle weiteren Farbtöne mischen. Die milchige Haut der Leuchtcontainer besteht aus mehrschichtigem Verbundglas. Mit durchschnittlich je 1,1 kW sind die bunten Container sparsam im Energieverbrauch. Die Wände des Bahnsteigs wurden mit Stahlpaneelen verkleidet, was sehr kostspielig war, und Stahlwände im Bahnsteig sollen an die Stahlwände der Containerschiffe erinnern. Statt Tonbandaufnahmen von schreienden Möwen spielen die U-Bahnlautsprecher am Wochenende von 10 bis 18 Uhr zu jeder vollen Stunde klassische Musik.

DIE MS STUBNITZ

58

Nachts an Bord gehen

Schuppen 29 am Baakenhöft, 20457 Hamburg (Stadtteil HafenCity, Bezirk Mitte)
ms.stubnitz.com
Bus 111 (Baakenhöft)

Haben die Manager der HafenCity bemerkt, dass ein Wunder geschehen ist? Was ihnen da für ein Geschenk gemacht wird? Ist im Hauptquartier des steril-elitären Satellitenquartiers endlich der Groschen gefallen? Die ganze Zeit hatte noch was gefehlt, zwischen den kalten, spiegelnden Fassaden. Etwas, das dem hochmodernen, kühl wirkenden Areal etwas entgegenzusetzen hat: Leben, Herzschlag, große Gefühle und Lust.

Für die MS Stubnitz ist es leicht, überall Freunde zu finden. Davon könnte die HafenCity viel lernen. Seit über 20 Jahren veranstalten die Betreiber des Kulturschiffes Konzerte, Ausstellungen, Lesungen und Filmnächte, sind mit einem Kulturpreis ausgezeichnet worden und haben bei den „Zu breit zum Kentern"-Partys solche Massen begeisterter Gäste an Bord, dass man nur hoffen kann, sie mögen wirklich alle breit genug sein. Mit der HafenCity dagegen wird Hamburg nicht warm – von Sehnsucht und Liebe weit entfernt. Wenn sich Investoren um Kultur kümmern, kommt nur wieder ein sterbenslangweiliges Millionenprojekt dabei heraus. Warum dann nicht lieber den Schatz fördern und stärken, der am Baakenhöft vor Anker gegangen ist? Für echte Freundschaft mit echten Hamburgern.

An Bord sind Wände und Fußböden im Originalzustand belassen worden – Stahl, Gitter, Gestänge und Rohre überall. Es macht sich eine cool-industrielle Atmosphäre wie im Raumfrachter „Nostromo" im Film *Alien* breit. Jedes Deck ist durch Lichtquellen, die indirektes Licht geben, oder Lampen im Space-Age-Design genial beleuchtet. In jedem Detail steckt sicherer Geschmack, Liebe zum Schiff und perfektes handwerkliches Geschick. Dafür gab es Anerkennung vom Denkmalschutzamt und die MS Stubnitz wurde 2003 in die Denkmalliste eingetragen. Für ihren Erhalt ist das ein Meilenstein, denn jetzt können die Betreiber sich mit einem Teil der Ausgaben an die Stadt wenden.

Erbaut 1964 in Stralsund, der produktivsten Fischereifahrzeugwerft der Industriegeschichte und mit Rostock als Heimathafen, war die MS Stubnitz lange als Fischtransportschiff auf hoher See von Spitzbergen bis Mosambik unterwegs. Nach der Wende wurde sie in nur 18 Monaten von arbeitslos gemachten Seeleuten zum Publikumsschiff umgebaut. Für „Hand gegen Koje", also Essen und Übernachtung für unbezahlten Arbeitseinsatz, stellen Musiker und Künstler Monat für Monat ein internationales Programm an Bord auf die Beine.

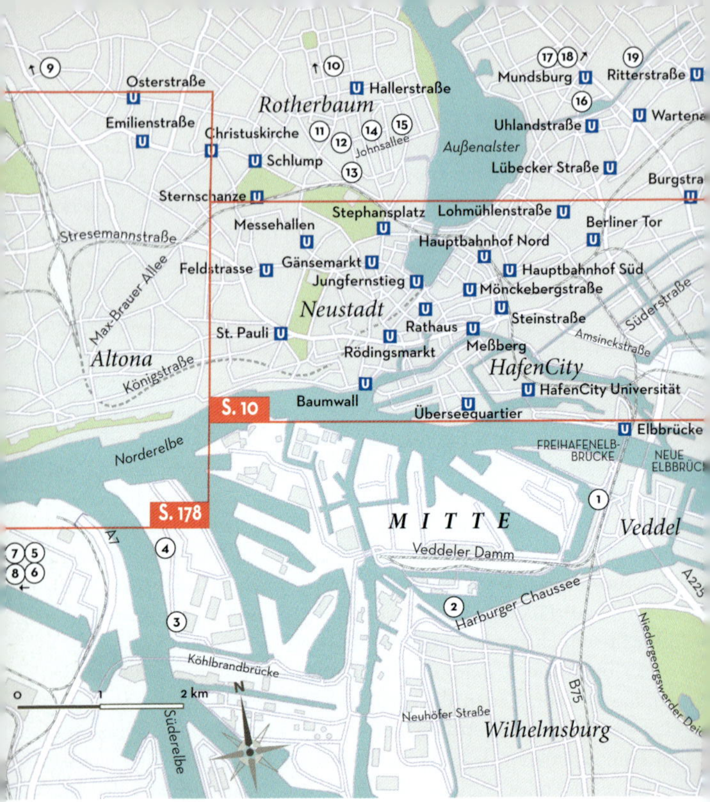

Eimsbüttel, Mitte und Nord

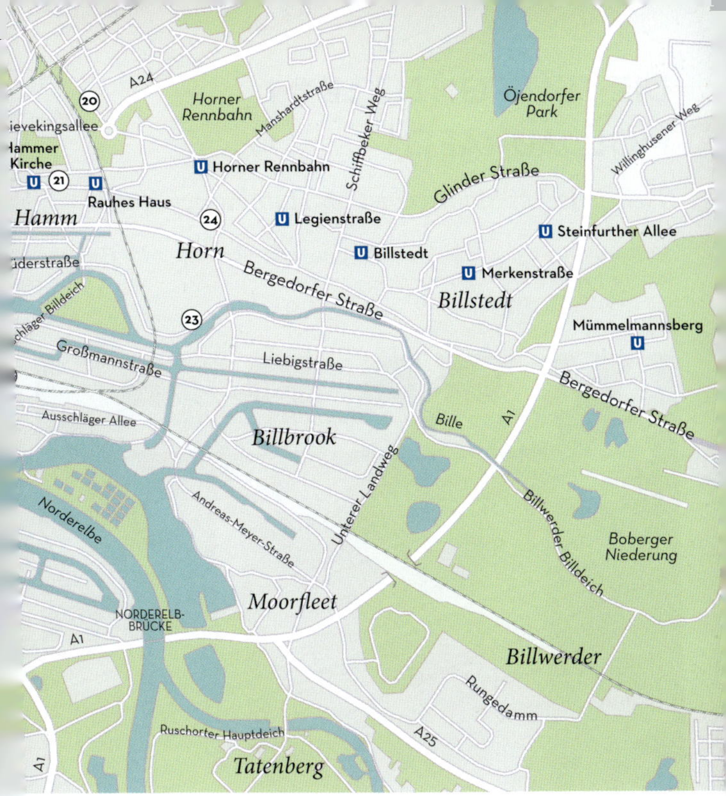
A24
Horner Rennbahn
Manshardtstraße
Schiffbeker Weg
Öjendorfer Park
Willinghusener Weg
ievekingsallee
Hammer Kirche
Horner Rennbahn
Glinder Straße
Rauhes Haus
Hamm
Legienstraße
Steinfurther Allee
Horn
Billstedt
Merkenstraße
Bergedorfer Straße
Billstedt
Mümmelmannsberg
Großmannstraße
Liebigstraße
Bergedorfer Straße
Ausschläger Allee
Billbrook
Bille
A1
Norderelbe
Andreas-Meyer-Straße
Unterer Landweg
Billwerder Billdeich
Boberger Niederung
Moorfleet
NORDERELB-BRÜCKE
A1
Billwerder
Rungedamm
Ruschorter Hauptdeich
A25
A1
Tatenberg

DIE TELEFONZELLE IM MOLDAUHAFEN

①

Tschechisches Staatsgebiet im Hamburger Hafen

Moldauhafen (Eingang Ecke Am Saalehafen, Sachsenbrücke), 20457 Hamburg (Stadtteil Veddel, Bezirk Mitte)
Bus 256 (Veddel (Westseite) (S))

Wenn man den alten Moldauhafen aufmerksam erkundet, entdeckt man eine verlassene Telefonzelle. Man sieht auf den ersten Blick, dass sie schon längst nicht mehr funktioniert. In Deutschland waren die Telefonzellen früher gelb, doch diese ist grau. Ein Tarnanstrich? Wurden im Krieg die Telefonzellen grau gestrichen? Viel einfacher: Die Telefonzelle stammt nicht aus Deutschland, sondern aus der ehemaligen Tschechoslowakei, denn der Moldauhafen ist seit 1929 tschechisches Gebiet.

Die Geschichte beginnt nach dem Ende des Ersten Weltkriegs. Im Friedensvertrag von Versailles wurden die Leistungen zur Wiedergutmachung geregelt. Die Tschechoslowakei sollte zwei Meereszugänge des Deutschen Reiches erhalten. So kam der Hamburger Hafen ins Spiel und die Hansestadt musste dem Nachbarland Gebiete aus ihrem Hafen verpachten. Es folgten zähe Verhandlungen, die sich jahrelang hinzogen. Erst Ende 1929 kam endlich eine Einigung zustande. Die damalige Tschechoslowakei erhielt für 99 Jahre Hafengebiet am Moldauhafen und am Saalehafen – eine ziemlich imposante Fläche von etwas weniger als 30.000 m^2.

Doch als so schmählich, wie es auf den ersten Blick schien, sollte sich die neue Lage für Hamburg am Ende gar nicht erweisen, denn die Tschechoslowakei legte sich durch die neue Regelung beim innereuropäischen Seehandel auf den Hamburger Hafen fest. Mit einem Schlag waren die Konkurrenten Antwerpen und Rotterdam aus dem Spiel und dadurch erlebte Hamburg einen Aufschwung. Auf dem Seeweg zwischen Prag und Hamburg – die Moldau hinauf und im böhmischen Mělnık durchs Mündungsgebiet auf die Elbe – wurden Kohle, Gerste, Malz, Zucker, Holz und Glaswaren verschifft. Tschechische Exportwaren machten rund ein Zehntel der Ausfuhren aus dem Hamburger Hafen aus.

Nachdem sich 1989 der Eiserne Vorhang gehoben hatte und die Grenzen geöffnet worden waren, verlagerte sich der Warenhandel vom Fluss auf die Autobahn. Lastwagen lösten den Schiffsverkehr ab und auch im Moldauhafen wurde es ruhig. Wird die tschechische Regierung froh sein, wenn der alte Pachtvertrag mit Hamburg im Jahr 2028 endlich ausläuft? Ganz im Gegenteil! Wie aus tschechischen Regierungskreisen gegenüber der Hamburger Presse angedeutet wurde, denkt Prag über eine Verlängerung um weitere 50 Jahre nach. Der Moldauhafen hat eine Toplage in Hamburg und nie gab es so viele Möglichkeiten wie heute, mit EU-Förderung visionäre Projekte zu verwirklichen. Die alte Telefonzelle findet man, wenn man hinter dem Andreaskreuz an der Betonmauer der Hochwasserschutzanlage entlang dem stillgelegten Gleis folgt.

DER HAFENLIEGER CÄSAR

②

Wie es früher auf der Elbe war

Berliner Ufer 14, 20457 Hamburg (Stadtteil Kleiner Grasbrook, Bezirk Mitte)
Durchgehend geöffnet, Führungstermine telefonisch unter 040 75666567
Fähre 73 (Ernst-August-Schleuse)

Heute kommt es einem selbstverständlich vor, dass Güter aus aller Welt in Containern den Hamburger Hafen erreichen. Elektronisch gesteuerte Lastkräne heben die gewaltigen Kisten aus den Frachtern, schwenken sie meterhoch durch die Luft und setzten sie an Land ab. So wird mehr Ware in kürzerer Zeit verfrachtet als früher. Mit dem Siegeszug der Container ist eine Ära der Hafengeschichte zu Ende gegangen, die weder besser noch praktischer, aber schöner war. Auf dem Hafenlieger Cäsar finden Besucher zurück in die gute alte Zeit der Elbe.

Ehe der Güterverkehr in den Sechzigerjahren auf Container umgestellt wurde, kamen Waren im Hamburger Hafen als Stückgut an. Alles war einzeln verpackt. Kaffee und Weizen kamen in Säcken an, Tuch und Flachs waren zu riesigen Ballen gebunden, Rum wurde in Fässern über Holzstege in den Hafen gerollt und Tee in großen Kisten von Bord der Schiffe geholt. Kräne gab es natürlich auch schon, doch der größte Teil der Fracht wurde von Hand gelöscht („Fracht löschen" bedeutet im Hafen „Fracht entladen"). Sogenannte „Schauerleute" besorgten das Be- und Entladen der Frachtschiffe und viele von ihnen waren ehemalige Seeleute, die sich ihr Geld nun als Tagelöhner verdienten. Sie kamen in flachen, offenen Lastkähnen an die Handelsschiffe herangefahren. Ihre Kähne hießen Ewer, waren die schwimmende Verbindung zwischen Handelsschiff und Hafen und sind heute aus dem Hafenbild völlig verschwunden. Der Ewerführer überwachte das Löschen der Ladung, war für den weiteren Transport der Ware über Fleete und Kanäle zu den Lagerhäusern der Speicherstadt verantwortlich und bestätigte den „Tallymännern" genannten Ladungskontrolleuren, dass die Fracht heil und vollständig war. Je nach Einsatz waren Hamburgs Hafenlieger sowohl Geschäftsstelle der Ewerführer als auch Mannschaftsraum, Werkstatt und schwimmende Anlegestelle für die Schuten. Um die Lieger fortzubewegen, wurden sie von Schleppern gezogen, denn einen Motor hatten sie nicht.

Der Hamburger Hafenliegerverband HHLV hält mehrere Lieger und historische Pontons instand, alle aus den Jahren 1892–1928. Der Hafenlieger Cäsar wurde 1902 als Kontor- und Werkgebäude der Ewerführerei Eckelmann gebaut. Cäsar ist 200 m² groß und steht seit 2007 unter Denkmalschutz. Besucher werden von den Betreibern, die Cäsar mit Leidenschaft unter enormer Anstrengung restauriert haben, an Bord geführt.

DER FOTOSTANDORT KÖHLBRANDBRÜCKE

③

So nah heran, wie es geht

Köhlbranddeich, 20457 Hamburg (Stadtteil Steinwerder, Bezirk Mitte)
Fähre 61 (Anlegestelle Neuhof)

Die Köhlbrandbrücke mit ihren leuchtend blauen, wie Stimmgabeln aufragenden Pylonen und den meterlangen Schrägseilen, die an kolossale Harfensaiten denken lassen, gehört zu den schönsten Wahrzeichen der Stadt. Bei ihrer Einweihung am 20. September 1974 präsentierte sich den Hamburgern ein architektonisches Meisterwerk von atemberaubender Dimension. Mit Hilfe eines 1.000 Tonnen schweren Krans waren die beiden Pylonen von je 136 Metern Höhe auf ihre Betonfundamente gehievt worden. Die schwerelos wirkenden 88 Stahlseile brachten es auf ein Gesamtgewicht von über 400 Tonnen und die Fahrbahn, aus 32 Stahlbetonkörpern bestehend, war von einem gigantischen Schwimmkran zusammengesetzt worden, und zwar in der Luft in über 50 Metern Höhe.

Die Köhlbrandbrücke verbindet den Köhlbrand zwischen Waltershof und Neuhof. Auf der Stahlbrücke donnert Tag und Nacht der Verkehr. Über 35.000 Fahrzeuge fahren täglich über eine eigentlich unglaublich schmale Schicht aus dünnem Stahlblech von lediglich 14–16 Millimetern Stärke und dem darüberliegenden acht Zentimeter dicken Asphaltpaket hinweg. Trotzdem hält die Brücke seit mehr als 40 Jahren. Die Ausschreibung für den besten Entwurf gewann 1968 der damals erst 41-jährige Architekt Egon Jux, geboren 1927 in Königsberg. Jux war während seiner Zeit in Paris Architektenlegende Le Corbusier begegnet, der wesentlichen Einfluss auf seine Arbeit hatte. Für Hamburg entwarf er außerdem das Überseezentrum und das Polizeihochhaus am Berliner Tor.

In einem Interview zum zehnjährigen Bestehen der Hängebrücke äußerte Egon Jux den Wunsch, sie auch für Fußgänger passierbar zu machen. Damit sprach er vielen Hamburgern und Besuchern der Stadt aus der Seele, die eine Brücke aus der Nähe sehen und fotografieren möchten, die für sie bisher nur aus dem Auto oder der Ferne zu sehen war. Doch bis auf alljährliche Sportveranstaltungen bleibt sie weiterhin für Fußgänger gesperrt. Um die Köhlbrandbrücke aus nächster Nähe sehen und fotografieren zu können, sollte man mit dem Auto oder der Fähre ins Hafengebiet fahren. Ein sehr empfehlenswerter, wenn auch kaum bekannter Platz dafür ist die wassernahe, ruhige Nippoldstraße, die vom Neuhöfer Damm abzweigt und ein paar hundert Meter lang direkt an den Pfeilern der Brücke entlangführt.

DER SCHWEMMHOLZPFAD

④

Geheimtipp für Sammler

Klärwerk Köhlbrandhöft, Köhlbranddeich 1, 20457 Hamburg (Stadtteil Steinwerder, Bezirk Mitte)
Bus 152 (Neuhof (Fähre))

Schwemmholz ist Holz, das bei Flut an den Strand und in den Hafen gespült wird. In vielen Ferienorten der Nordsee wird Schwemmholz oder Treibholz, wie es auch genannt wird, wegen seiner schönen Formen an Touristen verkauft. Zu Lampen oder Dekorationsobjekten veredelt wird es in vielen Möbelgeschäften und im Internet zu hohen Preisen verkauft. Jedes Stück ist einzigartig und wurde von der See geformt.

Während man am Strand von Övelgönne eher selten schönes Treibholz findet, weil das Wasser in Ufernähe zu flach ist, sind die langen Molen der Hafenbecken echte Fundgruben. Ein geheimer Insidertipp für Sammler ist der schmale, betonierte Pfad unterhalb der Kaimauer des Klärwerks Köhlbrandhöft. Steht der Wind ungünstig, kann vom Klärwerk von Zeit zu Zeit ein strenger Geruch herüberwehen, der aber weder gefährlich noch gesundheitsschädlich ist. Im Sommer wird er vom Duft blühender Heckenrosen und wilder Kräuter wettgemacht, die auf der Mole wachsen. Wer den 800 Meter langen Weg von der Kehre am Ende des Köhlbranddeichs bis zum Radarturm entlanggeht, findet unter freiem Himmel, wofür andere viel bezahlen: wunderschöne Schwemmholz-Souvenirs der Elbe. Praktischerweise kommt man mit dem Auto, um die Fundstücke nicht stundenlang durch die ganze Stadt tragen zu müssen.

Wie gehen versierte Schwemmholzsammler beim Auswählen der schönsten Fundstücke vor? Dafür gibt es zwei Möglichkeiten: Für die erste braucht man das Gedächtnis eines Elefanten. Für die zweite die Gelassenheit eines buddhistischen Mönchs. Denn fast immer kommen einem auf dem Pfad andere Sammler entgegen oder tauchen wie aus dem Nichts hinter einem auf. Man kann zunächst den ganzen Weg bis zum Radarturm abgehen, um sich einen Überblick zu verschaffen, was an Holz auf die Mole geschwemmt wurde. Die Stellen, an denen besonders schöne Stücke liegen, merkt man sich. Auf dem Rückweg sammelt man dann ein, was man mitnehmen möchte.

Die andere Möglichkeit ist, das schönste Schwemmholz gleich von der Mole zu holen und sofort mitzunehmen. In diesem Fall muss man es bis zum Ende des Weges und zurück zum Bus oder Auto tragen. Treibholz wiegt aber manchmal ziemlich viel oder ist sperrig. Deswegen legen viele Schwemmholzsammler ihre Fundstücke auf dem Vorsprung der Ufermauer ab und gehen den Weg lieber mit freien Händen zu Ende. Dabei kann es einem passieren, dass die Stücke auf dem Rückweg verschwunden sind. Ein anderer Sammler hat sie gesehen und konnte nicht widerstehen, sie mitzunehmen.

DAS GORCH-FOCK-HAUS

⑤

Das alte Finkenwerder

Neßdeich 6, 21129 Hamburg (Stadtteil Finkenwerder, Bezirk Mitte)
Jeden 1. Donnerstag im Monat 14–18 Uhr. Sonstige Terminabsprache unter 040 7426501 und 040 7427420
Bus 150 (Airbus)

Auf der Straße donnert ein Lastwagen vorbei. Sekundenlang sind die Besucher des Gorch-Fock-Hauses beinahe taub. Als Werner Marquart von der Heimatvereinigung Finkenwerder wieder zu hören ist, kommentiert er trocken: „Man hat nicht mehr das Gefühl, in Finkenwerder zu sein.“ Die Mitglieder des Heimatvereins kennen das alte Finkenwerder noch gut und erwecken es für Besucher wieder zum Leben. Ohne mündliche Überlieferung wäre die Geschichte der schönen Elbinsel Finkenwerder kaum noch zu finden. Der Konzern Airbus hat das Gesicht der Insel brutal verändert. Von Seefischerei kann heute auf der ehemaligen Fischerinsel wegen der praktisch unerfüllbaren deutschen Auflagen keiner mehr leben, doch das war früher anders. Am 22. August 1880 wurde Gorch Fock auf der „Insel der Finken“ unter dem Namen Johann Wilhelm Kinau als erstes von sechs Kindern des Hochseefischers Heinrich Wilhelm Kinau und seiner Ehefrau Metta geboren. Fotos der Familie, die vom Fischfang lebte, sieht man in der Stube des im Originalzustand erhaltenen Gorch-Fock-Hauses. Der spätere Schriftsteller arbeitete nach seiner kaufmännischen Lehre zunächst als Kolonialwarenhändler und wurde 1907 Buchhalter der 1847 gegründeten Hamburg-Amerikanischen Packetfahrt-Actien-Gesellschaft (Hapag). Es hätte eine gutbürgerliche Hamburger Kaufmannslaufbahn daraus werden können, doch dann kam alles anders: Der junge Buchhalter begann zu dichten und wurde Poet. Seine in Finkwerder Platt geschriebenen Gedichte erschienen unter dem Pseudonym Gorch (hochdeutsch: Georg) Fock in Hamburger Zeitungen.

Mit dem 1913 erschienen Entwicklungsroman „Seefahrt ist not“ gelang dem Sohn der Finkeninsel der schriftstellerische Durchbruch. Romanheld Klaus heuert auf dem Schiff seines Vaters als Schiffsjunge an. Nach dem Tod des Vaters auf hoher See hält der leidenschaftliche Abenteurer es auf dem Festland nicht länger aus und wird selbst Seefahrer. Der Roman führt in poetischer Sprache zurück in den Lebensalltag der alten Fischerinsel Finkenwerder, deren Name sich vor dem Groß-Hamburg-Gesetz der Nationalsozialisten von 1937 noch mit einem „ä“ schrieb.

Gorch Fock starb am 31. Mai 1916 vor dem Skagerrak in der größten Seeschlacht des Ersten Weltkriegs zwischen deutscher Marine und Englands Royal Navy. Der Leichnam des Dichters trieb nördlich von Göteborg an Land und Gorch Fock wurde auf der schwedischen Insel Stensholm bestattet.

DER U-BOOTBUNKER

⑥

Finkenwerders unheimliche Ruine

Rüschweg, 21129 Hamburg (Stadtteil Finkenwerder, Bezirk Mitte)
Bus 146 (Leegerwall)

Zerklüftete Monumente aus Beton ragen aus dem Wasser. Eine Gruppe riesenhafter, verwitterter Wälle. Es ist der Rest einer Anlage, die zu den gewaltigsten Bauvorhaben der Kriegsjahre gehörte. Ihre Größenordnung sprengt jede Vorstellungskraft und es wurden 130.000 m^3 Stahlbeton verarbeitet. Das gigantische Bauwerk war als Bunker für U-Boote geplant.

Die Betonruinen des U-Bootbunkers „Fink II" liegen auf dem Gelände der ehemaligen Deutschen Werft. Gegründet von Hamburgs berühmtestem Reeder, Albert Ballin, stieg die Deutsche Werft zur zeitweilig größten Werft der Welt auf. Auf dem Werksgelände in Finkenwerder wurden von 1941 bis zum Ende des Krieges 113 U-Boote für den Kriegseinsatz gebaut. Die Werft lag unter freiem Himmel, Docks und U-Boote waren leicht zu ortende Ziele für Luftangriffe deutscher Kriegsgegner. Schon bald fielen Bomben auf die Deutsche Werft, weshalb ab 1941 das westliche Ufer des Rüschkanals zu einem breiten Hafenbecken erweitert wurde. Unter größtem Zeitdruck begann der Bau jener Anlage, deren Reste noch heute zu sehen sind. Fünf aneinandergereihte Kammern mit dem Tarnnamen „Fink II" sollten als bombensichere Docks entstehen. So würden selbst während eines Luftangriffs die U-Boote überholt und seetüchtig gemacht werden können.

„Fink II" übertraf alle Erwartungen, denn auch die Zivilbevölkerung suchte Schutz in den U-Boot-Docks. Selbst als die Anlage gezielt bombardiert wurde, hielt sie den Luftangriffen stand. Die fünf Kammern umgaben fünf große Werkhallen mit unzerstörbaren Mauern aus Beton. Auf der Rückseite waren sie durch einen Gang miteinander verbunden. Erst im Jahr 1945 wurde die Decke der Bunkeranlage von einer Bombe durchschlagen, doch die Reparaturanlagen blieben funktionstüchtig und der Betrieb in den Docks konnte weiterlaufen. Nach Kriegsende sprengten die Alliierten im Oktober 1945 „Fink II", bis die Wände zusammenbrachen und die Anlage einstürzte.

Während der Nachkriegszeit gab es Pläne, die Ruinen von „Fink II" abzureißen, denn man wollte nicht länger an den Krieg erinnert werden. Doch ein Monument dieser Größenordnung ließ sich auch nicht ohne Weiteres abreißen, weshalb der kostspielige und aufwändige Abriss unvollendet blieb. Zwei der ehemals fünf Kammern von „Fink II" sind noch deutlich zu erkennen und bleiben als Denkmal stehen.

DIE TURMKAMMER DES LOTSENHAUSES SEEMANNSHÖFT ⑦

Hamburgs Brüderschaft der Hafenlotsen

Bubendeyweg 33, 21129 Hamburg (Stadtteil Waltershof, Bezirk Mitte)
Fähre 62 (Bubendey-Ufer)

Der wuchtige Uhrenturm des Lotsenhauses Seemannshöft mit dem weithin sichtbaren Radar auf dem Dach ist Spaziergängern an der Elbe ein vertrauter Anblick. Doch was sich dahinter verbirgt, wissen die Wenigsten. Das Lotsenhaus als Landmarke zeigt seit über hundert Jahren allen einlaufenden Schiffen an, dass ihre lange und gefährliche Fahrt nach Hamburg glücklich überstanden und der Hamburger Hafen erreicht ist. Ohne Lotsen würden die Frachter in der tückischen Fahrrinne der Elbe kaum den richtigen Kurs halten können, dank ihnen können Frachterunfälle und verunglückte Containerschiffe jedoch vermieden werden. Dafür arbeiten auf Seemannshöft alle unter einem Dach: Hier sind der Schiffsmeldedienst, der alte Pegelraum mit handgemalten Rollziffern auf einer Leinwand und die Einsatzzentrale der Hafenlotsen untergebracht. Wegen des umwerfenden Panoramablicks auf die Elbe in dem fast runden Saal nennen die Hafenlotsen die Station Seemannshöft ihren „Vogelkäfig" und „den schönsten Arbeitsplatz der Welt".

Die Elbe ist eine der meistbefahrenen Wasserstraßen der Welt. Der Strom gilt unter Seglern und Seefahrern als eins der gefährlichsten Fahrwasser und ist berüchtigt wegen seiner tückischen, lebensgefährlichen Strömungen und starken Tide. Für Schiffe, die von der Nordsee nach Hamburg kommen, beginnt die Anfahrt zum Hamburger Hafen in der Deutschen Bucht. Von hier aus müssen sie an Cuxhaven und Brunsbüttel vorbei, ehe sie Seemannshöft und den Hamburger Hafen erreichen. Von Cuxhaven bis Brunsbüttel waren früher sogenannte Seelotsen zuständig, dahinter begann das Territorium der Elblotsen, die bis Seemannshöft das Einlaufen der Frachter koordinierten. Heute ist die ganze Strecke von Cuxhaven bis Seemannshöft in der Hand der Lotsenbrüderschaft Hamburg. An ihren Stationen Cuxhaven, Brunsbüttel und Hamburg fahren die Lotsen mit ihren Schiffen an die ein- und auslaufenden Frachter heran und gehen auf der Elbe an Bord. Bei starkem Seegang können die Wellen auf der Elbe mehrere Meter hoch werden. Es ist ein gefährliches Manöver, das Erfahrung und bestes Navigationsvermögen erfordert. Die Lotsen haben heute moderne Schiffe, die mit Toptechnologie ausgestattet sind. Doch der Ablauf ist derselbe wie vor über hundert Jahren: Das Frachtschiff lässt eine Lotsentreppe, ein sogenanntes Fallreep, von der Reling herunter und zwei Lotsen klettern die Strickleiter hoch an Bord. Dort übernehmen sie das Kommando, bis der Frachter sicher in den Hafen eingelaufen ist.

DAS BUBENDEY-UFER

8

Auf der fernen Elbseite

Bubendey-Ufer, 21129 Hamburg (Stadtteil Finkenwerder, Bezirk Mitte)
Fähre 62 (bis Bubendey-Ufer)

Wenn man in Övelgönne über die Elbe schaut, fragt man sich oft, welcher Leuchtturm das ist, den man am gegenüberliegenden Elbufer sieht. Und ob man hinüberkommt auf die andere Seite, und wenn ja, wie? Der Leuchtturm steht am Ende des Tankweges auf dem Bubendey-Ufer, dem nördlichen Ende der Halbinsel Waltershof. Vor 100 Jahren war die Gegend noch grün, ländlich und dünn besiedelt. Erst vor wenigen Jahren haben die letzten beiden Eheleute die heute unbewohnte Industrielandschaft der großen Containerterminals und Hafenbecken verlassen. Heute gehört die Halbinsel zum Industriegebiet des Hamburger Freihafens.

Mit dem Auto zum Leuchtturm zu gelangen ist möglich, aber ein wenig ungewohnt, wenn man mit dem Industrieverkehr im Hafengebiet nicht vertraut ist. Viel einfacher ist es, mit der Hafenfähre 62 einen kleinen Ausflug zum Bubendey-Ufer zu machen. Die Fahrt (zum normalen Fahrkartentarif) kann man zum Beispiel am Fähranleger Museumshafen Övelgönne beginnen und von dort in etwa 20 Minuten die Elbe bis zum Bubendey-Ufer überqueren. Drüben angelangt, findet man weder Cafés noch Läden, sondern verwilderte Natur und die langsam verfallenden Mauern des alten Hafengebietes. Fotografen kommen zu jeder Jahreszeit an die Ufermauer, denn man hat einen schönen Blick nach Övelgönne oder Richtung Osten zu den Türmen der Stadt und der Elbphilharmonie. Gleich hinter dem Fähranleger, an Saybolt vorbei, verläuft der Tankweg, eine kopfsteingepflasterte, verlassene Industriestraße. Der Spaziergang bis zum Ende des Wegs, an dem der Leuchtturm steht, ist ungefähr 800 Meter lang. Wer die melancholisch überhauchte Romantik verwitterter und langsam verfallender Industrieanlagen schätzt, wird schöne Fotomotive finden. Wenn auf der linken Seite der silberfarbene Radarturm in Sichtweite kommt, ist das Ziel fast erreicht. Hinter der Flutschutzmauer, an der ein paar Leitersprossen befestigt sind, steht das Oberfeuer Bubendey-Ufer. Wenn das Wetter mitspielt, kann man am Leuchtturm gut ein Picknick machen und sich anschauen, wie die Containerschiffe einfahren. Die Wendemanöver der schwimmenden Giganten gelingen nur mit Hilfe der Hafenlotsen. An Leinen ziehen die Schlepper die großen, von den Hamburgern „Pötte" genannten Containerschiffe durch die Mündung. Vom Leuchtturm aus, mit freiem Blick auf den vor einem liegenden Parkhafen, bekommt man den Betrieb der Containerterminals aus aufregender Nähe mit.

DAS ATELIER VON FRITZ SCHADE ⑨

Die Schönheit der Meereswelt

Langenfelder Damm 18, 20257 Hamburg (Stadtteil Eimsbüttel, Bezirk Eimsbüttel)
Anmeldung unter fritz-schade@web.de
Bus 4 (Sartoriusstraße)

Man möchte seine Bilder immerzu ansehen. Man möchte hinter das Geheimnis kommen, wie er es macht, dass der Vollmond über seiner Schneelandschaft so echt und hell strahlt, als würde man ihn am Abendhimmel sehen. Oder wie er Muscheln so malen kann, dass der seidige Perlmuttglanz von innen zu leuchten scheint. Von Bild zu Bild begleitet einen die maritime Welt. Die Schönheit glänzender Fischleiber, wilde Ufer und Steilküsten, Docks und Schiffe – atmosphärisch so echt eingefangen, dass man beim Betrachten die Planken knarren hört und sich erinnert, wie die Luft im Hafen nach Tang und Maschinenöl riecht. Der Maler Fritz Schade lebt und arbeitet seit über 50 Jahren in Hamburg.

Geboren im Harz in Roßla, kam der Künstler 1968 in die Freie und Hansestadt, um Kunst zu studieren und fand an der Werkkunstschule die einflussreichste Mentorin seiner künstlerischen Laufbahn. Es war die Hamburger Malerin und Grafikerin Gisela Bührmann, die den jungen Fritz Schade in der Armgartstraße unterrichtete. Nach der Werkkunstschule folgten Studienjahre in Malerei und Grafik an der HFBK.

Dichter und die Dichtkunst begleiten Fritz Schades Arbeit sein Leben lang. Schon 1975 entstanden Radierungen für einen Baudelaire-Zyklus und führten zu Ausführungen in verschiedenen Techniken wie Strichätzung, Kaltnadelradierung, Mezzotinto und der Weichgrundätzung Vernis-mou. „Ist die Beherrschung einer Technik erreicht, muss man sich neue Widerstände suchen", sagt der Maler. „Die eigene Reifung als Künstler fordert einen auf, weiterzugehen." Auf einer Harzreise in seine Geburtsstadt begann Anfang der Neunzigerjahre eine intensive Schaffensphase der Landschaftsmalerei. Fritz Schade malte das Helmetal, dessen Zauber ihn tief berührte und das er seine „biografische Landschaft" nennt. Arbeiten in Eitempera-Öl-Mischtechnik führten 1993 zu der Ausstellung „Das Helmetal und die Mysterien des Waldes" im Rosarium Sangerhausen.

Und wieder lockten die Herausforderungen einer neuen künstlerischen Technik. Nach den Gemälden vom Helmetal entstanden erste Holzschnitte vom Flusslauf der Helme, zunächst in Schwarz-Weiß, dann in Farbe. An diesem Punkt seiner Laufbahn begannen sich die Techniken miteinander zu verbinden. Kennzeichnend für die Farbholzschnitte des Künstlers sind deren malerische Elemente. Fritz Schade denkt beim Holzschnitt als Maler und hat die Technik des Farbholzschnitts auf diese Weise zu atemberaubender Virtuosität entwickelt.

DIE ÄTHERWELLE

⑩

Entstehung des Funkens

Vor Haus 20 des NDR, Rothenbaumchaussee 122, 20149 Hamburg (Stadtteil Rotherbaum, Bezirk Eimsbüttel)
Bus 109 (Sophienterrasse)

Heute ist der Hamburger Bildhauer und Erschaffer der Ätherwelle Friedrich Wield beinahe in Vergessenheit geraten. Dabei war er ein berühmter und großer Künstler seiner Zeit. Während seines mehrjährigen Aufenthaltes in Paris stellte ihm Auguste Rodin persönlich eine handschriftliche Empfehlung für Hamburg aus: „Ich bescheinige hiermit, dass Friedrich Wield großes Talent besitzt und dass er die unbedingte Unterstützung durch seine Vaterstadt beanspruchen darf. Auguste Rodin."

Friedrich Wield schloss sich begeistert der jungen Künstlerbewegung der Hamburgischen Sezession an, die dem Expressionismus künstlerisch neue Wege wies. Vom Senat wurde Wield 1931 mit dem Entwurf eines Denkmals zu Ehren des Hamburger Physikers Heinrich Hertz beauftragt. Hertz war der erste Physiker, der im Experiment die Existenz elektromagnetischer Wellen nachwies. Der „Telemichel", Hamburgs Fernsehturm, ist nach ihm benannt. Zu Ehren des Physikers erschuf Friedrich Wield die Ätherwelle. Das Figurenpaar Aither und Gaia fesseln die Betrachter durch ihren unerklärlich lebendigen Zauber und eine tiefe spürbare Kraft. In der griechischen Mythologie vertritt Aither den Himmel, Element des Geistes und der Seele. Gaia hingegen wurde als Göttin der Erde, der Materie verehrt. In Gegenbewegung zu Aither, der mit ausgebreiteten Armen ins Licht des Himmels fliegt, nimmt sie umschließend alles Leben zurück in ihren Schoß. Durch Friedrich Wields Schöpferkraft entsteht der Eindruck, als würde eine schwungvolle Kraft beide Figuren gegeneinander entladen. Das Figurenpaar verkörpert die Entstehung des Funkens, die Physiker Heinrich Hertz an entgegengesetzt geladenen Kugeln beobachtet hatte.

1933 vollendete Friedrich Wield sein Modell der Ätherwelle. Die Skulptur konnte noch in Bronze gegossen werden, bevor die Nazis die Fertigstellung des kostbaren Kunstwerks stoppten. Das Denkmal für den Juden Heinrich Hertz stieß bei Hitlers dumpfer Gefolgschaft auf kleinbürgerliche Verachtung. Weder erhielt Rodin-Schüler Wield sein Geld für das Denkmal, noch bekam er jemals neue Aufträge. Von finanzieller Not sowie ständiger Verhöhnung der Nazis bis an den Rand seiner Kräfte erschöpft, setzte der Hamburger Bildhauer seinem Leben ein Ende.

Erst 1987 wurde das Modell der Ätherwelle restauriert, um es zu Ehren von Heinrich Hertz im Eichenpark an der Alster aufzustellen.

DAS WOLFGANG-BORCHERT- ZIMMER

⑪

„Hier kommt nochmal eine Plakette ans Haus“

Campus Universität Hamburg, Von-Melle-Park 3, Altbau Raum 208, 20146 Hamburg (Stadtteil Rotherbaum, Bezirk Eimsbüttel)
Mittwoch 13–15 Uhr
Metrobus 5 (Staatsbibliothek)

Das Gedicht „Dann gibt's nur eins!" mit der aufrüttelnden Zeile „Sag NEIN!" ist bis heute das berühmteste deutsche Antikriegsgedicht. Wolfgang Borcherts Biograph Peter Rühmkorf hat es eine „Kampfansage an den Krieg" genannt. Die Uraufführung von Borcherts Anti-Kriegsdrama „Draußen vor der Tür", das zwei Jahre nach Kriegsende in den Hamburger Kammerspielen unter der Leitung von Ida Ehre uraufgeführt wurde, hat in Hamburg Theatergeschichte geschrieben. Vor dem Krieg hatte Borchert den Traum, Schauspieler zu werden, doch im Stumpfsinn und der geistigen Verrohung der NS-Zeit wurde er Kabarettist. Wegen seiner Parodie auf Joseph Goebbels saß der Dichter im Gefängnis. Mit 20 Jahren an die russische Front geschickt, überlebte er die deutsche Offensive bei Temperaturen von 40 Grad unter null. Kurz vor der Kapitulation geriet er in Kriegsgefangenschaft. Doch ihm gelang die Flucht und er machte sich – halb verhungert und von Fieberanfällen geschüttelt – auf den Weg nach Hamburg und kam unheilbar krank bei seiner Mutter zuhause an.

Doch der Krieg ließ den schönen jungen Mann nicht mehr zurück ins Leben. Borchert blieben nur zweieinhalb Schaffensjahre, in denen er in atemlosem Tempo unermüdlich schrieb. Das Wolfgang-Borchert-Archiv der Staats- und Universitätsbibliothek Hamburg verwahrt nicht nur den Nachlass des Hamburger Dichters, sondern hat im Altbau Von-Melle-Park 3 ein unvergessliches Museumszimmer für ihn eingerichtet. Zu sehen sind Borcherts Schreibtisch, seine Lieblingsdinge, seine Bibliothek und viele Fotografien und Zeichnungen, an denen er hing. Die alte Porzellanuhr aus der Küche seiner Mutter hat einen Sprung bekommen – wie ein Zeichen des „über uns verhängten Verhängnisses", als das Borchert die NS-Zeit bezeichnet hat. Den blauen Wollhandschuh hat ihm seine Mutter für die Front gestrickt, den zweiten hat er im Krieg verloren.

Von der Mutter des Dichters wurde das Wolfgang-Borchert-Archiv 1976 der Universitätsbibliothek übergeben. Zum Geburtshaus Borcherts in der Tarpenbekstraße 82 in Eppendorf ist es von der Universität aus nicht weit. Im dritten Stock des Hauses ist Wolfgang Borchert als einziges Kind seiner Eltern geboren worden. Mit 14 Jahren sagte der ausgelassene, fröhliche Junge zu seiner Familie: „Ihr werdet euch noch alle wundern. Hier kommt nochmal eine Plakette ans Haus." Er hat Recht behalten.

KOKOSCHKAS THERMOPYLAE ⑫

Mäzen Körber übernahm den Rest

Von-Melle-Park 6, Philosophenturm, Hörsaal D, 20146 Hamburg (Stadtteil Rotherbaum, Bezirk Eimsbüttel)
S11 (Dammtor), Metrobusse 4 und 5 (Grindelhof)

Man muss es mit eigenen Augen gesehen haben, um es glauben zu können. Den Wert eines Gemäldes von Kokoschka vermag man kaum zu schätzen. Eines hängt, zur Freude der Studenten, im Hörsaal D der Hamburger Universität. Oskar Kokoschka, skandalumwittertes Enfant terrible der Wiener Moderne, vollendete 1954 ein berauschend komponiertes Tryptichon mit dem Titel *Thermopylae*. Kaum war die Temperafarbe getrocknet, ließ er das Gemälde dem Hamburger Senat zum Verkauf anbieten. Der Maler war Mitglied des Deutschen Künstlerbundes, mitbegründet von Alfred Lichtwark, Hamburger Reformpädagoge und Kunstförderer. Kokoschkas Verkaufsangebot belief sich auf eine Viertelmillion Deutsche Mark. Viel Geld, aber für ein aus drei Leinwänden bestehendes, gewaltige 2 x 8 Meter großes Gemälde des weltberühmten Expressionisten eine einmalige Offerte.

Max Brauer, damals Erster Hamburger Bürgermeister, brauchte seinen Schatzmeister nicht zum Geldzählen zu schicken. Es war klar, dass der Senat der Freien und Hansestadt eine Viertelmillion unmöglich aufbringen konnte. Andererseits würde sich in der Heimatstadt der Milliardäre und Millionäre mit großer Wahrscheinlichkeit jemand finden, der eine solche Summe wohlwollend zur Verfügung stellte. Max Brauer rief einen seiner engen, kunstliebenden, schwerreichen Freunde an. Das Telefonat verlief kurz. Kurt A. Körber, Firmengründer und Stifter, erkannte sofortigen Handlungsbedarf und erklärte, die Angelegenheit überdenken zu wollen. Körber griff seinerseits zum Hörer, rief einen guten Freund an – noch reicher als er selbst – und lud ihn zum Essen ein. Es war Phillip Fürchtegott Reemtsma. Der Sohn der Hamburger Zigarrendynastie Reemtsma zeigte sich verhandlungsbereit. „Wieviel übernehmen Sie?“, fragte er Körber während des Essens. Körber erwiderte: „Ich übernehme den Rest.“ Daraufhin stiftete Reemtsma zwei Drittel und Körber ein Drittel der Kaufsumme des Kokoschka-Gemäldes.

Nach dem Tod Reemtsmas im Jahr 1959 machte Kurt A. Körber der Witwe des Verstorbenen den Vorschlag, ihm seinen Anteil auszuzahlen und so das Gemälde als Reemtsma-Stiftung bewahren zu können. Gertrud Reemtsma ließ sich überzeugen. Später, im Jahr 1963, überließ sie das Gemälde der Hamburger Universität. Es wurde im Hörsaal D im Parterre des Philosophenturms aufgehängt. Der Hörsaal ist durch das Foyer des Philosophenturms leicht zu erreichen und während des Semesters vormittags und nachmittags geöffnet.

DAS GEOLOGISCH-PALÄONTOLOGISCHE MUSEUM HAMBURG

⑬

Im Reich der Fossilien

Centrum für Naturkunde, Martin-Luther-King-Platz 3, 20146 Hamburg (Stadtteil Rotherbaum, Bezirk Eimsbüttel)
Montag bis Freitag 9–18 Uhr, Samstag (in der Vorlesungszeit), Sonntag und feiertags geschlossen
cenak@uni-hamburg.de
www.cenak.uni-hamburg.de
Eintritt frei
Busse 4 und 5 (Grindelhof)

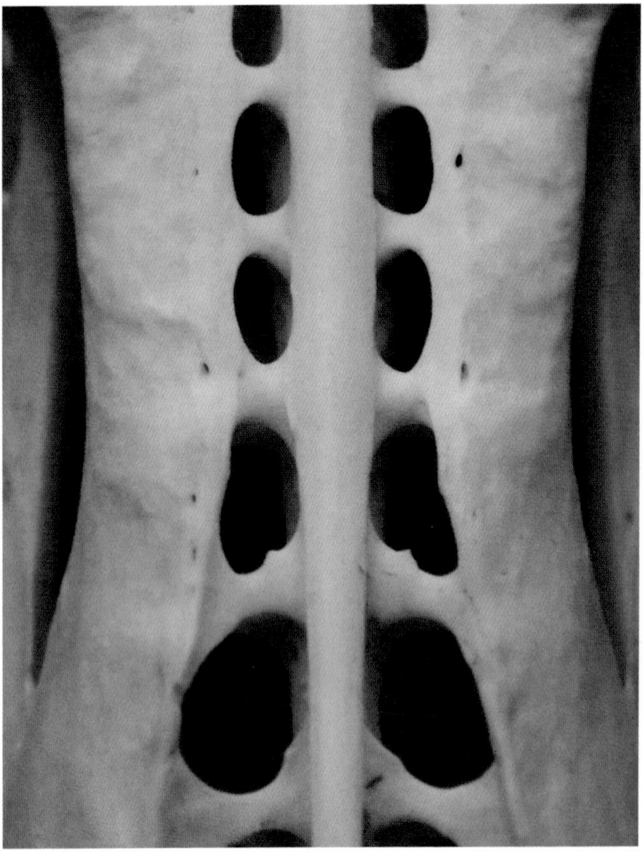

Eine englischsprachige Hamburg-Broschüre erklärt ausländischen Besuchern der Stadt scherzhaft, die größte Herausforderung des Geologisch-Paläontologischen Museums wäre, den zungenbrecherischen Namen halbwegs verständlich auszusprechen. Aber angesichts der fantastischen Sammlung dürften solche Startschwierigkeiten rasch vergessen sein. Das Museum zeigt auf drei Etagen Jahrmillionen alte Skelette, ein Urpferd, Bernsteininsekten und sogar Dinosaurierfossilien. Die gesamte Entwicklung der Erde und des Lebens auf unserem Planeten während der letzten dreieinhalb Milliarden Jahre werden durch zahlreiche Ausstellungsstücke anschaulich und interessant erklärt. Besucher verstehen, wie die Erde, so wie wir sie heute kennen, durch die Verschiebung der Kontinentalplatten, durch Vulkanausbrüche, Schwankungen der Erdbahn und das Erdmagnetfeld entstanden ist.

Hamburg und seine Umgebung sind erdgeschichtlich noch vergleichsweise jung. Erst in den letzten zwei Millionen Jahren ist allmählich das heutige Stadtgebiet entstanden. Hierbei spielte vor allem die Bewegung der Gletscher während der jüngsten Eiszeit eine große Rolle. Im Museum werden Fossilien aus der Eiszeit gezeigt und das eiszeitliche Geschiebe anschaulich erklärt und durch uralte Sedimente, die von den Gletschern nach Norddeutschland geschoben wurden, verständlich gemacht. Aus berühmten Fossillagerstätten Norddeutschlands, wie etwa Helgoland, stammen mehrere aufsehenerregende Ausstellungsstücke. Auch aus Solnhofen und Messel werden Fossilfunde gezeigt, etwa eines der bekannten „Messeler Urpferde" und einige jurassische Flugsaurier.

Seine weltweite Bekanntheit verdankt das Museum der Ammonitensammlung des Hauses. Im unteren Stockwerk der Dauerausstellung kann man diese ausgestorbenen, schalentragenden Tintenfische ausgiebig betrachten. Auch die große Bernsteinsammlung des Museums wird mit zahlreichen Erläuterungen zur Bernsteinbildung und den oft märchenhaft schönen Insekteneinschlüssen gezeigt.

Die Erforschung der Lebewesen vergangener Erdzeitalter (Paläontologie) ist noch lange nicht abgeschlossen, darum gehört auch eine Einführung in laufende, aktuelle Forschungsprojekte der Paläontologie zur Ausstellung. Die Veränderung unserer Ökosysteme, der Wandel der Tier- und Pflanzenarten, auch das Aussterben zahlreicher Arten, gehören zu den Forschungsgebieten der Paläontologie. Die Archive des Geologisch-Paläontologischen Museums sind für die aktuelle Forschung von größter Bedeutung.

DER GRUNDRISS DER CARLEBACH-SYNAGOGE

(14)

„Möge die Zukunft die Nachfahren vor Unrecht bewahren"

Joseph-Carlebach-Platz/Allende Platz, 20146 Hamburg (Stadtteil Rotherbaum, Bezirk Eimsbüttel)
Metrobus 5 (Grindelhof)

Im Jahr 1902 erwarb die jüdische Gemeinde am Bornplatz ein Grundstück, auf dem die größte Synagoge Nordeuropas mit Platz für 1.100 Gläubige entstehen sollte. Zwei Jahre später begann der Bau nach Plänen der Architekten Ernst Friedheim und Semmy Engel. Die Synagoge war nicht nur als jüdisches Gotteshaus gedacht und die äußere Erscheinung sollte verdeutlichen, dass Juden und Christen in Hamburg gleichberechtigt zusammenlebten. Erbaut im neuromanischen Stil christlicher Kirchen, drückte der imposante, freistehende Bau sichtbar die gelungene Integration jüdischen Lebens in Hamburg aus. Den kostbaren Toraschrein aus schwarzem und weißem Marmor stiftete die Bankiersfamilie Warburg der Synagoge.

Bereits 1930 mehrten sich im Grindelviertel antisemitische Übergriffe. Nazis rotteten sich vor der Synagoge zusammen, belästigten die Gläubigen und versuchten, sie an der Teilnahme am Gottesdienst zu hindern. Die jüdische Gemeinde versuchte, sich friedlich gegen die Provokationen zu wehren. An hohen jüdischen Feiertagen musste Polizeischutz angefordert werden, um für einen ungestörten Ablauf der Gottesdienste zu sorgen. Während der Pogrome am 9. November 1938 verschafften sich Vandalisten gewaltsam Eintritt in die Synagoge und verwüsteten sie. Ein halbes Jahr später zwang die NSDAP die jüdische Gemeinde dazu, die Synagoge abzureißen und das Baugrundstück per Zwangsenteignung der Stadt Hamburg zu überlassen.

Die Geschichte dieser Verbrechen ist heute beinahe unsichtbar. Wo die große Carlebach-Synagoge gestanden hatte, war jahrzehntelang der meistens volle Parkplatz der Universität. Erst 50 Jahre nach der Zerstörung des Gotteshauses wurde der Platz zu einem Gedenkort umgestaltet. Die Hamburger Prozesskünstlerin Margrit Kahl entwarf für den Bornplatz ein Bodenmosaik. Prozesskunst (Englisch *process art*) entstand in den Sechzigerjahren und erwies sich als einfallsreich darin, den im Allgemeinen für teilnahmslos gehaltenen Betrachter zur Reaktion auf Kunstwerke zu ermutigen. Margrit Kahl verwendete polierte, schwarze Granitsteine, um in langen Linien den Grundriss der vernichteten Synagoge im Pflaster nachzuzeichnen. Ihr Entwurf ist schlicht und unaufdringlich, sodass Passanten wortwörtlich über die Geschichte dieses Platzes hinweggehen können, was sie auch dauernd tun – dieser feine Hintergedanke hinterlässt einen bleibenden Eindruck an Margrit Kahls Gedenkort.

DIE BIBLIOTHEK DES MUSEUMS AM ROTHENBAUM ⑮

Im Lesesaal um die Welt

Rothenbaumchaussee 64, 20148 Hamburg (Stadtteil Rotherbaum, Bezirk Eimsbüttel)
Donnerstag bis Sonntag 13–18 Uhr. Zwischen Weihnachten und Neujahr geschlossen.
Bibliotheksführung jeden ersten Donnerstag im Monat, Anmeldung über bibliothek@markk-hamburg.de oder telefonisch unter 040 428879601
U1 (Hallerstraße)

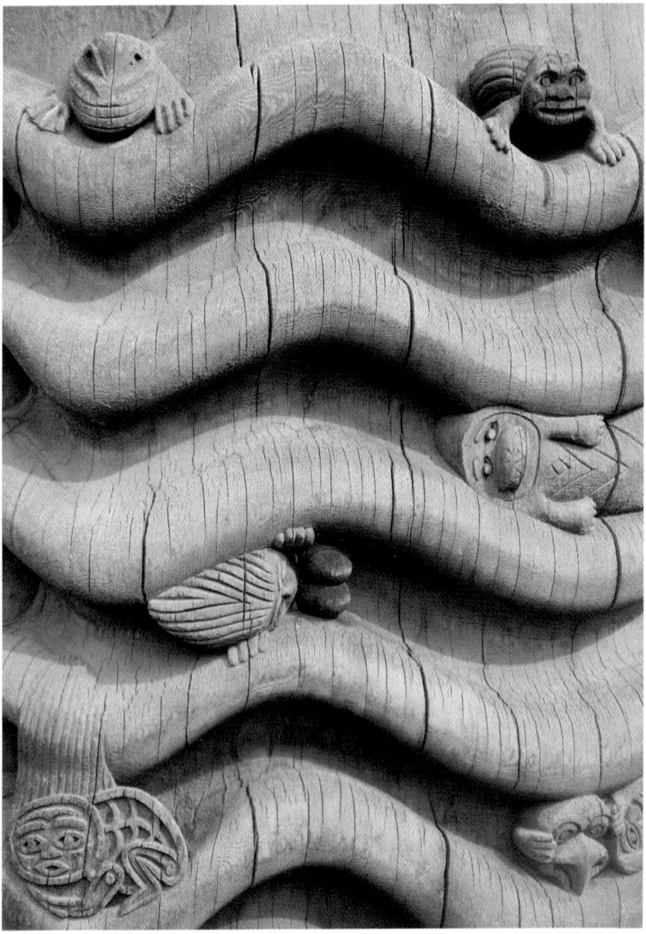

Zwischen alten Abhandlungen über Zauberpflanzen, Giftkunde und Okkultismus sitzt man in dunkel getäfelten Räumen, die seit Eröffnung der Bibliothek im Jahre 1912 so gut wie unverändert geblieben sind. Die Bibliothek des Völkerkundemuseums, das seit kurzer Zeit Museum am Rothenbaum heißt, ist öffentlich zugänglich und verfügt über einen Bestand von mehr als 90.000 Büchern. Enge Zusammenarbeit mit Bibliotheken aus der ganzen Welt hat seit Entstehen der Sammlung im Jahr 1850 zu einem vielsprachigen Fundus geführt. Es finden sich japanische Schriften und Bücher in Pashto und Farsi (beide persisches Alphabet) oder Ivrith (modernes Hebräisch). Bei manchen Titeln handelt es sich um das einzige in Deutschland verfügbare Exemplar. Die ältesten Reiseberichte stammen etwa aus dem 16. Jahrhundert und da das Museum als kolonialistisches Völkerkundemuseum gegründet wurde, machen Berichte von Fahrten in ferne Länder natürlicherweise einen bedeutenden Teil des Bibliotheksbestandes aus. Sie enthalten Beschreibungen ritueller Gesänge, Schilderungen von Visionssuchen, Darstellungen religiöser Statuen und Amulette, Zeichnungen von Musikinstrumenten wie Flöten, Saiteninstrumenten und Trommeln sowie Aufzeichnungen der Sprachen der bis dahin unbekannten Völker.

Die Museumsleitung wünscht sich, dass das Museum ein Platz sei, an dem die Kulturen der Welt einander begegnen und voneinander lernen, dazu stellt sie ein internationales Programm aus Konzerten und Vorträgen zusammen. Der Besuch des alljährlichen Marktes der Völker zur Herbstzeit gehört für viele Hamburger so fest in den Jahreslauf wie der weihnachtliche Christmarkt an der Petrikirche. Den Leitungen der meisten großen Museen Europas ist inzwischen bewusst geworden, dass der Eurozentrismus der Kolonialzeit, als europäische Gelehrte sich in dümmlicher Hybris selbst zum Maßstab der Zivilisation ernannten, den Virus Rassismus in die Wissenschaft einschleppte. Daher war das Bemühen, einen zeitgemäßen Namen für Hamburgs Völkerkundemuseum zu finden, nur allzu verständlich. Doch die 2018 bekanntgegebene Entscheidung für den neuen Namen „Museum am Rothenbaum. Kulturen und Künste der Welt (MARKK)“ wirkt eine Nuance zu kopflastig und kann von kaum einem Nichtdeutschen verständlich ausgesprochen werden, wodurch das Ziel moderner Ethnologie leider wieder verfehlt wurde, was in Hamburg für jede Menge Gelächter sorgt.

DIE MITTE VON HAMBURG

(16)

Hier stehen Sie im Mittelpunkt!

Immenhof 10, 22087 Hamburg (Stadtteil Uhlenhorst, Bezirk Nord)
U3 (Uhlandstraße)

Was liegt bei 53 Grad, 34 Minuten, 8 Sekunden nördlicher Breite und 10 Grad, 1 Minute, 44 Sekunden östlicher Länge? Keine Tafel und kein Schild weisen darauf hin, doch der Mittelpunkt von Hamburg ist trotzdem nicht zu verfehlen, selbst ohne Navigator und sogar in sternenloser Nacht. Weithin sichtbar ragt die Turmspitze von St. Gertrud auf: Hier liegt die geographische Mitte der Stadt Hamburg. Die Vorgängerin der Kirche, die Gertrudenkapelle, stand nicht hier, sondern befand sich seit dem 15. Jahrhundert in der Innenstadt. Während des großen Brandes 1842 wurde sie zerstört und nur der Gertrudenkirchhof in der Innenstadt erinnert heute noch daran. Am 40. Jahrestag der Zerstörung der Gertrudenkapelle wurde 1882 der Grundstein der neuen St. Gertrudkirche in Uhlenhorst am Kuhmühlenteich gelegt.

Vor der neogotischen Kirche sind bis heute Spuren einer besonderen Geburtstagsfeier aus dem Jahr 1883 erhalten. Zum 400. Jubiläum Martin Luthers wurde hier eine Eiche gepflanzt. Ihren Namen „Luthereiche" erhielt sie mit feierlichem Senatsbeschluss der Stadt Hamburg. Doch außer ihrem Namen blieb von der Eiche nichts übrig. Sie überstand den ersten Nachkriegswinter nicht, denn in den bitterkalten Wintermonaten wussten sich die Hamburger nicht anders zu helfen, als nachts in den öffentlichen Anlagen ihrer Stadt heimlich Bäume zu fällen, um an dringend benötigtes Brennholz zu kommen. Dafür wurde 1948 die heutige Luthereiche auf dem Platz ihrer Vorgängerin neu gepflanzt. Um die erste Luthereiche herum waren 1889 acht Steinpfeiler von je etwa zwei Metern Höhe in einem Kreis aufgestellt worden. Auf der Vorderseite zeigen sie die Schutzheiligen der Stadt Hamburg, die die acht historischen Kirchengemeinden der Stadt repräsentieren: Beginnend mit Sankt Petri (Gründungsjahr um 1195) folgen im Kreis Sankt Nikolai (Gründungsjahr um 1240), Sankt Katharinen (Gründungsjahr um 1256), Sankt Jacobi (Gründungsjahr um 1260), Sankt Michaelis (Gründungsjahr um 1600), Sankt Georg (Gründungsjahr um 1220), Sankt Pauli (1682) und Sankt Gertrud (Gründungsjahr um 1580). Beim Betrachten der Pfeiler durchwandern die Besucher den Lebensweg Martin Luthers. Auf den Innenseiten sind die acht Steinpfeiler mit Zitaten des großen Reformators versehen, mit denen an die bedeutendsten Stationen seines Lebens erinnert wird.

ELBTUNNELSCHNEIDRAD TRUDE ⑰

Mit 4.500 PS durchs Erdreich

Museum der Arbeit, Wiesendamm 3, 22305 Hamburg (Stadtteil Barmbek, Bezirk Nord)
Montag 10–21 Uhr, Dienstag geschlossen, Mittwoch bis Freitag 10–17 Uhr, Samstag und Sonntag 10–18 Uhr
040 4281330
www.shmh.de, info@mda.shmh.de
S1, S11, U3 (Barmbek)

Wie ein Ufo steht das gigantische Schneidrad auf dem Hof des Museums der Arbeit. Trude genießt ihren beschaulichen Lebensabend einer pensionierten Legende. Zweieinhalb Jahre lang bohrte die gewaltige Maschine tief runter unter die Elbe. Die Abkürzung von „tief runter unter die Elbe“ bildet den Namen Trude. So tauften die Ingenieure ihr technisches Wunder, bevor sie Trude in die Erde versenkten. Sie wurde für den Bau der vierten Elbtunnelröhre gebaut und die Technologie dieser Maschine ist weltweit einzigartig. Etliche Bauabschnitte lagen tief unter der Elbe und wegen des Erddrucks wäre es technisch unmöglich gewesen, abgenutzte Schälmesser und Meißel vor dem Bohrkopf zu ersetzen. Aus diesem Grund wurden die Speichen des Tunnelschneidrads so konstruiert, dass die Ingenieure von innen in sie hineingehen konnten und abgenutzte Einzelteile von innen heraus ausgetauscht werden konnten. Unter dem Grundwasserspiegel wechseln die Bodenverhältnisse ständig. Trude musste für den Bau der Elbtunnelröhre deshalb mit speziellen Werkzeugen ausgerüstet werden.

Mit ihrem Durchmesser von 14,20 Metern ist Trude die größte Tunnelbohrmaschine weltweit. Für den Bau der vierten Elbtunnelröhre fräste sie sich von Waltershof bis Othmarschen unter der Elbe durch. Sie schaffte sechs Meter Strecke am Tag. Die Bauarbeiten begannen 1997 und waren drei Jahre später abgeschlossen. Während durch den alten Elbtunnel die Landungsbrücken mit Steinwerder verbunden werden, ist der neue Elbtunnel ein wichtiger Teil des deutschen Autobahnnetzes. Nach Fertigstellung der vierten Tunnelröhre hatte Trude über 400.000 Kubikmeter Geröll ans Tageslicht befördert. Bis heute gilt das Elbtunnelschneidrad Trude als Meilenstein der Geotechnik und Maschinentechnik. Als technisches Denkmal hanseatischer Baugeschichte wird sie im Museum der Arbeit in Barmbek als Freiluft-Exponat ausgestellt. Man kann sie auch anschauen, ohne Eintrittsgeld bezahlen zu müssen.

DIE KIRCHE AN DER FINKENAU

18

Die kleinste Kirche der Stadt

Finkenau 3, 22081 Hamburg (Stadtteil Barmbek, Bezirk Nord)
U3 (Mundsburg), Bus 37 (Finkenau)

In der Nachbarschaft liegt das „English Theatre of Hamburg" und gleich dahinter ragen die weithin sichtbaren Türme der Mundsburger Hochhäuser über den Straßen auf. Wenige wissen, dass es hier noch eine so gut wie unbekannte Sehenswürdigkeit der Stadt zu entdecken gibt, die man per Zufall kaum finden wird. Ein paar hundert Meter vom Ufer des Eilbekkanals entfernt, in der kleinen Straße Finkenau, befindet sich die winzige, weiß gestrichene Kirche der katholisch-apostolischen Gemeinde Hamburg. Wer glaubt, man könnte schon von Weitem ihren Kirchturm sehen und bräuchte nur darauf zuzulaufen, um sie zu finden, wird jedoch eine Überraschung erleben. Das zierliche Gotteshaus ist wirklich erst zu sehen, wenn man direkt davorsteht. Erbaut zur Jahrhundertwende im Jahr 1899, steht die Kirche eng eingeschlossen zwischen zwei mehrstöckigen Wohnhäusern, die sie an Höhe überragen. Anstelle eines Kirchturms findet man einen verlängerten Frontgiebel, der über das Dach hinausreicht und dessen Scheitelpunkt das Kreuz trägt.

Über die katholisch-apostolische Kirchenbewegung ist bei uns wenig bekannt. Zum einen liegt es daran, dass sie erst im 19. Jahrhundert entstanden ist und den Weg ihrer Verbreitung zunächst von England nach Deutschland finden musste. Zum anderen hat es mit ihrer eigenständigen, konsequenten und im besten Sinne radikalen Auslegung der Bibel und des Wortes Gottes zu tun. Katholisch-apostolisch ist demnach so wenig eine konfessionelle Bezeichnung wie eine Abspaltung vom Katholizismus, sondern geht von einer ungeteilten Kirche, einer Kirche als Ganzes aus. Die katholisch-apostolische Kirche betrachtet sich als Gemeinschaft aller Christen, lebender wie verstorbener, aus allen Zeiten und von allen Orten der Welt, unabhängig von Nationen und Konfessionen. Die Bezeichnung „apostolisch" bringt die Überzeugung zum Ausdruck, dass die Kirche von Gott in die Welt gesandt wurde, um das Evangelium zu verkünden und das Reich Gottes auf Erden zu bauen.

In den letzten Jahren ging die Anzahl der Gemeindemitglieder in Hamburg zurück und gelegentlich wird der Gottesdienst von Laienpredigern geleitet. Die katholisch-apostolische Gemeinde nimmt es mit Gelassenheit, fest davon überzeugt, dass ihre Glaubensgemeinschaft bis zur Rückkehr Jesu Christi bestehen bleiben wird.

DIE HAUSBOOTE AUF DEM EILBEKKANAL

⑲

Warum nicht wie in Amsterdam?

Kanalbrücke Richardstraße am Eilbekkanal, 22081 Hamburg (Stadtteil Eilbek, Bezirk Wandsbek)
U1 (Ritterstraße), Bus 36 (Wagnerstraße), Bus 261 (Gluckstraße)

Es sind eigentlich keine Hausboote mehr, sondern eher schwimmende Villen. Sie treiben wie visuell verzaubernde Paläste auf den ruhigen Wellen des Kanals. Sicher ist jedenfalls, dass sich die Bewohner der Lieger einen Traum erfüllt haben. Sie schwärmen davon, wie beruhigend es ist, auf dem Wasser zu leben und die Ruhe des romantischen Kanals zu genießen. Vom Hausboot aus mit dem eigenen Ruder- oder Segelboot einen Ausflug den Kanal entlang zur Alster zu machen, oder von seiner schwimmenden Veranda ins Wasser zu springen und zu baden – wie schön ist das! Allerdings wird das Bild erst vollständig, wenn man sich ansieht, wie steinig der Weg zum verwirklichten Traum für die Eigentümer gewesen ist. Für einige hieß es jahrelange Ungewissheit, ob ihnen die Baugenehmigung von skeptischen – vielleicht auch einfach neidischen – Sachbearbeitern der Behörde erteilt oder verweigert werden würde. Manche Kanalbewohner mussten buchstäblich alles verkaufen, was sie besaßen, um ihr Hausboot finanzieren zu können. Bevor es überhaupt mit dem Bau losgehen konnte, waren Versorgungsleitungen für Wasser, Abwasser und Strom zu bezahlen. Allein die kosteten schon über 30.000 Euro.

Begonnen hat die Ansiedlung der träumenden Landratten in Nachbarschaft von Schwänen und Blesshühnern, als sich die Stadtverwaltung entschloss, mit dem Pilotprojekt „Wohnen auf dem Wasser" der Wohnungsnot in Hamburg abzuhelfen und zweckhalber Hausboote auf dem Eilbekkanal zu genehmigen. Allerdings vorläufig nur in winziger Anzahl und ausschließlich für Hausboote, die auf Top-Niveau entworfen und gebaut waren. Insofern keine Chancengleichheit für alle und noch ein sehr langer Weg bis Amsterdam. Von 84 eingereichten Entwürfen wählte die Stadt 2007 nur zehn aus. Wer sich auf dem Eilbekkanal sein Traumhaus gebaut hat, war mit durchschnittlich einer knappen halben Million Euro Baukosten am Start. Einigen hätten die Ausgaben fast das Genick gebrochen, denn Banken machen für die Finanzierung von Hausbooten keinen Finger krumm. Bauen auf Kredit war also nicht möglich. Warum? Banken finanzieren ausschließlich Immobilien, also „unbewegbare" Häuser. Hausboote sind keine Immobilien und Hauseigentümer, die sich theoretisch bei Nacht und Nebel in ihrem schwimmenden Domizil aus dem Staub machen könnten, sind Bänkern ein zu hohes Risiko.

Ihren Liegeplatz auf dem Eilbekkanal haben die Bootseigentümer für 50 Jahre von der Stadtverwaltung gepachtet. Nach Ablauf der Zeit können die Pachtverträge verlängert werden.

DAS BALLETTZENTRUM JOHN NEUMEIER

⑳

Hamburgs Elfenkönig

Caspar-Voght-Straße 54, 20535 Hamburg (Stadtteil Hamm, Bezirk Mitte)
S1, S11, S31 (Hasselbrook), Bus 116 (Caspar-Voght-Straße)

Am 16. August 1973 fing der 34-jährige Amerikaner John Neumeier als Choreograf in Hamburg an. Ein halbes Jahr später hatte er mit „Romeo und Julia" seine erste Premiere auf der Bühne der Hamburgischen Staatsoper. Nach der Premiere gab es eine große Feier und während des Festes kam ein ihm unbekannter Mann auf den jungen Choreografen zu und fragte: „Herr Neumeier, was wünschen Sie sich?" Neumeier war sprachlos. Es handelte sich um keinen Geringeren, als den großen Hamburger Mäzen Kurt A. Körber. Der Wunsch, den Neumeier an ihn herantrug, sollte in Erfüllung gehen.

Bereits in seinen ersten zehn Jahren in Hamburg wurde John Neumeier zum weltberühmten Markenzeichen der Hamburgischen Staatsoper. Intendant Rolf Liebermann fragte ihn damals, ob er nach Paris wechseln wolle. Paris suchte einen neuen Ballettdirektor und Liebermann hätte sich schweren Herzens von seinem Choreografen getrennt. Neumeier lehnte ab. Er wollte nicht an die Seine, sondern an der Elbe bleiben. Liebermann kannte Neumeiers Wunsch. Der Amerikaner wollte ein eigenes Ballettzentrum in Hamburg gründen und die künstlerische Arbeit als Choreograf mit der Ausbildung junger Tänzerinnen und Tänzer verbinden. Hamburg sollte „Neumeier-Tänzer" bekommen, begabten Nachwuchs, den der Meister selbst von klein auf an das hohe Ziel führte, seine visionären Choreografien zu tanzen. Im Jahr 1989 war es endlich soweit und das Ballettzentrum John Neumeier konnte durch finanzielle Unterstützung der Stiftung von Kurt A. Körber eröffnen.

John Neumeiers Inszenierungen sind Wunderwerke. Es sind Visionen und Traumbilder eines Seelenforschers, die vor Offenbarungskraft und Präzision bersten. Seine Tänzer bringen atemberaubende Gefühlsintensität auf die Bühne. Die Arbeit an Ibsens „Peer Gynt" begleitet Neumeier seit den frühen Anfängen in Hamburg und sie ist der Stoff seines Lebens geworden. Er offenbart das Innerste seiner Figuren mit einer Intensität, die einem den Atem verschlägt, und ergründet sie bis in jene Tiefen, in denen auch Dostojewski das Seelenleben seiner Figuren ergründet hat. In „Peer Gynt", aber auch in „Anna Karenina" bringt Neumeier dunkelste Seelenzustände auf die Bühne, zeigt ungeschönt Wahnsinn und Schizophrenie, doch vermittelt in einer so wahrhaftigen und erschütternden Bewegungssprache, dass man zu verstehen beginnt, wovon man sich sonst abwenden würde. Seit 2007 ist John Neumeier Ehrenbürger von Hamburg.

DIE FRIEDENSGLOCKE VON HAMM

(21)

Totenhaus für eine Kirchenglocke

Horner Weg 17, 20535 Hamburg (Stadtteil Hamm, Bezirk Mitte)
U2 (Hammer Kirche)

Von allen geheimen Hamburger Sehenswürdigkeiten ist die Friedensglocke von Hamm am besten versteckt. Nur durch einen zentimeterbreiten Spalt lässt sie sich aus nächster Nähe erspähen. Auf dem Friedhof der Dreifaltigkeitskirche steht das Mahnmal „Totenhaus" des Husumer Bildhauers Ulrich Lindow und im Inneren des Stahlbaus wurde die Friedensglocke befestigt. Die Ostseite und die Westseite des Mahnmals bedecken Inschriften, die in beeindruckend klaren Worten die Ereignisse des Krieges resümieren. Die Inschrift wurde in den Stahl des „Totenhauses" geschnitten, sodass man durch die Buchstaben hindurch die Friedhofswiese sieht und sie endet mit der Fürbitte: „Richte unsere Füße auf den Weg des Friedens."

Mit dem „Totenhaus" erinnert die Kirche an die schlimmste Katastrophe, die Hamm je heimgesucht hat. Während der Nacht vom 27. auf den 28. Juli 1943 verwüsteten Luftangriffe den gesamten Stadtteil. Die britischen Bomber der „Operation Gomorrha" rächten vorangegangene deutsche Luftangriffe auf England und hatten das Ziel, die Kriegsindustrie in Hamburg zu zerstören. Als Ausdruck ihrer Verachtung des Kriegsgegners Deutschland entlehnten die Alliierten den Namen ihrer Vernichtungsflüge über Hamburg einem Wort aus dem ersten Buch Mose. „Der Herr ließ Schwefel und Feuer regnen auf Sodom und Gomorrha und vernichtete die Städte und die ganze Gegend und alle Einwohner."

Am Abend des 27. Juli 1943 wurden im sommerlichen Hamburg noch Temperaturen von fast 30 Grad gemessen. Als die Nacht hereinbrach, flogen 739 britische Bomber auf Hamburg zu. Ihr Ziel waren die eng besiedelten Arbeiterviertel östlich des Berliner Tors, darunter auch Hamm. Innerhalb weniger Stunden fielen über 100.000 Sprengbomben und Brandbomben vom Himmel. In den östlichen Stadtteilen hatte etwa ein Viertel der Hamburger Bevölkerung gelebt. Vom Himmel herabfallende Phosphorbomben setzten die hohen Wohnhäuser binnen Sekunden in Brand. In der Eiffestraße wie in vielen anderen Straßen, die durch das dicht besiedelte Hamm führten, schmolz der Asphalt in der Gluthitze der brennenden Häuser. Die Luftangriffe der „Operation Gomorrha" töteten überwiegend Frauen und ihre Kinder, denn die meisten Männer waren an der Front. Etwa 40.000 Menschen starben im Feuersturm, der über Stunden in Hamburg wütete. Die Hälfte aller Wohnungen wurde zerstört und eine dreiviertelmillion Stadtbewohner sind mitten im Krieg obdachlos geworden.

DIE GASOLIN-GROßTANKSTELLE ㉒

Original Fünfzigerjahre

Billhorner Röhrendamm 4, 20539 Hamburg (Stadtteil Rothenburgsort, Bezirk Mitte)
Montag bis Freitag 10–18 Uhr, Samstag und Sonntag 11–17 Uhr
Busse 34 und 154 (Billhorner Röhrendamm)

Das Einzige, was es hier nicht gibt, ist Benzin. Doch das kann sich noch ändern, denn die Pächter würden den Tankbetrieb aus originalen Zapfsäulen gern wieder aufnehmen. Hoffentlich müssen sie auf die fehlenden Genehmigungen nicht mehr lange warten. Die Stadt hat ihre Wertschätzung der Gasolin-Tankstelle immerhin schon dadurch bewiesen, sie unter Denkmalschutz zu stellen. In einem abgelegenen Winkel von Hamburg, zwischen dem Großmarkt und der Autobahn, befindet sich die rundum originale Fünfzigerjahre-Tankstelle. Gebaut wurde sie im Jahr 1953 für die Deutsche Benzol-Vertrieb GmbH. Wer diese Tankstelle besucht, erlebt dasselbe Flashback wie Marty McFly in „Zurück in die Zukunft“. An der Wand hängt eine Musicbox, die Gäste werfen Geld ein und hören Oldies. Spiegelnde Nierentische und bunte Flauschsessel befinden sich im „Erfrischungsraum“, dem Café. Auf dem ehemaligen Schreibtisch des Chefs steht ein schönes, altes Telefon mit Wählscheibe. Die Registrierkasse im Café ist von früher und selbst der Klorollenhalter auf der Toilette ist original. Was die Pächter an Arbeit und Leidenschaft in die Tankstelle gesteckt haben, reichte weit über die Auflagen des Denkmalschutzamtes hinaus. Man sieht die Passion leidenschaftlicher Fachmänner in jedem Detail, was die Gasolin-Tankstelle zu Hamburgs schönstem Treffpunkt für Oldtimerfahrer macht. Das reich bestückte Verkaufsregal ist voller Originalbauteile, die man nirgendwo mehr bekommt.

In der Prüfhalle hinter dem Café können Oldtimer das begehrte H-Kennzeichen bekommen, womit Autobesitzer, die nachweisen können, dass ihr Oldtimer in historischem Zustand erhalten ist, weniger Steuern und Versicherung zahlen müssen. Die Automobile müssen in ausgezeichnetem Zustand sein, nach der Richtlinie sind dezente Umbauten im und am Wagen zwar erlaubt, aber nur solange dafür originale Ersatzteile verwendet werden. Die stattliche Sammlung an Bauteilen, die man in der Tankstelle sieht, lockt Autobesitzer aus der ganzen Stadt nach Rothenburgsort. Wenn man Glück hat, sieht man einige der schönsten alten Autotypen vor der Tankstelle parken. Oldtimer sind ein kostspieliges Hobby, denn die meisten verbrauchen so viel Sprit, dass nur Sonntagsausflüge bei schönem Wetter für eine Spritztour in Frage kommen. In Hamburg fahren mehr Oldtimer als in allen anderen deutschen Städten.

Die Gasolin-Tankstelle ist ein geniales Ausflugsziel, Kaffee und Torten sind exzellent und Hamburgische Küche wird auch serviert. Es gibt Labskaus mit Roter Bete und Spiegelei.

DIE „SEEROSENBRÜCKE“

23

Umgeben von Industriecharme

Billufer, 20539 Hamburg (Stadtteil Billstedt, Bezirk Mitte)
Bus 160 (Mühlenhagen)

Die Bille, ein Nebenfluss der Elbe mit Ursprung in Schleswig-Holstein, schlängelt sich in Billstedt unter recht betagten Stahlbrücken an einer Kleingartenkolonie und dem Segelverein entlang in historisches, kopfsteingepflastertes Industriegebiet. Schon an der Bushaltestelle sieht man die alten Brücken, Backsteinschornsteine und verwitterten Fabrikhallen mit hohen Gitterfenstern. Die namenlose kleine Fußgängerbrücke, die man die „Seerosenbrücke" nennen könnte, ist das ideale Ausflugsziel, wenn man eine Nase für beschauliche Industrielandschaften hat, über deren Schuppen, Lagerhallen und Höfen ein zart kriminelles Flair südländischer Banditenkomödien liegt. In dem Fall ist die gesamte Billstraße ein Geheimtipp.

Die Bushaltestelle Mühlenhagen liegt am nördlichen Ende der Billstraße. Zur Brücke geht es rechts herum in die Straße Mühlenhagen. Rechter Hand des Fußgängerweges, der hinführt, liegt der mit Autowracks vollgepackte Hof des Gebrauchtwagenhändlers „Abdul's Trucks". Zur Linken der schläfrige Hof von Galvanotechniker Holst. Auf die Betonträger der Brücke sind knallige, plumpe Graffitis gesprüht. Oben rattern Züge über die Fernbahngleise und darunter spannt sich die Seerosenbrücke über den Kanal. Durch den Gitterboden, den man gegenüber des Fußgängerwegs betreten kann, sehen schwindelfreie Kletterer unter sich die Wellen der Bille. Wer mit Kindern herkommt, sollte um die Gefahr wissen, dass Treppen direkt bis an die Gleise führen, ohne dass es eine Absperrung gibt.

An der Böschung findet man unerwartet eine intensiv duftende Heilkräuter- und Wildbeerenwiese. Hier wächst der mittlerweile selten gewordene heilkräftige Schlehdorn, gelb blühendes Johanniskraut, Brombeeren im Überfluss, wilder Fenchel, süß duftendes Seifenkraut, Königskerze und wilde Kamille. Kräuter und Beeren können bedenkenlos gepflückt und verzehrt werden, ihr Standort ist keiner bedenklich erhöhten Schadstoffbelastung ausgesetzt. Hausboote mit selbst gezimmerten Anlegestegen dümpeln auf der Bille. In dunstiger Ferne sind der Telemichel und Hamburgs Skyline zu sehen. Ein Trampelpfad führt den Hang hinab durchs Gebüsch bis zu einem lehmbraunen Strandflecken am Wasser. Ein malerisches Fotomotiv sind auch die Weiden, deren Zweige bis zu den Seerosenteppichen auf dem Wasser herabhängen.

DER LÖWE UND DAS LITHOPHON ㉔

Geheimnisse im Blohms Park

Horner Landstraße 52, 22111 Hamburg (Stadtteil Horn, Bezirk Mitte)
U2 (Rauhes Haus), Bus 116 (Bauerberg)

Den Löwen kann man nicht übersehen. Die Zähne furchteinflößend gefletscht, unter den Pranken eine im Kampf erlegte Schlange, sitzt er neben dem Spielplatz als mächtiger Beschützer der Kinder. Gleich hinter dem Löwen steht der älteste Baum von Horn, eine rauschende große Eiche, die im Jahr 1817 als junger Baum gepflanzt wurde und heute einen Stammumfang von über vier Metern hat.

Wie der „Chronist von Horn" und ehemalige Schulleiter, Gerd Rasquin, überliefert hat, stand der große Löwe seit 1874 vor dem Palais des Freiherrn Heinrich von Ohlendorff. Ursprünglich waren es zwei Löwen, die vor einer Freitreppe standen. Beide Löwen überstanden die Bombenangriffe auf Hamm und Horn, während die Villa völlig zerstört wurde. Nach dem Krieg stand das Löwenpaar zunächst im Hammer Park. Einer der beiden Löwen verschwand und blieb unauffindbar. Der andere wurde in den Blohms Park geschafft. Er ist ein Stück von seinem ursprünglichen Zuhause entfernt. Das parkähnliche Grundstück des reichen Ohlendorff lag beim heutigen U-Bahnhof Burgstraße. Er hatte für sich und seine elfköpfige Familie ein Palais im Wert von 450.000 Goldmark bauen lassen. Womit war der Freiherr so vermögend geworden? Mit Vogelmist. An der pazifischen Küste Perus nisten und brüten Millionen von Seevögeln, deren Kot reich an Nährstoffen ist und bis heute unter härtesten Arbeitsbedingungen in Handarbeit von Einheimischen abgetragen wird. Als Dünger wird Guano heute weltweit exportiert. Die Brüder Heinrich und Albertus von Ohlendorff waren Pioniere des neuen Marktes und verschifften Guano von Peru nach Hamburg.

Nur wenige Meter vom Ohlendorff-Löwen entfernt steht neben dem Weg am Rand der großen Wiese ein rätselhafter dunkler Fächer aus Gestein auf dem Boden, den die meisten Spaziergänger entweder übersehen oder irrtümlich als Fitnessparcours für Zwerge oder „Kunst" einordnen. Direkt bei der alten Eiche finden sich die fünf rätselhaften dunklen Balken, bei deren Anblick kaum jemand weiß, dass es sich um ein Musikinstrument handelt. Früher hing ein Schlägel am Instrument, der aber leider abgerissen wurde. Mit festen Ästen aus dem Park kann das Lithophon zwei- oder vierhändig gespielt werden. Die schwarzen Balken sind nicht aus Marmor und auch nicht aus Granit, sondern aus dem subvulkanischen Gestein Dolerit. Die Töne des Lithophons folgen der Pentatonik. Vom Weg aus gesehen von links nach rechts lautet die Tonfolge: E-G-A-H-D.

N
0
1
2 km
Klövensteen
Klövensteenweg
Altonaer Chaussee
Schenefeld
Friedrich-Ebert-Alle
Altonaer Chauss
Blankeneser Chaussee
Bornpark
Hobökentwiete
Ellernholt
Osdorf
Sülldorfer Landstraße
Sülldorfer Landstraße
Osdorfer Landstraß
Rissen
Rissener Landstraße
Iserbrook
Isfeldstraße
Tinsdaler Kirchenweg
Blankeneser Landstraße
Humannstraße
Wittenbergener Heide
Blankenese
Elbchaussee
Strandweg
Hirschpark
1
2
3
4
5
6
7
8

Altona

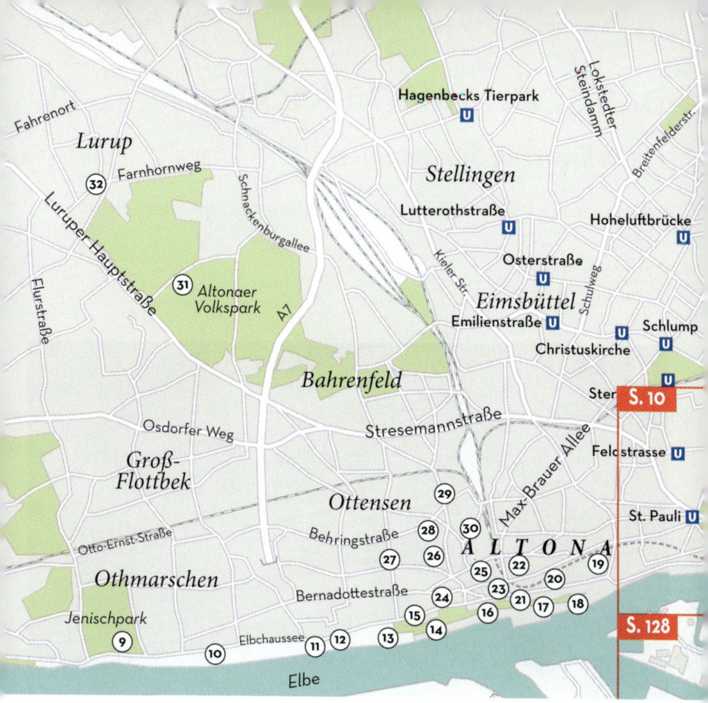
Hagenbecks Tierpark
Lokstedter Steindamm
Fahrenort
Lurup
Farnhornweg
32
Stellingen
Breitenfelderstr.
Schnackenburgallee
Luruper Hauptstraße
Lutterothstraße
Hoheluftbrücke
Kieler Str.
Osterstraße
Schulweg
31
Altonaer Volkspark
Eimsbüttel
Flurstraße
A7
Emilienstraße
Schlump
Christuskirche
Bahrenfeld
Ster
S. 10
Osdorfer Weg
Stresemannstraße
Max-Brauer-Allee
Feldstrasse
Groß-Flottbek
29
Ottensen
St. Pauli
28
30
Behringstraße
Otto-Ernst-Straße
ALTONA
27
26
22
19
25
Othmarschen
20
Bernadottestraße
23
24
21
17
18
16
Jenischpark
15
S. 128
14
9
Elbchaussee
13
12
11
10
Elbe

DAS SCHNAAKENMOOR

①

Die schwarzen Spiegel im Wald

Klövensteenweg, Schnaakenmoor, 22559 Hamburg (Stadtteil Rissen, Bezirk Altona)
S1 (Rissen)

Im Frühsommer blüht Wollgras auf den Wiesen des Schnaakenmoores. Das Heidekraut duftet, es ist still und durch die Birken weht leichter Wind. Abseits der Wege glänzen große dunkle Spiegel im Wald: Das tiefe Moor ist unheimlich, gefährlich und übt einen starken Zauber aus. Ein Moor symbolisiert Geheimnis und Schweigen. Die gruseligen Geschichten von Frauen und Männern, die im Moor versunken sind, haben sich als Märchen erwiesen und heute weiß man, dass es sich bei Moorleichen um Tote handelt, die im Moor versenkt worden sind. Es ist unmöglich, im Moor unterzugehen und zu versinken, weil der torfige Schlamm dichter ist als der menschliche Körper. Man kann im Moor steckenbleiben, aber man treibt oben wie ein Korken im Wasser.

Moore sind wertvolle Feuchtigkeitsspeicher, man könnte sie mit riesengroßen Schwämmen vergleichen, die in kurzer Zeit immense Mengen Wasser aufnehmen und danach langsam wieder abgeben. Bei starken Regenfällen schwemmen Moorgebiete im Jahr um bis zu einen Meter auf. Des Weiteren sind sie die großen Kohlenstoffspeicher der Erde. In einem Moorgebiet mit nur zwei Handbreit Torfschicht ist so viel Kohlenstoff gespeichert wie in einem hundertjährigen Waldstück der gleichen Fläche. Das Schnaakenmoor in Rissen ist ein 100 Hektar umfassendes Naturschutzgebiet, das seinen Namen den Schnaken, den Mücken, zu verdanken hat.

Früher dachten Landbesitzer, Moor wäre unnützer Boden, weil man es nicht bepflanzen und wirtschaftlich nutzen kann. Deshalb wurde das Schnaakenmoor trockengelegt und aufgeforstet. 1979 stellte die Stadt das Gebiet unter Naturschutz und die alten Entwässerungsgräben wurden geschlossen, sodass der Wasserspiegel wieder stieg. Aus Sand wurden Dünengebiete künstlich aufgeschüttet, auf denen sich schnell Pflanzen ansiedelten, woraufhin in wenigen Jahren ein Artenreichtum explodierte, den niemand erwartet hätte. Das Schnaakenmoor ist Natura-2000-Gebiet geworden. Damit gehört es zu den wichtigsten Schutzgebieten der Europäischen Union, in denen europaweit die seltensten Pflanzenarten geschützt und vermehrt werden. Man kann hier herrliche Naturbeobachtungen machen, wie z. B. die offenen, weiten Grasflächen, die Lebensraum und Brutplatz für Kiebitze sind. An Gewässerrändern kann man seit Jahren die Nordische Moosjungfer beobachten, eine ganz seltene und europaweit geschützte schwarze Libelle mit goldener Rückenzeichnung und winzigen schwarzen Punkten auf den Flügeln.

HANS ALBERS VILLA

②

Refugium eines Weltstars

Melkerstieg 16, 22559 Hamburg (Stadtteil Rissen, Bezirk Altona)
S1 (Rissen)

Hamburg ist berühmt für seine weißen Villen. Man sieht sie insbesondere in den Nobelvierteln Harvestehude, Rotherbaum und in der Elbchaussee. Kaum jemand weiß, dass in Rissen eine weiße Villa steht, die sich Hans Albers bauen ließ. Der blonde Hans, dessen Film *Große Freiheit Nr. 7* die Hamburger Reeperbahn im Kino berühmt machte, schenkte das Anwesen im Jahr 1912 seiner Schwester Mimi.

Damals war das Grundstück im ländlich ruhigen Stadtteil Rissen noch um einiges größer als heute und der Garten reichte bis zum Marschweg. Obwohl die heutige Anlage nicht mehr so großzügig bemessen ist wie vor hundert Jahren, befindet sich am Haus noch alles im Originalzustand. Auch die elegante Auffahrt der heute in Privatbesitz befindlichen Villa hat damals wie heute nichts an ihrem herrschaftlichen und zugleich behaglichen Charakter eingebüßt. Unter weißen Laternen führt die Auffahrt um ein Rondell herum zum Haus. Im Halbkreis angeordnete Säulen am Eingang verleihen der Villa ein beschwingt vornehmes Flair. Man kann sich vorstellen, die Tür könnte sich jeden Moment öffnen und Hans Albers – blitzblaue Augen, den weißen Sommerhut fesch in die Stirn gedrückt – käme gentlemanlike leichten Schrittes die Stufen herunter.

Hans Albers wehrte sich erfolgreich dagegen, von den Nazis vereinnahmt zu werden. Der weltoffene Menschenfreund konnte das niederträchtige Denunziantentum und die verbissene Feindseligkeit der Hitlerschen Gefolgschaft nicht ausstehen. Blond, charismatisch und von unwiderstehlich fröhlichem Charme wie er war, hätten die Nazis ihn allzu gern zu ihrem blonden, blauäugigen Super-Arier gemacht. Selbst Propagandaminister Goebbels verehrte den Hamburger Schauspieler. Albers hingegen, der für Faschismus nur kalte Verachtung übrighatte, weigerte sich, der Reichsfilmkammer beizutreten. Als 1935 die Rassegesetze in Kraft traten und die Nazis durch ihre abscheuliche Erfindung der „Mischehe" Tausende Jüdinnen und Juden zur Scheidung zwangen, hätte Hans Albers sich von seiner jüdischen Lebensgefährtin Hansi Burg, mit der er in Berlin lebte, trennen müssen. Doch das Paar blieb zusammen. Mit größter Integrität hielt Albers dem Druck des NS-Regimes stand und ging den Nazis wo irgend möglich aus dem Weg. Ein Grund mehr für ihn, bei seinen Aufenthalten in Hamburg die Öffentlichkeit zu meiden und in der ruhigen Villa in Rissen bei seiner Schwester Zuflucht zu suchen. Seine Schwester Mimi wohnte bis an ihr Lebensende in der Villa.

WILLKOMM-HÖFT

③

Im Zeichen der Völkerverständigung

Parnaßstraße 29, 22880 Hamburg (Stadtteil Wedel, Bezirk Altona)
Montag bis Mittwoch 11:30–18:00, Donnerstag 11–21 Uhr, Freitag und Samstag 11:30–21 Uhr, Sonntag 9:30–21 Uhr
Bus 189 (Elbstraße)

Nirgendwo ist die große weite Welt Hamburg so nah wie an der Elbe beim Willkomm-Höft. Alle großen Containerfrachter fahren hier vorbei, wenn sie in den Hamburger Hafen einfahren oder den Hafen verlassen. Es sind Tag für Tag über 50 „Pötte" (Plattdeutsch für „Topf" oder „großes Schiff"), die vom Schulauer Fährhaus aus zu sehen sind. Jedes Schiff wird begrüßt oder bekommt einen Abschiedsgruß mit auf seine Reise in die Welt. Es ist eine Geste der Verständigung der Völker und die Seeleute an Bord freuen sich sehr darüber.

Wie läuft es praktisch ab? Über die Lautsprecheranlage auf dem Steg schallt die Nationalhymne des vorbeifahrenden Containerschiffes über die Elbe. Bei jedem Wetter, egal ob es stürmt oder schneit. Während die Hymne gespielt wird, spricht ein Kapitän die Begrüßung des Schiffes und seiner Mannschaft in deren Landessprache. Dann folgt die Begrüßung auf Deutsch mit den Worten: „Willkommen in Hamburg, wir freuen uns, Sie in unserem Hafen begrüßen zu können!" Für die Gäste des Schulauer Fährhauses oder Shipspotter, die der Zeremonie draußen auf dem Ponton folgen, gibt der Kapitän dann Informationen darüber, aus welcher Reederei das Schiff kommt, welchen Tiefgang es hat und mit wie vielen Knoten (Seemeilen pro Stunde) es fährt. Eine Seemeile entspricht knapp zwei Kilometern. Die fünf Begrüßungskapitäne von Willkomm-Höft wissen so gut wie alles über den internationalen Seeverkehr. Seit Beginn der Geschichte der Schiffsbegrüßungsanlage im Sommer 1952 ist eine enorme Kartei mit größtenteils handschriftlichen Aufzeichnungen über rund 17.000 Containerschiffe entstanden, die hier vorbeigefahren sind.

Begrüßt und verabschiedet werden Containerschiffe ab einer Größe von tausend BRZ (Bruttoraumzahl), früher Bruttoregistertonnen (1 BRT entsprach 2,83 m^3). Für kleinere Pötte wird zur Begrüßung und zum Abschied die Hamburgflagge am Mast „gedippt" (abgesenkt). Allen auslaufenden Schiffen wird die Signalflagge „UW" gehisst, was „Gute Reise" bedeutet. Draußen am Fahnenmast zerschmiss Weltumsegler, Walfänger und Polarforscher Kapitän Carl Kircheiß 1952 feierlich eine Flasche Rum zur Taufe von Willkomm-Höft. Kircheiß (1887–1953) hielt nach dem Ersten Weltkrieg in Deutschland Vorträge, in denen er sich nach besten Kräften für die Verständigung der ehemaligen Kriegsgegner einsetzte. Um ein Zeichen der Völkerverständigung zu setzen, umsegelte der leidenschaftliche Abenteurer in seinem Fischkutter „Hamburg" die Welt.

DIE RICHTFEUERLINIE TINSDAL-WITTENBERGEN

④

Hamburgs schönste Leuchttürme

Unterfeuer: Wittenbergener Strand, Rissener Ufer, 22559 Hamburg (Stadtteil Rissen, Bezirk Altona)
Bus 388 (Rissener Ufer)
Oberfeuer: Leuchtturmweg, 22559 Hamburg (Stadtteil Rissen, Bezirk Altona)
Bus 189 (Grenzweg)

Man stellt sich einen Leuchtturm meistens allein auf seinem einsamen Posten vor. Doch die Elbrichtfeuer von Hamburg stehen vor Aufgaben, die selbst Leuchttürme nur zu zweit schaffen. Der Schiffsverkehr auf der Elbe ist gefährlich. Man glaubt, die Pötte würden mühelos am Ufer vorbei zum Hamburger Hafen ziehen, doch der Eindruck täuscht. An vielen Stellen ist die Fahrrinne der Elbe so schmal, dass große Containerfrachter leicht in Gefahr geraten können, auf Grund zu laufen. Solche Engpässe hat die Elbe vor allem auf der Höhe von Blankenese und ein paar Kilometer weiter westlich in Rissen. An diesen besonders gefährlichen Stellen müssen sich die Kapitäne auf Hamburgs Richtfeuerlinien verlassen, um auf Kurs zu bleiben. Wie das funktioniert? Sobald die Leuchttürme in Sicht geraten, visiert man an Bord der Schiffe ihre Leuchtfeuer via Deckpeilung an, bis sie in einer Linie übereinanderstehen. Wenn es dunkel ist, senden die Leuchttürme Tinsdal und Wittenbergen ein Lichtsignal über die Elbe: weißes Gleichtaktfeuer in Intervallen von acht Sekunden. Diese Kennung und die exakte Ausrichtung der Richtfeuerlinien sind in den Seekarten an Bord verzeichnet.

Das Unterfeuer Wittenbergen ist 29,5 Meter hoch. Sein Leuchtfeuer ist nachts für die Schiffe, die von der Elbmündung aus nach Hamburg kommen, 14,3 Seemeilen oder 26 Kilometer weit über den Fluss zu sehen. Das Oberfeuer Tinsdal ist sogar 42 Meter hoch und hat ein Leuchtfeuer, das im Dunkeln 16 Seemeilen oder 30 Kilometer weit über die Elbe strahlt. Eine beachtliche Entfernung für einen Lichtkegel! Schiffe, die auf Hamburg zufahren, sehen das Oberfeuer bereits kurz nachdem sie an Stade vorbei sind. Die Richtfeuerline Tinsdal-Wittenbergen ist 1900 in Betrieb genommen worden. Inzwischen stehen die beiden bildschönen Stahlgittertürme unter Denkmalschutz.

Die beiden alten Leuchttürme sind einen Spaziergang wert. Die Umgebung des Oberfeuers an der Landesgrenze zu Schleswig-Holstein ist eher ländlich. Man sieht Pferde auf Koppeln grasen, wilde Wiesen und schöne Gärten. Leider liegt auch das Kraftwerk Wedel, das Hamburg mit Fernwärme versorgt, in der Nähe. Das Unterfeuer Wittenberge hingegen liegt am Rissener Ufer mitten in der Natur und dort ist auch der Elbstrand noch sehr viel wilder und ursprünglicher als zum Beispiel in Övelgönne. Der Weg ans Rissener Ufer ist zwar ziemlich weit, dafür ist es das ganze Jahr und bei jedem Wetter wunderschön dort draußen.

DAS BLANKENESER FISCHERHAUS

⑤

Dat olle Dreehus

Elbterrasse 6, 22587 Hamburg (Stadtteil Blankenese, Bezirk Altona)
Bus 488 (Krögers Treppe (Fischerhaus))

Blankeneses Treppenviertel wird leicht zum Labyrinth, das einen in den Wahnsinn treibt. Ein geeignetes Ausflugsziel, um die unleugbar bezaubernde Märchenwelt des Treppenviertels kennenzulernen, ist das uralte Blankeneser Fischerhaus. Man erreicht die „Straße" Elbterrasse (es handelt sich in Wirklichkeit um einen schmalen, gepflasterten Weg in etlichen Metern Höhe) am günstigsten vom Strandweg aus über Möllers Treppe. Das Fischerhaus ist das älteste Gebäude im Blankeneser Treppenviertel und sogar eines der ältesten von ganz Hamburg. Erst vor wenigen Jahren wurde das in Himmelblau und Weiß getünchte Urgestein ausgiebig untersucht, da es dringend renoviert werden muss, um nicht aus Altersschwäche zusammenzukrachen. Wie die Untersuchung des Dachbalkenholzes ergab, steht Blankeneses Reetdachveteran schon seit 1570 und ist damit gute hundert Jahre älter als bislang angenommen. „Mehr sein als scheinen", wie man in Hamburg sagt. Als „Dreehus" wird der Backsteinfachwerkbau bezeichnet, weil drei (dree) Familien darin wohnen konnten. Das Fischerhaus war schon ein alter Hase, als dem ehemalige Fischerdorf Blankenese, damals zugehörig zu Dänemark, zu Beginn des 18. Jahrhunderts der Aufschwung zur stärksten Fischfangflotte des Königreichs gelang und sich mehr und mehr Fischer in reetgedeckten Häusern am Elbhang niederließen.

Der Name Blankenese, bereits 1301 urkundlich erwähnt, geht auf eine Landzunge zurück, die vor Jahrhunderten vor der Blankeneser Küste in die Elbe hinausragte. Von den Fluten des Stroms Tag und Nacht überspült und deshalb in der Sonne glänzend, sagten die Leute „blanke Neeße", auf Hochdeutsch „blanke Nase", dazu und der Name des Fischerdorfes Blankenese war geboren. Vieles ist im Treppenviertel bis heute so geblieben wie vor 200 Jahren, was viel damit zu tun hat, dass hier höchst einflussreiche, wohlhabende Hamburger wohnen. Waschechter Blankeneser ist zwar nur, wessen Großeltern und Eltern in Blankenese geboren wurden, doch wird standesgemäßer Zuzug geduldet. Es gibt kaum befahrbare Straßen, die in das weltberühmte Labyrinth aus über 5.000 Treppenstufen hineinführen. Hier ein Haus zu bauen kostet ein Vermögen, weil unzählige Arbeitsstunden mehr als üblich allein für den Transport anfallen. Das gesamte Baumaterial muss zu Fuß auf den Schultern der Handwerksleute über die Treppen zum Baugrundstück geschleppt oder auf Sackkarren hingebracht werden.

LAGERFELDS ART-DÉCO-VILLA

6

Verborgener Schatz aus dem Jahr 1925

Wilmans Park 17, 22587 Hamburg (Stadtteil Blankenese, Bezirk Altona)
Bus 48 (Wilmans Park)

Die Wilmans Park ist eine ruhige Seitenstraße, die von der Oesterleystraße abzweigt. Für Blankeneser Verhältnisse stellt die extreme Hanglage keine außergewöhnliche Herausforderung für Architekten dar. Hunderte von Villen sind im Treppenviertel unter ähnlichen Bedingungen gebaut worden. Wo die Wilmans Park in westlicher Richtung abbiegt, findet man in der Kurve eine Tormauer mit drei Portalen. Wegen ihrer imposanten Höhe und weil sie auf den ersten Blick freistehend zu sein scheint, vermittelt sie den unwirklichen Eindruck einer Filmkulisse. Vier Blendpfeiler (Pilaster) rahmen zwei schmale, jeweils eintürige und ein ungleich größeres, zweiflügliges Rundbogentor ein. Tritt man nah genug heran, um die für den Art déco charakteristische klare Ornamentik und kraftvolle Farbigkeit der drei Tore aus der Nähe bewundern zu können, verselbstständigt sich die Neugierde von allein.

Mit welcher Absicht wurde dieser Eingang gebaut? Gleich drei Tore, als ob scharenweise geladene Gäste durch sie eintreten können sollen. Sollte das breite Tor in der Mitte in diesem Fall für Limousinen, wenn nicht gar für Zweispänner geöffnet worden sein? Zugleich hat man den Eindruck, als wären die Tore schon seit langer Zeit verschlossen. Im dahinterliegenden Grundstück ist es so ruhig, als würden das exquisit entworfene – wenn auch bislang leider nicht öffentlich zu besichtigende – Anwesen und die stilsichere Gartenarchitektonik seit vielen Jahren im Dornröschenschlaf liegen. Im parkartigen Garten folgt eine fast 100 Meter lange Rasenterrasse exakt der Breite des Wohngebäudes. In klarer Linie der Hanglage folgend führt sie über eine perfekt proportionierte Freitreppe zur Pergola am Südende des Rasens. Villa und Garten erzeugen einen vornehmen und zugleich anmutigen Eindruck. Ist die Anlage nicht wie geschaffen für das geheimnisvolle Image des unnachahmlichen Hamburgers mit dem weißen Mozartzopf und der distanziert-rotzigen Allüre eines Rokoko-Aristokraten? Karl Lagerfeld wird sich in dieses Refugium verliebt haben, denn in den Neunzigerjahren gehörte die Villa im Wilmans Park ihm.

Ein Zuhause schien seine 1925 gebaute Villa dem Olympier der Haute Couture nicht werden zu wollen. Schon wenige Jahre nach dem Kauf trennte sich das quecksilbrig-unruhige Genie Lagerfeld, dem es als Wahlpariser in Blankenese viel zu provinziell zugegangen sein mag, wieder von seinem Anwesen. Allerdings nicht, ohne die Zimmer vorher exzentrisch dekoriert und ausgiebig fotografiert zu haben.

DER RÖMISCHE GARTEN

⑦

Heimliches Rendezvous

Falkensteiner Ufer, 22587 Hamburg (Stadtteil Blankenese, Bezirk Altona)
Bus 488 (Falkentaler Weg)

Die Suche nach Blankeneses geheimsten Park ist ein Abenteuer für sich. Verborgen liegt der Römische Park hinter einer Treppe am Geesthang. Wo rechterhand vom Strandweg aus hangaufwärts der Falkentaler Weg beginnt, führt der Strandweg geradeaus zum Falkensteiner Ufer. Dort, wo das Falkensteiner Ufer einen scharfen Knick nach rechts macht, führt eine steile Treppe den Hang hinauf. An ihrem oberen Ende liegt versteckt der Römische Garten. Man erwartet nicht, mitten am wilden Geesthang, den man eben noch durch einen Dschungel aus Efeu erklommen hat, plötzlich eine schön gestaltete, sorgfältig gepflegte Gartenanlage zu erblicken.

Dabei handelt es sich beim heutigen Römischen Garten nur noch um eine stark vereinfachte Version des ursprünglichen Parkgartens, den die Hamburger Bankiersfamilie Warburg 1897 erwarb. Die Warburgs waren Juden und mussten Deutschland verlassen, als das kulturvernichtende NS-Regime an die Macht gelangte. Ihr nach italienischem Vorbild angelegter und aufwendig instand gehaltener Garten verwilderte. Nach dem Ende des Zweiten Weltkriegs machte Eric M. Warburg den Parkgarten seiner Familie der Stadt Hamburg zum Geschenk. Allerdings knüpfte er seine Schenkung an eine Bedingung. Der Römische Garten sollte von der Stadt wieder so angelegt und bepflanzt werden, wie er vor dem Krieg ausgesehen hatte. Wer Hamburg ein bisschen besser kennt, kann sich denken, wie das ausging. Man nahm die Schenkung an, doch weiter geschah nicht viel. Der Senat erklärte, für Erneuerung und Pflege des toskanischen Rosengartens im Römischen Garten hätte die Stadt nicht genug Geld.

Doch obwohl der Großteil der märchenhaften und seinerzeit topgepflegten Gartenanlage nur noch in Gartenfachbüchern und Archiven dokumentiert ist, kann man sich bei einem Besuch des Römischen Gartens auch heute noch gut vorstellen, dass er in den Zwanziger- und Dreißigerjahren ein festlicher, eleganter Treffpunkt der Hamburger Gesellschaft war. Wie damals führen die Stufen der Freitreppe mit Blick auf die Elbe zum romantischen Freilichttheater des Gartens. In den Zwanzigerjahren wurden hier Sommer für Sommer private Theateraufführungen inszeniert, zu denen die Familie Warburg ihre Freunde einlud. Im oberen Teil des Gartens liegt das hinter einer Zypressenreihe wie ein Spiegel gerahmte Seerosenbecken. Eine kleine Bank wurde aufgestellt, um es in Ruhe betrachten zu können.

DIE WRACKS VON BLANKENESE ⑧

Gespenstische Ruinen

Falkensteiner Ufer, zwischen Park am Wasserwerk und Paddelboot Club, 22587 Hamburg (Stadtteil Blankenese, Bezirk Altona)
Die Wracks sind nur bei Niedrigwasser sichtbar! Die Niedrigwasserstände (für St. Pauli) sind online abrufbar unter: gezeitenfisch.com →Hamburg St. Pauli →Hochwasser und Niedrigwasser
Bus 488 (Falkentaler Weg)

Es ist ein unheimliches Schauspiel, das die Elbe täglich inszeniert. Bei Ebbe erheben sich zwei alte Schiffswracks aus dem Wasser und stehen wie gruselige Gespenster zur Geisterstunde vor den Betrachtern. Die Überreste der gesunkenen finnischen „Polstjernan" und des Hamburger Binnenschiffes „Uwe" erzählen von grauenhaften Katastrophen auf See.

Die finnische „Polstjernan" war als Viermastschoner gebaut worden. Als der Segler später umgebaut und an Bord ein Motor installiert wurde, ahnte niemand, dass es ausgerechnet ihr Motor sein würde, der das furchtbare Ende der „Polstjernan" auf hoher See verursachen sollte. Im Herbst 1926 sollte das Schiff von Finnland aus eine große Ladung Holz nach England verfrachten. Die Seeroute führte über den 1895 eröffneten Kaiser-Wilhelm-Kanal (später Nord-Ostsee-Kanal), der von der Kieler Förde bis zur Elbmündung bei Brunsbüttel verlief. Während das Schiff den Kanal passierte, fing durch einen Maschinenfehler der Motor Feuer und die Flammen griffen auf die Holzladung über. Zu guter Letzt steckte das Schiff mit Feuer an Bord im Kanal fest. Die riesige, brennende „Polstjernan" wurde an Schleppern festgetäut, bis Brunsbüttel in die Elbmündung und von dort schließlich ans Falkensteiner Ufer gezogen.

Das Ende des Binnenschiffes „Uwe" spielte sich noch schrecklicher ab. Im Dezember 1975 hatte die „Uwe" etliche hundert Tonnen Schlacke zur Befestigung des Elbufers geladen, als ihr bei Nebel auf der Elbe der polnische Frachter „Mieczyslaw Kalinowski" entgegenkam und in den schlechten Sichtverhältnissen seinen Kurs verlor. Der Frachter rammte wiederum das deutsche Frachtschiff „Wiedau", das durch den Zusammenprall sofort vom Kurs abkam und dabei mit der „Uwe" zusammenstieß, was zur Abtrennung des Schiffrumpfes führte. Beide Schiffe wurden von der starken Strömung übereinander geschoben und versanken in der Elbe. Zwei Besatzungsmitglieder starben. Wegen der teuflischen Strömung der Elbe konnte das Wrack nur während der täglichen zwei Stunden Stauwasser, in der Tidenpause zwischen Ebbe und Flut, geborgen werden. Die Bergung dauerte Wochen und beim letzten Versuch, „Uwe" mit Stahlseilen vom Flussgrund zu heben, wurde das Wrack in drei Teile zerrissen. Schließlich wurden Bug und Mittelteil an Land gebracht, ausgeschlachtet und verwertet. Das Heck ragt bis heute aus dem Wasser.

TEUFELSBRÜCK

9

Mit einer Hasenseele den Teufel ausgetrickst

Elbufer, Elbchaussee/Teufelsbrück, 22605 Hamburg (Stadtteil Nienstedten, Bezirk Altona)
Busse 21 und 286, Fähre 64 (Teufelsbrück (Fähranleger))

Beim Spaziergang durch den Jenischpark Richtung Elbe entdeckt man, kurz bevor man die Straße überquert, ein kleines Flüsschen namens Flottbek, das unterhalb der Elbchaussee beim Jollenhafen Teufelsbrück durch ein Rohr in die Elbe mündet. In früherer Zeit, lange bevor die Elbchaussee als asphaltierte Straße sicher und solide über die Mündung hinwegführte, war die abschüssige, sumpfige Stelle für Fuhrwerke gefährlich. Das Bachbett der Flottbek lag naturgemäß tiefer als der Rest der Gegend, was für Fuhrwerke häufig Achsenbrüche und Unfälle zur Folge hatte. Später führte eine Brücke über die Flottbek, um Fuhrwerken eine sichere Überquerung zu ermöglichen. Um diese Brücke, die heute nicht mehr steht, rankt sich eine der berühmtesten Hamburger Legenden: die Legende vom Teufel und der Teufelsbrücke.

Schon immer hatte es wegen der zahlreichen Achsenbrüche und umgestürzten Fuhrwerke geheißen, an der Flottbekmündung müsse es mit dem Teufel zugehen. Die Legende berichtet, dass der Erbauer der Teufelsbrücke einen Pakt mit Satan einging. Der Deal sah vor, dass der Teufel den Brückenbauer sein Werk vollenden lassen sollte, ohne dass dieser dabei Schaden nahm, etwa durch einen Sturz in die Flottbek oder gar durch Ertrinken in der Elbe. Dafür machte der Brückenbauer ein Versprechen: Er garantierte dem Teufel die Seele des ersten Geschöpfes, das die fertige Brücke überqueren würde. Um die Bedeutung dieser Abmachung richtig einschätzen zu können, muss man wissen, dass das erste Geschöpf, das normalerweise eine neugebaute Brücke überquerte, kein Geringerer als der Pastor persönlich war. Für den Teufel war die Aussicht auf die Seele eines Pastors mehr als verlockend.

Schließlich kam der Tag, an dem die neuerbaute Brücke feierlich eingeweiht werden sollte. Eine große Menschenmenge fand sich zusammen und es wurde laut gejubelt und geschrien. Da geschah es, dass durch den Lärm ein Hase in seinem Versteck aufgeschreckt wurde, die Flucht ergriff, über die Brücke Reißaus nahm und damit als erstes Geschöpf die Brücke überquert hatte. So bekam der Teufel statt der erwarteten Pastorenseele nur die Seele eines Hasen. Bis heute steht eine Teufelsstatue an der Flottbekmündung. Der Teufel hält einen Hasen in der Hand und macht einen sehr unzufriedenen Eindruck.

DIE SCHLACKESTEINE AM ELBUFER

⑩

Steine mit magischem Glanz

Elbstrand von Blankenese bis Övelgönne (Stadtteile Blankenese bis Altona, Bezirk Altona)
Bus 48 (Krögers Treppe)

Ihren zauberischen Glanz verleihen den behexend schönen Findlingen, von denen einzelne immer wieder als Objets trouvés vom Strand aus in diversen Wohnzimmern verschwinden, die Eisen- bzw. Hüttenwerke der deutschen Industrie. Schillernde Farbspektren von hellem Gold bis zu dunkel opalisierendem Purpur überziehen die Oberflächen der Steine. Es handelt sich um millimeterdünne Ablagerungen aus Metall, die als Rückstände des Schmelzflusses am Gestein haften bleiben. Während der Verhüttung von Stahl wird Eisenerz bei über 1.500 Grad Celsius von der Schlacke abgetrennt. Zurück bleibt sogenanntes „taubes Gestein", die Schlackebrocken, aus denen das Eisenerz herausgeschmolzen wurde. Ihren Namen bekam die Schlacke während der frühen Anfänge industrieller Verhüttung, als das Gestein noch durch Hammerschläge vom Metall entfernt wurde.

Schlackesteine sind als Abfallprodukt billig zu beschaffen, haben wegen des Metalls, das sie enthalten, ein etwas größeres Gewicht als natürliche Steine und verwittern naturgemäß langsam. Ihre Verwendung beim Ufer- und Küstenschutz liegt daher nahe, weshalb die dunklen Gesteinsbrocken auch in Blankenese und Övelgönne als Wellenbrecher und Flutschutz haufenweise am Strand aufgeschüttet worden sind. Die Bewohner der ufernah gelegenen Häuser waren nicht damit einverstanden. Zu groß war das Unbehagen über die Frage, ob das Gestein mit Schwermetallen belastet sei oder nicht. Immerhin hatte ein an der Nordsee erstelltes Gutachten nachgewiesen, dass dort aus dem Schlackegestein der Uferbefestigung Schwermetalle von der See freigespült und von Meerestieren aufgenommen worden waren.

Hinzu kommt, dass von Statikern und Ingenieuren inzwischen bestätigt worden ist, dass die Aufschüttung der Schlackesteine an den Stränden in Hamburgs Westen aus fachlicher Sicht nicht notwendig sei. Zumal die Wälle für eine sinnvolle Uferbefestigung oder als Flutschutz ohnehin viel zu flach seien. Ein Standpunkt, der den Anliegern sehr entgegenkommt, die Blankeneses und Övelgönnes Strände schon seit Jahren wieder renaturieren möchten. Denn wo tonnenweise Schlacke hinfällt, wächst hinterher kein Gras mehr. Vielen Spaziergängern sind die Steine hingegen lieb und vertraut geworden. Es macht Spaß, auf ihnen herumzubalancieren und mit etwas Geschicklichkeit und Übung kommt man auf den Steinen bald so leicht vorwärts wie auf dem Sand. „Schlacke-Steining" hat sich zu einem echten Hamburger Outdoorsport entwickelt.

DIE ÖVELGÖNNER SEEKISTE

11

Hamburgs exotisches Minimuseum

Övelgönne 61, 22605 Hamburg (Stadtteil Övelgönne, Bezirk Altona)
Bus 286 (Halbmondsweg), Bus 112 (Neumühlen/Övelgönne (Fähre))

Das historische kleine Lotsen- und Fischerdorf Övelgönne ist nicht so harmlos, wie es scheint. Von der Decke des Kapitänshauses Nummer 61 hängt das archaischste Erbstück der Seefahrerfamilie Lührs. Es handelt sich um einen echten Pottwalpenis. Vor vielen, vielen Jahren wollten wilde Seeleute die Hafenwirtin Hermine mit dem Riesenschwengel erschrecken. Doch als waschechte Hamburgerin wurde Hermine nicht einmal rot und nahm das Geschenk würdevoll entgegen. Nach ihrem Tod vermachte sie Aphrodites Zauberstab ihrem Neffen Herbert für sein damals entstandenes Privatmuseum. Dieser Herbert Lührs war wohl auch mit den Wassern aller Weltmeere gewaschen und wusste sein Seemannsgarn zu spinnen. Zum Kapitän ernannte er sich selbst und trug den Titel voller Stolz. Vor 50 Jahren eröffnete er als Käpt'n Lührs ein Privatmuseum und präsentierte seinen verblüfften Besuchern gesammelte Skurrilitäten aus fünf Generationen seiner Familie.

Irgendwann kam die Zeit, da Käpt'n Lührs sein Ende nahen fühlte und sich wohl oder übel nach einem ehrbaren Hüter für seine Schätze umsehen musste. Zu seinem großen Kummer schien sich kein neuer Leiter für das Museum finden zu lassen. Es hätte bedeutet, dass die Sammlung aufgelöst und verkauft oder verramscht worden wäre. Auf dem Sterbebett nahm Lührs seinem Sohn Hannes das Versprechen ab, die Seekiste für zehn Jahre zu schließen. Solange sollte niemand Hand an die Sammlung legen und mit Gottes Willen würde doch noch ein neuer Käpt'n gefunden werden, sein Lebenswerk fortzusetzen. Wie hätte der Sterbende ahnen sollen, dass als neuer Käpt'n eine Frau an Bord kommen würde?

Zehn Jahre waren fast verstrichen, eben brach das letzte an, als Seekistensohn Hannes zu Silvester auf St. Pauli seine große Liebe erblickte. Wie sollte er die Aufmerksamkeit der Schönen erregen? Da gab ihm sein Vater vom Himmel aus einen Wink mit dem Piratenschenkel und Hannes fiel das sagenhafte Bein ein, das zuhause in der Seekiste lag. Hannes stellte sich seiner Zukünftigen als Eigentümer von Störtebekers Bein vor und Ursula verliebte sich in ihn. Sie rettete die Seekiste vor dem Verkauf und erhielt die Zauberwelt von Käpt'n Lührs am Leben. In einer uralten Truhe ruht noch immer das Bein von Pirat Störtebeker. Es handelt sich um das Originalbein, auf dem der wilde Freibeuter 1401 nach seiner Enthauptung an seinen Männern vorbei über den Grasbrook lief. Ganz bestimmt.

DER ALTE SCHWEDE

⑫

Zurück aus der Steinzeit

Elbstrand Övelgönne, 22605 Hamburg (Stadtteil Övelgönne, Bezirk Altona)
Bus 286 (Halbmondsweg)

Als der Alte Schwede sich auf den Weg nach Hamburg machte, waren große Teile Mitteleuropas von Gletschern bedeckt. Auf dem Festland umspannte die Vergletscherung Tausende Quadratkilometer. Es wuchs kilometerdickes Eis – eine zähe Masse, die langsam seitlich zu fließen begann. Im flachen Gelände wurde sie durch ihr Eigengewicht

angeschoben und man geht heute davon aus, dass die Mitte der riesigen Eisfläche über Schweden lag. Von dort floss das Eis in alle Richtungen ab, weshalb überwiegend schwedisches Gestein nach Mitteleuropa gelangte. Die Eismasse schob sich solange vorwärts, bis der Rand des Gletschers eine Klimazone erreichte, in der sich winterliche Vereisung und sommerliches Abschmelzen die Waage hielten. An diesen Stellen, wo der Gletscherrand für längere Zeit stabil blieb, bildeten sich Endmoränen, wallartige Anhäufungen aus Eis und Gestein. Eine solche Endmoräne ist auch der steil abfallende Geesthang entlang des westlichen Elbufers. Wo hingegen das Schmelzwasser des Eises abfließen konnte, entstanden Urstromtäler. Viele führen längst kein Wasser mehr. Das Elbe-Urstromtal des Gletschers, der sich aus Schweden Richtung Hamburg schob, wurde zum Flussbett der Elbe. Das mitgeschleppte Geröll bzw. „Geschiebe" birgt bemerkenswerte Fundstücke, die Hinweise auf den Ursprungsort des Gletschers liefern. Ein solches Fundstück ist der Alte Schwede, ein Findling, an dessen Nordseite deutlich Gletscherschrammen anderer Felsbrocken zu erkennen sind, die an ihm entlanggeschoben wurden. Wenn man bei Ebbe an der Elbe spazierengeht, findet man manchmal versteinerte Knochensplitter, ebenfalls Überreste aus der Eiszeit. Auf den ersten Blick sehen sie wie Holzstücke aus, doch bei genauerer Betrachtung der glänzenden braunen Splitter, entdeckt man winzige Röhren im Material. Es sind die Querschnitte der Knochenbälkchen, die sich selbst nach etlichen tausend Jahren im versteinerten Knochen noch gut erkennen lassen. Sie bildeten ein netzähnliches Gewebe um das Knochenmark.

Die Reise des Alten Schweden begann in Skandinavien. Hamburgs schwergewichtiger Einwanderer besteht aus grauem Växjö-Granit und die Zugehörigkeit des riesigen Findlings zu Graniten aus Ostsmåland in Schweden gilt als gesichert. Er ist der größte und älteste Findlingsfund Deutschlands und wurde im Jahr 2000 feierlich in Anwesenheit des schwedischen Konsuls mit Elbwasser getauft.

DER DANEBROG IN ALTONA

⑬

Mit dem Anschluss an Preußen begann der Untergang

Klopstockstraße 29, 22765 Altona (Stadtteil Altona, Bezirk Altona)
S1, S3, S11 (Altona), Busse 111 und 112 (Elbberg)

Dänemark erklärt seine Nationalflagge, den Danebrog, voller Stolz zur ältesten der Welt. Der Danebrog soll der Sage nach im frühen 13. Jahrhundert vor einer Schlacht gegen Estland vom Himmel gefallen sein. In Altona hängt der Danebrog noch ein einziges Mal in der Öffentlichkeit. Seit eh und je weht er in der Klopstockstraße 29 hoch über der Straße aus einer hübschen weißen Stadtvilla im klassizistischen Stil, die früher das dänische Zollhaus war.

Der Anschluss an Preußen bedeutete für das vormals dänische Altona eine schwere Zeit. Unter dänischer Flagge war Altona über 200 Jahre die größte Stadt Schleswig-Holsteins gewesen und eine der wichtigsten Städte des Dänischen Königreichs. Mit dem Jahr 1866 sank Altona zu einer durchschnittlichen preußischen Provinzstadt herab und sah neben der rivalisierenden Nachbarstadt Hamburg seine wirtschaftliche Macht und Unabhängigkeit schwinden. Die freie Reichsstadt Hamburg behielt als Stadtstaat zwei Drittel ihrer Steuereinkünfte zur eigenen Verfügung, während der preußischen Provinzstadt Altona nach preußischem Gesetz nur ein Drittel ihrer eigenen Steuereinnahmen blieben.

Noch schwieriger wurde die Lage für Altona durch den vorübergehenden Anschluss an das Hamburger Zollgebiet, eine Übergangszeit bis zum Zollanschluss im Jahr 1888. Die Jahre zwischen dem Anschluss an Preußen und dem Zollanschluss bedeuteten für Altona, vom übrigen Schleswig-Holstein abgeschnitten zu sein, was die Stadt wirtschaftlich schwächte. Zu gleicher Zeit begann der Vormarsch der Dampfschiffe im Seehandel. Altona fehlten die finanziellen Mittel, den Segelschiffhafen der Stadt technisch an die neuen Verhältnisse der Dampfschifffahrt anzupassen, um als Handelsstadt auf dem Laufenden zu bleiben. In der Folge begann der Altonaer Hafen einzugehen und die großen Zeiten des Überseehandels waren vorüber.

Altona verlor nicht nur auf See den Anschluss an die Moderne, sondern auch auf dem Festland. Der Konkurrenzdruck der Freien und Hansestadt Hamburg erwies sich als übermächtig. Die Hälfte der Handelsfirmen mit ehemaligem Stammsitz in Altona hatte während der Jahre 1867–1888 in der Hoffnung auf gewinnträchtige Geschäftsabschlüsse ihren Firmensitz nach Hamburg verlegt oder war insolvent gegangen. Die reiche Fischhandelsstadt sank zur Stadt der Armen herab und sieben Jahre nach dem Zollanschluss war die Arbeitslosenquote von Altona die höchste im Deutschen Reich.

DIE SCHIFFSGLOCKE DER „PRÄSIDENT FREIHERR VON MALTZAHN“ ⑭

Im alten Museumshafen

Museumshafen Övelgönne, Fährenleger Neumühlen, 22763 Hamburg (Stadtteil Övelgönne, Bezirk Altona)
Bus 112 (Neumühlen/Övelgönne)

Das große alte Schiff liegt am Fähranleger vor Anker und schon von Weitem ist am Bug die signalrot lackierte Ankerwinsch zu sehen. Die beste Entdeckung an Bord der „Präsident Freiherr von Maltzahn“ ist die schwere alte Messingglocke, die versteckt am Bug aufgehängt ist. Ihr voller, dunkler Ton ist weithin zu hören. Besucher dürfen gern an Bord kommen, selbst läuten und ausgiebig auf dem Schiff herumstreifen und alles entdecken, was es zu sehen gibt. Die „Präsident Freiherr von Maltzahn“ ist 1928 auf der Sietas-Werft, die noch heute in Betrieb ist und die älteste Werft Deutschlands ist, in Cranz gebaut worden. Namensgeber des Schiffes war Maltzahn, seinerzeit Präsident des Fischereiverbandes Rügen.

Das Schiff ist ein originaler Finkenwerder Fischkutter und gehörte früher den beiden Fischern Fock und Holst, die die Fischerei auf dem Kutter „in Mackerschaft“, also als Teilhaber betrieben. Ende des 19. Jahrhunderts war Finkenwerder der bedeutendste Fischereistandort schlechthin. Man kann sich das heute kaum noch vorstellen, denn die Insel ist relativ klein und niemand kann dort heute mehr vom Fischfang leben. Vor 120 Jahren dagegen bot sich noch ein völlig anderes Bild dar. Damals war die Fischereiflotte der kleinen Elbinsel die Größte im gesamten Deutschen Reich. Aus dieser Zeit stammt die „Präsident Freiherr von Maltzahn“ und man spürt an Bord des Schiffes noch etwas von den wilden Zeiten der Hochseefischerei. Es gibt unendlich viel an Bord zu sehen: Masten, Wanten, stehendes und laufendes Gut, das durch die Hände der Vereinsmitglieder ging und in jahrelanger Arbeit liebevoll und sorgfältig restauriert wurde.

Der Museumshafen Övelgönne ist in Deutschland der Älteste seiner Art. Ein einmaliges Freiluftmuseum, das restaurierte Dampfschlepper, Ewer, Kutter, Tjalken und Eisbrecher vor Anker oder mit Besuchern an Bord in Fahrt vorführt und damit den Arbeitsalltag auf Elbe und Nordsee dokumentiert. Es ist kein staatliches Museum, sondern eine Initiative von Freunden der Hamburgischen Seefahrtsgeschichte. Die Schiffe sind von Liebhabern und Fachleuten mit privaten Mitteln gekauft und instandgesetzt worden. Bei dem Feuerschiff „Elbe 3“ handelt es sich sogar um das älteste Feuerschiff der Welt, das mittwochs ab zehn Uhr für Besichtigungen an Bord geöffnet ist. Wer sich für historische und bis heute seetüchtige Schiffe interessiert, sollte auch einmal den Traditionshafen der HafenCity besuchen.

DIE GROTTE AM ALTONAER BALKON

(15)

Der Zauber der alten Elbparks

Altonaer Balkon, Palmaille, 22767 Hamburg (Stadtteil Altona, Bezirk Altona)
Busse 111 und 112 (Elbberg)

Die Grünanlage Altonaer Balkon, südlich des Rathauses an der alten Prachtstraße Palmaille gelegen, ist der erste von vier in west-östlicher Richtung aufeinander folgenden Parks auf dem Elbhang. Das Wahrzeichen des Altonaer Balkons ist die Kupferskulptur „Fischer" (1968) von Gerhard Brandes. Eine Treppe mit verbogenem Geländer führt zu einer entlegenen Grotte, ein romantischer Schlupfwinkel, der mehrere Meter weit in den Elbhang hineinführt und im Jahr 1902 künstlich angelegt wurde. Früher rauschte in der Grotte sogar ein von Landschaftsarchitekten angelegter Wasserfall. Das künstliche Naturschauspiel erfüllte allerdings einen ganz praktischen Zweck, während sein lieblicher Anblick bloß ein hübscher Nebeneffekt war.

Aufgabe des Wasserfalls war es, das Wasser des Stuhlmannbrunnens zur Elbe zurückzuleiten. Der imposante Brunnen auf dem früheren Kaiserplatz, heute Platz der Republik, ist sehr viel älter als Altonas Abwassersystem. Und es rauschen immerhin 60 m^3 Wasser pro Stunde an den beiden kämpfenden Zentauren hinab. Wohin mit all dem Wasser? Aus Gründen der Sparsamkeit war der prachtvolle Brunnen, der die Nachbarstädte Altona und Hamburg im Clinch um die Fischereirechte darstellt, in der alten Zeit nur am Sonntag und einem weiteren Tag in der Woche in Betrieb. Um das Brunnenwasser zur Elbe zurückzuleiten, wurden Rohre zum Altonaer Balkon verlegt und in rauschenden Kaskaden stürzte es die Wände der kleinen Grotte hinab.

Der zweite Park ist der westlich vom Altonaer Balkon gelegene Heine-Park. Kaufmann John Blacker ließ hier Ende des 18. Jahrhunderts einen englischen Garten anlegen. 1812 kaufte Bankier Salomon Heine das Grundstück und sein Neffe Heinrich Heine war oft bei ihm zu Gast. Hinter dem Heine-Park liegt der Donner-Park. Es scheint heute unvorstellbar, aber hier stand wirklich einmal ein Schloss mit einem künstlich angelegten See. Bankier Conrad Hinrich Donner hatte sich sein „Donnerschloss" bauen lassen. In Ottensen ist außerdem noch eine Straße nach der einflussreichen Altonaer Familie Donner benannt. Die Bomben des Zweiten Weltkriegs zerstörten das herrschaftliche Donnerschloss. Als im Winter noch viel Schnee fiel und die Wiesen tief einschneiten, war Donners Park eine der besten Rodelbahnen im Hamburger Westen. Park Nummer Vier, der Rosengarten, erhielt seinen Namen im Jahr 1914, als er zum 250-jährigen Bestehen der Stadt Altona im Rahmen einer großen Gartenausstellung angelegt wurde.

DAS AUSWANDERERDENKMAL (16)

Auf nach Amerika!

Elbberg, 22767 Hamburg (Stadtteil Neumühlen, Bezirk Altona)
Bus 112 (Elbberg)

Mit der kleinen Skulptur auf dem Elbberg erinnert die Kroatische Kulturgemeinschaft Hamburg an alle Auswanderer, die aus dem Hamburger Hafen in die Neue Welt gelangten. Viele kamen aus Osteuropa und Russland nach Hamburg, um von dort aus nach Amerika aufzubrechen. Wie in einem Kaleidoskop zeigt Künstlerin Ljubica Matulec die Bedrängnis, in der sie auf ihrer Reise lebten. Die Skulptur wirkt als Mahnmal und stellt den Andrang auf die Schiffe dar. Sie zeigt ein Stück Lebensgeschichte der Auswanderer und man bekommt als Betrachter eine Ahnung von der gedrängten Dichte und den katastrophalen hygienischen Verhältnissen, die auf den Schiffen herrschten und viele Passagiere das Leben kosteten. Man sieht die verzweifelte Anstrengung der Familien, die sich in der Fremde aneinander festzuhalten versuchen, um zusammen zu bleiben. Oben steht eine Figur, die mit der Hand die Augen beschattet, als könnte sie schon die Freiheitsstatue im Hafen von New York sehen.

Die meisten Auswanderer verließen Europa aus wirtschaftlicher Not. Oft waren es Handwerker und Bauern, die kaum noch ihre Familien ernähren konnten. Gerade junge Menschen lockte der Aufbruch aus der Heimat und die Aussicht auf einen Neuanfang in hoffnungsvolleren Verhältnissen. Viele waren mittellos, während andere ihren Besitz verkauft hatten, um in Amerika fruchtbares Ackerland zu erwerben.

In der Geschichte der deutschen Auswanderung kommt dem Hamburger Hafen eine besondere Bedeutung zu. Untrennbar verbunden mit dem Schicksal der Auswanderer ist der Name Albert Ballin. Als junger Reeder bei der HAPAG veränderte er den Auswandererbetrieb im Hamburger Hafen grundlegend. Ballin erkannte, wie wichtig die Auswanderer für den Geschäftsbetrieb der HAPAG waren. Er führte Fahrpreise der 3. Klasse ein und versorgte die Zwischendeckpassagiere, die vorher wie Frachtgut behandelt worden waren, in den von ihm gegründeten Auswandererhallen in Veddel mit angemessener Unterbringung und Verpflegung.

Die Skulptur wurde der Stadt Hamburg von der Kroatischen Kulturgemeinschaft zum 800. Hafengeburtstag geschenkt. Aus dem Hafen fuhren zwischen 1850 und 1933 fünf Millionen Menschen auf Auswandererschiffen nach Amerika. Dann kamen die Nazis an die Macht. Blinder Hass und mörderische Gewalt breiteten sich rasend aus. Politisch Verfolgte aus ganz Europa sahen sich gezwungen, ihre Heimat zu verlassen, um ihr Leben zu retten.

Die Bronzeskulptur von Künstlerin Matulec war ursprünglich aus Holz geschnitzt. Dieses war über die Jahre jedoch morsch geworden und musste durch einen Bronzeguss ersetzt werden.

DAS KLEINE BRONZEMODELL DES ALTONAER STADTWAPPENS

17

Altonas Meisterstreich gegen Hamburg

Große Elbstraße 9, 22767 Hamburg (Stadtteil Altona, Bezirk Altona)
Bus 112 (Fischmarkt)

Nur ein einziges Mal findet sich in Altona ein dreidimensionales Modell des Stadtwappens. Im Gegensatz zum Hamburger Stadttor wird das Stadttor von Altona auf dem Altonaer Wappen und allen Abbildungen mit gastfreundlich geöffneten Pforten dargestellt. Das kleine Bronzemodell ist so gut versteckt, dass man es leicht übersieht oder es höchstens rein zufällig entdeckt. Man sieht es von der Großen Elbstraße aus über der Uhr am Eingang der Fischauktionshalle. Seit Altona und Hamburg 1937 zu einer Stadt zusammengeschlossen wurden, findet hier nicht mehr Sonntag für Sonntag der Altonaer Fischmarkt, sondern der *Hamburger* Fischmarkt statt. Sonntags deshalb, weil den *Altonaer* Fischern früher, bevor es geeignete Kühltechniken gab, vom Samstag bis zum Montag der Fang verdarb. Deshalb forderten sie von den Stadtvätern eine Regelung, die es erlaubte, sonntags ihren Fisch frisch zu verkaufen. 1703 verlieh ihnen die „Magistratsverordnung wegen der Fischer“ das Recht zum sonntäglichen Handel. Allerdings wurde bereits damals festgelegt, dass der Markt früh zu beginnen und pünktlich zu enden habe, damit die Fischerfamilien rechtzeitig zum Gottesdienst in der Kirche sein konnten.

1713 nach dem Dänisch-Schwedischen Krieg, als Altona von den Schweden weitgehend abgebrannt worden war, ließ Präsident Detlev Christian von Reventlow den Fischmarkt im Zuge des Wiederaufbaus vergrößern. Den Obst- und Gemüsehandel verlegte er an den Hafen. Dieser neue, für den Schiffsverkehr günstigere Standort, lockte Bauern aus den Vierlanden nach Altona.

Altona gehörte damals zum Königreich Dänemark und zwischen dem kleinen Fischerdorf und der Freien und Hansestadt Hamburg herrschte ein erbitterter Konkurrenzkampf. Der Stuhlmannbrunnen, eine imposante Brunnenanlage auf dem Platz der Republik, zeigt, wie Hamburg und Altona damals im Clinch um den Fisch lagen. 1870 zog Hamburgs Fischmarkt an die damalige Stadtgrenze nach St. Pauli um. Man rückte dem Rivalen kurzerhand auf die Pelle. Innerhalb kürzester Zeit stellten Altonaer Kaufleute genügend Geld zur Verfügung, um den Altonaer Fischmarkt durch Ankauf weiterer Grundstücke zu vergrößern. Der Erfolg war durchschlagend und bereits zwei Jahre später, nach der ersten Fischauktion im Jahr 1887 waren die Hamburger geschlagen. Altona stieg zum bedeutendsten Fischereihafen des Kaiserreichs auf. Als die ursprüngliche, aus Holz gebaute Halle, vergrößert werden musste, wurde sie 1896 durch die heutige alte Fischauktionshalle ersetzt.

FRAUENFREILUFTGALERIE

⑱

Ohne Not geht niemand zu den Fischen

Große Elbstraße 152, 22767 Hamburg (Stadtteil Altona-Altstadt, Bezirk Altona)
www.frauenfreiluftgalerie.de
Führungen nach Vereinbarung unter 040 392551
S1, S2, S3 (Königstraße)

Was man beim Vorübergehen an den Fischhandlungen und maritimen Restaurants auf den ersten Blick für Dekoration hält, ist in Wirklichkeit Hamburger Zeitgeschichte von Frauen. In der Großen Elbstraße in Altona entstand auf Initiative der FrauenFreiluftGalerie eine Galerie aus von Frauen gemalten Wandbildern. Bis heute sind sechzehn Kunstwerke entstanden und ihr zentrales Thema ist Frauenarbeit in Hamburg. Die flächendeckenden Darstellungen zeigen in bunten Farben die Geschichte von Hafenarbeiterinnen verschiedenster Gewerbe. Abgebildet werden die Tätigkeiten der Arbeiterinnen im Hamburger Hafen und die Bedingungen, unter denen sie arbeiten mussten. Über tausend Frauen waren KZ-Häftlinge aus Auschwitz. Sie wurden zum Arbeitseinsatz nach Hamburg abkommandiert und man brachte sie in einem Lager in Hamburg-Veddel, an der Mündung von Hansahafen und Saalehafen, unter.

Das erste große Wandbild der FrauenFreiluftGalerie trägt den Titel *Frauen in der Fischindustrie* und entstand in der Großen Elbstraße 152 am Gebäude des Restaurants Hummer Pedersen. Die drei Künstlerinnen Cecilia Herrero, Janet Pavone und Hildegund Schuster kamen 1994 aus Argentinien, New York und Hamburg zu dieser Gemeinschafsarbeit zusammen. Ihr Bild zeigt, wie die Arbeiterinnen in der Fischindustrie in Kälte, Nässe und Zugluft arbeiten mussten. Der Gestank der Fische blieb an Händen, Gesicht und Kleidung hängen. Sie mussten Akkordarbeit leisten, doch ihr Lohn lag mehr als ein Drittel unterhalb der Löhne männlicher Arbeiter. „Ohne Not geht niemand zu den Fischen", hieß es deshalb. Im selben Jahr gestalteten die drei Künstlerinnen ein weiteres Wandbild in der Großen Elbstraße 164. Das Bild heißt *Frauen bei der Kaffee-, Tabak- und Bananenernte.* Hamburg ist Europas größter Importhafen für Bananen und Rohkaffee. Die Künstlerinnen machen auf die schlimmen Arbeitsbedingungen auf den Plantagen aufmerksam. An der kleinen Treppenmauer des Restaurants Marseille in der Großen Elbstraße 164 sieht man ein weiteres Wandbild, das 1997 entstand. Es handelt von den Putzfrauen im Hamburger Hafen und trägt den Titel *Wisch und weg.*

Die Tradition monumentaler Wandgemälde mit sozialkritischen Darstellungen (sog. *Murales*, von *Muro* = Wand) stammt aus Mexiko City. Einer der wichtigsten Vertreter des großformatigen Muralismo war Diego Rivera, Ehemann von Frida Kahlo. Weil große Teile der mexikanischen Bevölkerung in den 20er-Jahren Analphabeten waren, sagten ihnen Bilder mehr als Worte.

DIE SEPHARDISCHEN MARMORGRÄBER

⑲

Wie kommen Totenköpfe auf einen jüdischen Friedhof?

Jüdischer Friedhof Altona, Königstraße 10a, 22767 Hamburg (Stadtteil Altona-Altstadt, Bezirk Altona)
April bis September: Dienstag, Donnerstag 15–18 Uhr, Sonntag 14–17 Uhr. Oktober bis März: Dienstag, Donnerstag, Sonntag 14–17 Uhr (an jüdischen Feiertagen geschlossen). Die Stiftung Denkmalpflege Hamburg bietet sonntags um 12 Uhr Führungen an. Teilnahme für Erwachsene: 5 Euro
www.juedischer-friedhof-altona.de
S1, S2, S3 (Königstraße), Bus 283 (Blücherstraße)

Archaisch und verwegen wirken die weißen Schädel auf den Grabsteinen. Unwillkürlich denkt man bei ihrem Anblick an Piratenfilme und wundert sich darüber, ihnen auf einem jahrhundertealten sephardischen Friedhof zu begegnen. Doch die Totenköpfe auf den geheimnisvollen Marmorgräbern sind keine jüdischen Symbole. Sie tauchen auf den Grabmalen der Sephardim als Spuren lokaler Traditionen ihrer Heimat, der iberischen Halbinsel, auf, von der sie im 15. Jahrhundert wegen ihres Glaubens vertrieben wurden. Viele mussten die katholische Zwangstaufe über sich ergehen lassen, um ihrer Ermordung zu entgehen. Auf der Flucht vor Verfolgung und Hass der katholischen Kirche fanden die Sephardim eine neue Heimat in den Hafenstädten Europas, allen voran Hamburg, wo sephardische Juden seit Ende des 16. Jahrhunderts lebten. Der Hamburger Senat begrüßte die neuen Bürger der Stadt, denn Portugals Juden waren Kaufleute, hatten Handelserfahrung mit der „Neuen Welt" und bereicherten die Kaufmannsstadt Hamburg.

Neben den Gräbern der Sephardim liegt der aschkenasische Bereich des Jüdischen Friedhofs. Die Aschkenasim waren Juden aus Deutschland und Osteuropa. Während die Grabmale der Sephardim auf dem Erdreich ruhen, sind die Grabsteine der Aschkenasim senkrecht aufgerichtet. Ein stiller Zauber geht von den dunkelgrünen Steinen aus, von denen viele ein Händepaar und eine Krone aufweisen. Was hat es damit auf sich? Die Krone symbolisiert die Tora (aschkenasisch Tauroh), die fünf Bücher Moses, die Teil der Heiligen Schrift der Juden sind. Das Händepaar stellt die Hände des segnenden Priesters dar. Das hebräische Wort für Priester lautet „Cohn", ein häufiger jüdischer Familienname. Auf vielen Grabsteinen stellen die Hände also zugleich den segnenden Priester und den Familiennamen der Toten dar. Der sephardische und der aschkenasische Friedhof waren in alter Zeit durch eine Mauer und Bäume voneinander getrennt, die längst verschwunden sind.

Entstanden ist der Friedhof, auf dem die Hamburger Sephardim über 250 Jahre lang ihre Toten bestatteten, im Jahr 1611. Damals kauften portugiesische Kaufleute dem Grafen Ernst III. von Holstein-Schaumburg das Landstück ab, um einen eigenen Friedhof zu haben. Im Kaufvertrag wurde geregelt, dass die Bestattungszeremonien „ohne Singen und Clingen", d. h. ohne Gesang und Musik, abgehalten werden mussten, weil sich die christliche Gemeinde daran gestört hätte.

DER ALTONAER MERIDIAN

20

Altonas Sternstunde der Geodäsie

S-Bahnhof Königstraße, 22767 Hamburg (Stadtteil Altona-Altstadt, Bezirk Altona)
S1, S2, S3 (Königstraße)

Ein Stipendium führte den jungen Astronomen Hans Christian Schumacher (1780–1850) nach Göttingen, wo er dem Mann begegnete, der sein Leitstern werden sollte: Professor Carl Friedrich Gauß, Begründer der geodätischen Triangulation, der exakten geographischen Ortsbestimmung mit Hilfe von drei Punkten. Unter Anleitung des nur drei Jahre älteren Professors begeisterte Schumacher sich für die Geodäsie. Bei seiner Berufung zum Astronomen an die Sternwarten von Mannheim und kurz darauf Kopenhagen wollte der junge Forscher allerdings am liebsten davonlaufen, so schäbig war damals der Zustand beider Observatorien.

Um unabhängig von altersschwachen Sternwarten geodätische Messungen betreiben zu können, bat Schumacher den König von Dänemark um technische Ausrüstung zur Vermessung der großen dänischen Halbinsel Jütland von Skagen bis Lauenburg. Als der König einwilligte, gelang es dem enthusiastischen jungen Wissenschaftler, seinen Freund Professor Gauß als Mitarbeiter zu gewinnen. So war es möglich, dass die Messdaten Jütlands in das von Gauß in Göttingen begründete Vermessungsnetz Europas einbezogen werden konnten. Wie wurde gemessen? Bei der Triangulation wird zunächst ein Punkt festgelegt, von dem aus zwei weitere, möglichst markante Punkte wie etwa Kirchtürme anvisiert werden, sodass ein Dreieck entsteht, dessen Winkel anschließend bestimmt werden. Ist bei dem so konstruierten Dreieck eine Seitenlänge bekannt, lassen sich mit Hilfe der gemessenen Winkel auch die beiden anderen berechnen. Danach kann jede neu errechnete Seitenlänge wiederum als Basislänge des nächsten Dreiecks zugrunde gelegt werden, bis ein Netz aus gemessenen Punkten entstanden ist. Zuletzt müssen zur geographischen Verortung der vermessenen Fläche für mindestens einen Messpunkt Längen- und Breitengrad bestimmt werden.

In der Altonaer Palmaille kaufte Schumacher ein Haus mit Garten und ließ auf seinem Grundstück einen Meridiankreis aufstellen, der zum Nullpunkt des Vermessungsnetzes auf Jütland wurde. Zur Verbindung seines Gartenmeridians mit dem dänischen Vermessungsnetz ging der Altonaer Astronom erfinderisch vor und entwarf das erste geodätische Dreieck aus seinem Gartenmeridian, der Kirchturmspitze des Hamburger Michels, den er vom Fenster aus sehen konnte, und einem Nagel im Fensterbrett seines Arbeitszimmers. Am S-Bahnhof Königstraße erinnert eine in den Boden eingelassene Bronzeschiene an den Verlauf des Schumacherschen Altonaer Meridians.

DER SCHELLFISCHTUNNEL

(21)

Geheimes Gleis im Dunkeln

Elbberg, 22767 Hamburg (Stadtteil Neumühlen, Bezirk Altona)
Bus 112 (Elbberg)

Seine Zeit ist abgelaufen und zurück bleibt ein wilder, geheimnisvoller Ort. Die meisten Besucher sehen sich den Schellfischtunnel straßenseitig vom Elbberg aus, hinter der Abzweigung an der Kaistraße an, wie man an dem kleinen Trampelpfad hinter dem Straßengeländer erkennt. Von dort hat man einen Blick auf das helle Absperrgitter mit der Eisenbahn in der Mitte. Geht man um das Gebäude mit dem grünen Dach, den von Hadi Teherani erbauten Elbcampus (auf dem Gelände Elbberg 8), herum, gelangt man an ein Absperrgitter mittlerer Höhe. Von hier aus sieht man den geheimnisvollen alten Tunnel aus unmittelbarer Nähe. Das stillgelegte Gleis stammt aus der Zeit der Altonaer Hafenbahn, als Altona noch zum Königreich Dänemark gehörte. Die Hafenbahn transportierte ab 1845 frischen Fisch vom damals neuerbauten Altonaer Kai an der Elbe, wo unten in Neumühlen das Altonaer Kühlhaus (heute Altenstift Augustinum) stand. Auf ihrem unterirdischen Gleis fuhr die Hafenbahn ab 1876 durch den Geesthang, unter der Klopstockstraße und Palmaille hindurch, zum früheren Altonaer Bahnhof. Das damalige Bahnhofsgebäude ist heute das stattliche weiße Altonaer Rathaus am Platz der Republik.

Man kann sich heute kaum noch vorstellen, mit welchem immensen Aufwand vor dem Bau des Schellfischtunnels verderbliche Waren wie frisch gefangener Fisch aus dem Altonaer Hafen 30 Meter den Geesthang hinauf nach Altona transportiert wurden. Frische Waren, die am Kai auf Eisenbahnwagen geladen worden waren, wurden auf Schlitten verfrachtet und an einer Seilbahn den Geesthang hinaufgehievt. Ein Pferdegöpelwerk, das später durch eine Dampfmaschine ersetzt wurde, setzte die Seilbahn in Bewegung. Etliche Zentner wurden Tag für Tag auf diese Weise transportiert.

Technisch wäre es schon sehr viel eher möglich gewesen, eine Tunnelbahn zu bauen. Doch die Kosten waren erheblich und die Altonaer Kaufleute wollten kein unkalkulierbares finanzielles Risiko eingehen, sondern zunächst lieber abwarten, ob sich das Geschäft mit der Altonaer Hafenbahn als rentabel erweisen würde, was es tat. Der Bau eines Tunnels sollte sich also lohnen. Mit der direkten Verbindung von Gleis und Hafen vervielfachte sich der Warenumschlag im Altonaer Fischereihafen und Altonas rasanter Aufstieg zur Fischereihauptstadt von Europa begann. Seit 1889, als die Hafenbahn Altonas Schellfisch an die Ottenser Räuchereien zu liefern begann, wird der Hafenbahntunnel Schellfischtunnel genannt.

DER ELEFANT AM BLÜCHERDENKMAL

㉒

Höchster Orden des Dänischen Königreiches

Rathaus Altona, 22767 Hamburg (Stadtteil Altona, Bezirk Altona)
S1, S3 (Rathaus Altona)

Wo der Fußgängerweg vom Platz der Republik am Rathaus vorbei zum Elbhang führt, steht auf der Christianswiese das Denkmal Graf Konrad von Blüchers. Der Graf habe zu kurze Beine, stellte Schriftstellerin Charlotte Niese 1908 in ihren „Altonaer Erinnerungen" fest. Das Denkmal ist ein Bronzeguss, den die Altonaer Bürger aus eigener Tasche bezahlt hätten. Dabei wären sie von den Kosten überrumpelt worden und hätten, um das Budget nicht zu sprengen, die Länge der Beine etwas gekürzt. So zumindest heißt es in Nieses Erzählung. Bevor das Denkmal an der Christianswiese aufgestellt wurde, stand es vor dem Altonaer Rathaus in der Palmaille, doch es musste später dem Parkplatz weichen.

Unter seinem angewinkelten rechten Ellbogen trägt der Graf einen kleinen Elefanten. Es ist ein Hinweis auf den Elefantenorden, der dem Grafen vom dänischen König verliehen worden war. Der Elefantenorden ist der höchste und älteste Ritterorden Dänemarks, er geht zurück auf das 15. Jahrhundert und wurde nur an außergewöhnlich verdienstreiche Persönlichkeiten verliehen. Im 20. Jahrhundert erhielten den Orden zum Beispiel Königin Elizabeth II., Winston Churchill und Nelson Mandela. Der dänische König nominierte den Oberpräsidenten von Altona für die ranghöchste politische Liga der Welt.

Graf Blücher war als Oberpräsident Altonas ein Mann, der die Religionsfreiheit schützte und förderte. In Altona waren Juden oder Mennoniten ebenso angesehen wie Christen, durften aus freien Stücken Handel treiben, Geschäfte gründen und sich niederlassen. Doch das waren Privilegien der Freiheit und Weltoffenheit, die in Altona, das bis 1867 zu Dänemark gehörte, auch schon vor der Zeit des Grafen hochgehalten worden waren. Hamburgs Wappen zeigt ein geschlossenes Stadttor, wohingegen auf Altonas Wappen das Stadttor geöffnet ist.

Die dunkle Epoche, die bis heute eng mit Blüchers Namen verbunden wird, ist die „Franzosenzeit". Während der französischen Besatzung war Altonas Oberpräsident zu einem Helden der Menschlichkeit geworden und dafür hatte ihm der dänische König den Elefantenorden verliehen. Zu Blüchers mutigsten Maßnahmen im Widerstand gegen die grausamen Befehle des Besatzungsmarschalls Louis N. Davoust zählte die Aufnahme tausender Männer, Frauen und Kinder in Altona. Die Franzosen, die Hamburg zu einer Festung machen wollten, hatten alle Bewohner, die nicht für mindestens sechs Monate Vorräte vorweisen konnten, mitten im Winter aus der Stadt vertrieben. In Altona fanden sie Zuflucht.

DAS HAUS DER JUGEND

(23)

Bauhaus in Hamburg

Museumstraße 19, 22765 Hamburg (Stadtteil Altona-Altstadt, Bezirk Altona)
S1, S3, S11, S31 (Altona), Busse 15 und 288 (Rathaus Altona)

Hamburgs Architektur wird heute vorrangig mit Oberbaudirektor Fritz Schumacher und den Klinkerbauten des Backsteinexpressionismus assoziiert, die das Stadtbild prägen. Ein guter Freund Schumachers dagegen ist beinahe in Vergessenheit geraten: Architekt Gustav Oelsner (1879–1956) etablierte den Bauhausstil im damals noch preußischen Altona. Die von Oelsner, damals Bausenator Altonas, entworfene Gewerbeschule „Haus der Jugend", erbaut 1928–1930 am Platz der Republik beim Altonaer Rathaus, ist ein öffentliches Gebäude, das man ohne Weiteres von innen besichtigen kann.

Der elegante Stahlbetonbau war zu seiner Zeit revolutionär modern. Nicht nur, weil die Architektur sich in ihrer zeitlosen Schlichtheit vom damals gefragten Historismus abgrenzte, sondern auch wegen seines gesellschaftlichen Statements. Mitten in der repräsentativsten Umgebung Altonas, in unmittelbarer Nachbarschaft des Rathauses, tauchte plötzlich eine klare, lichtdurchflutete, lernfreundlich gebaute Berufsschule für Jugendliche und Arbeitslose auf. Bausenator Oelsner stellte die Klassenverhältnisse auf den Kopf, holte die Arbeiterschaft aus dem Schatten, ermutigte sie, sich zu zeigen, stellte sie städtebaulich gesehen in die erste Reihe. Der Bau vereint verschiedene Elemente von unterschiedlichen Geschosshöhen. Zum Rathaus hin ist das Haus der Jugend dreigeschossig, während das Gebäude über der Eingangshalle, in der sich die Aula befand, eine Höhe von sechs Etagen erreicht. Über eine flache, elegante Freitreppe gelangt man von der Straße zum Eingang, wovon zwei Kupfertüren ins Innere des Gebäudes führen.

Mit den Jahren wurden mehrere Umbaumaßnahmen in den Räumen vorgenommen, weshalb sie nicht mehr im Originalzustand zu sehen sind. Die Akustik in den Klassenräumen war problematisch, denn die Decken waren so hoch, dass es hallte, weshalb man sie abgesenkt hat. In Oelsners ursprünglich befreiend weitläufigen Fluren und Treppenhäusern mussten, modernen Brandschutzbestimmungen gemäß, Fluchttüren eingebaut werden, die den ursprünglichen Eindruck leider stark verändert haben. Wenige Jahre, nachdem das Haus der Jugend eröffnet worden war, begann die Hamburger NS-Zeit. Der Architekt musste aus Deutschland fliehen und ging nach Istanbul, wo er an der Akademie der Schönen Künste lehrte und Professor für Städtebau wurde. Nach dem Ende des Krieges wurde Max Brauer, gebürtiger Altonaer und Sozialdemokrat, Bürgermeister von Hamburg und holte seinen Freund Gustav Oelsner aus dem Exil nach Hamburg zurück.

DER APFELBAUM FÜR OTTO ERNST

(24)

Für Appelschnut und Papa

Fischers Park, Fischers Allee 24, 22763 Hamburg (Stadtteil Ottensen, Bezirk Altona)
Besichtigung des Arbeitszimmers Otto Ernsts nach Anmeldung unter 040 42888280
Bus 15 (Fischers Allee)

Otto Ernst war ein Altonaer Dichter und Schriftsteller. Seine Ballade „Nis Randers" ist ein temporeiches, musikalisches Sprachkunstwerk, das ein Leben lang im Ohr bleibt, wenn man es einmal für die Schule auswendig gelernt hat. Nur Anfang und Schluss des Gedichtes, in dem ein Schiffswrack im Gewitter vom Hamburger Ufer aus sichtbar wird, seien hier zitiert, weil sie Hamburger Kulturschatz sind: *„Krachen und Heulen und berstende Nacht/Dunkel und Flammen in rasender Jagd/Ein Schrei durch die Brandung!"* Nis Randers stürzt sich im Unwetter in die Elbe, entdeckt auf dem Wrack die Leiche seines eigenen Bruders und ruft zum Ufer: *„Sagt Mutter, 's ist Uwe!"* Man kann wohl annehmen, dass es sich um die berühmteste Gedichtzeile der Stadt Hamburg handelt.

Otto Ernst wurde als Sohn einer Zigarrendreherfamilie geboren und natürlich fragt man sich, warum eine ganze Altonaer Familie ausgerechnet das Gewerbe des Zigarrendrehens erlernt haben sollte. Doch Altona war früher Hochburg der Zigarrendreher, denn bis in die Fünfzigerjahre galt ein Verbot, Zigarren maschinell herzustellen. Otto Ernst selbst wurde Volksschullehrer, mit einem besonderen Engagement für reformerische Lehr- und Erziehungsmethoden. Die Reformpädagogik hat in Hamburg eine lange Tradition. Zeitgenossen Ernsts waren Heinrich Wolgast und Alfred Lichtwark, die in Hamburg konsequent für eine Erziehung auf der Seite des Kindes einstanden und den Unterricht über den traditionell preußischen Erziehungsstil von Strenge, Drill und Bestrafung hinausführten zu naturnahem Lernen an der frischen Luft, zu Tanz und Bewegung und der Ermutigung des Kindes, selbstständig seine Umwelt zu entdecken und gern zu lernen. Otto Ernsts Theaterstück „Flachsmann als Erzieher" traf den Nerv der Zeit und wurde, was für damalige Verhältnisse außergewöhnlich war und die Bedeutung seiner Arbeit deutlich macht, in 17 Sprachen übersetzt.

Der Dichter war ein liebevoller Vater und hinterließ einen berühmten Roman, den er seiner jüngsten Tochter gewidmet hatte. Das kleine Mädchen trug den Spitznamen „Appelschnut", auf hochdeutsch „Apfelmündchen", und war der Liebling der Familie. Das Haus der Ernsts steht heute noch in der Otto-Ernst-Straße 14 in Othmarschen, nur ein paar Meter vom Gelehrtengymnasium Christianeum entfernt, in dem ein Raum als Arbeitszimmer Otto Ernsts originalgetreu mit seinen eigenen Möbeln eingerichtet ist und besichtigt werden kann.

BARLACH AM ALTONAER RATHAUS

(25)

Frühwerk oder Jugendsünde?

Platz der Republik 1, 22765 Hamburg (Stadtteil Altona-Altstadt, Bezirk Altona)
S1, S11, S2, S3, S31 (Bahnhof Altona), Bus 288 (Rathaus Altona)

Ernst Barlach gilt heute in Europa als einer der bekanntesten Bildhauer des Expressionismus. Doch kaum jemand weiß, dass man mitten in Hamburg – außerhalb der Museen – einen „Nachlass" von Ernst Barlach findet. Er befindet sich am Altonaer Rathaus auf dem von Säulen getragenen Giebel über dem Eingang. Im Jahr 1897 erhielt der heute vergessene Hamburger Bildhauer Karl Garbers von der Stadt den Auftrag zu einem Entwurf für den Giebelschmuck des Rathauses. Sein Freund Ernst Barlach half ihm dabei.

Der Giebelschmuck zeigt eine Szene auf stürmischer See: Ein Mann in einem Boot kämpft sich damit ab, sich und seine Frau heil an Land zu rudern. In den Wellen lauern dämonische Gestalten mit angsteinflößenden Mienen. Finster rollen die Ungeheuer mit den Augen und gierig recken sie die Arme, um sich die lockende Beute zu holen. Doch das Fischerboot steht unter dem Schutz des Himmels. Ein großer Engel wandelt neben dem Boot auf den Wellen und seine Hand ruht auf dem Steven und führt das Boot sicher durch alle Gefahren hindurch an Land zurück. In einer zeitgenössischen Deutung des Giebelschmuckes heißt es recht pathetisch dazu: „So schildert die Füllung des Giebels, wie alle Bestrebungen, die die innere Ordnung zu untergraben drohen, durch den kraftvollen Geist der Stadtverwaltung überwunden werden."

Ernst Barlach wurde 1870 in Wedel, nahe der Hamburger Stadtgrenze, geboren. Sein Geburtsort ist von Hamburg aus mit der S-Bahn gut zu erreichen. Im Hamburger Jenischpark in Nienstedten steht das Ernst-Barlach-Haus (geöffnet Dienstag bis Sonntag von 11 bis 18 Uhr). Das kleine Museum entstand aus der Sammlung des Hamburger Zigarrenfabrikanten Hermann F. Reemtsma. Er hatte Ernst Barlach 1934 in dessen Werkstatt in Güstrow besucht. Reemtsma kaufte Barlachs Holzskulptur „Der Asket" und beauftragte den Künstler, seine Figurenreihe „Fries der Lauschenden" fertigzustellen. Nach dem Tod Ernst Barlachs im Jahr 1938 fuhr der Hamburger Mäzen, der bereits 20 Skulpturen und etliche Zeichnungen Barlachs gekauft hatte, fort, den Künstler und sein Werk einer breiten Öffentlichkeit bekannt zu machen. Er gründete eine Stiftung, stellte ihr seine Barlach-Sammlung zur Verfügung und eröffnete schließlich in Hamburg ein Museum, um seine Sammlung auszustellen. In hellen, großen Räumen zeigt das Ernst-Barlach-Haus zahlreiche der berühmten Holzskulpturen des Künstlers. Kein anderes Museum verfügt heute über einen vergleichbaren Bestand.

DAS GLEIS DER HISTORISCHEN INDUSTRIEBAHN (26)

Schienen zum Kohlensäurekönig und dem Kaiser der Schiffspropeller

FABRIK, Barnerstraße 36, 22765 Hamburg (Stadtteil Ottensen, Bezirk Altona)
Bus 283 (Fabrik)

„Schlange stehen ist eine tolle Gelegenheit, um Leute zu treffen, zu träumen oder zu spielen", hat US-Arzt Patch Adams einmal gesagt. Eins hat er vergessen: Unerwartete Entdeckungen. Wer beim Schlange stehen vor dem Kulturzentrum FABRIK kurz ausschert und dem Weg am Eingang vorbei nach links folgt, findet dort ein altes Bahngleis der Ottenser Industriebahn. Es führte früher zur Einfahrt der Kohlensäurewerke Rommenhöller.

Das Schienennetz der Ottenser Industriebahn umfasste 27 km und reichte von Langenfelde bis Ottensen. Erbaut zur Kaiserzeit im Jahr 1898, fuhren bis 1956 prachtvolle Dampflokomotiven durchs Wohngebiet. Nach dem Ende der Dampflokzeit wagte Hamburg etwas, das in Deutschland einmalig blieb und für kuriose Straßenbilder sorgte, die man nirgendwo sonst sah: Auf den Schienen der Industriebahn wurden Lkws als Zugmaschinen eingesetzt. Das ging ohne Weiteres, denn die Schienen verliefen komplett auf Straßenniveau. Ein dicker Lkw, der hinter sich einen Kesselwagen für das Kohlensäurewerk Rommenhöller oder einen riesigen Güterwaggon für die Propellerfirma Zeise herzog, war bis in die Achtzigerjahre ein ganz normaler Anblick in Ottensen.

Hier im Südnetz der Industriebahn mussten die Fahrer Nerven aus Stahl haben, um in den engen Straßen rund um die FABRIK beim Navigieren nicht verrückt zu werden. Das Südnetz begann im Bahnhof Gaußstraße, den es heute nicht mehr gibt. Früher hieß die Gaußstraße Borselstraße und hier lagen die Übergabebahnhöfe Borselstraße I und II, an denen die Gleiswagen zum Transport durch Ottensen bereitgestellt wurden. Die Lkws zogen sie durch die Erdmannstraße, die Barnerstraße mit der historischen FABRIK und zurück Richtung Bahrenfeld zur Wendestelle an der Daimlerstraße. Schienenreste wie die zu Rommenhöller in der Barnerstraße sind auch in Zeises ehemaligen Propellerwerken, den Zeisehallen, noch zu sehen.

Als die Industriebahn gegründet wurde, war Ottensen ein Industriestandort, an dem Tag und Nacht die Schornsteine qualmten. Armut und schlechte Ernährung führten dazu, dass sich Tuberkulose unter den Arbeitern rasend ausbreitete. In der Altersgruppe der 15- bis 40-Jährigen starb um 1880 jeder Zweite an Tbc. Die Krankheit trug den volkstümlichen Namen „die Motten". Unter den Fabrikarbeitern hieß Ottensen „die Mottenburg" – ein düsterer Hinweis auf die hohe Ansteckungsrate, die der „Mottenburger Straße" und der „Mottenburger Twiete" ihre Namen gab.

DIE ADOLF-JÄGER-KAMPFBAHN ALTONA

27

Stadion der DFB-Mitbegründer

Griegstraße 62, 22763 Altona (Stadtteil Altona, Bezirk Altona)
Veranstaltungen unter www.altona93.de
Busse 1, 150 und 250 (Griegstraße)

Unter dem Putz schaut schwarz-weiß-rotes Mauerwerk des ehemaligen Stadions hervor. Offenbar von historischer Bedeutung, wurde es beim letzten Neuanstrich der Mauer freigelassen. Was auch immer sich hier befindet, scheint alt zu sein. Adolf. Jäger. Kampfbahn. Drei Assoziationen zum Das-Weite-suchen. Ruhig dageblieben, verehrte Spaziergänger! Für seinen Vornamen hat der 18-fache Nationalspieler und Altona-93-Torjäger Adolf Jäger nichts gekonnt. Und das Wort „Kampfbahn" ist älter als beide Weltkriege und bezeichnet einen Platz, an dem Sportwettkämpfe ausgetragen wurden. Im Fall der Adolf-Jäger-Kampfbahn schon seit über 100 Jahren, denn hier wird seit 1908 gekickt.

Noch bevor der AFC (Altonaer Fußball-Club) überhaupt einen eigenen Trainingsplatz hatte, war er 1900 in Leipzig bei der Gründung des Deutschen Fußballbundes DFB dabei. Danach wurde das Platzproblem ins Auge gefasst. Wo heute die Adolf-Jäger-Kampfbahn liegt, hatten Kühe und Pferde gegrast, bis dann 1908 die Kicker anrückten. Die Weide wurde planiert, hieß jetzt „Rasen" und Altona 93 lief sich warm. Erster Gegner auf dem neuen Platz waren die Lübecker, die mit 7:1 vom Platz gefegt wurden. Bald wurde das erste große Stadion gebaut, in dem Platz für 27.000 Zuschauer war. Altona 93 hatte eine der größten Arenen im Deutschen Reich. Vor atemlosen 16.000 Zuschauern spielte der AFC hier zur Einweihung 1921 gegen den HSV ein souveränes 1:1. Zur Erfolgsgeschichte der Altonaer gehören die Jahre 1909 und 1914, in denen der AFC Norddeutscher Meister wurde. 1955 zog Altona 93 sogar ins DFB-Pokal-Halbfinale.

Fußball ist im multinationalen AFC gelebte Völkerfreundschaft. „Wir können nur offen sein und versuchen, Liebe auszustrahlen", sagte Trainer Berkan Algan auf die Frage, wie der AFC auf Rassismus im Hamburger Westen reagiert. Wladimir Bondarenko kam mit 30 Jahren 1995 aus der Ukraine nach Hamburg und zum AFC. „Ich hatte mein Leben lang Fußball gespielt, aber erst in diesem Moment verstand ich, über welche Integrationskraft der Fußball verfügt", sagte er in einem Interview. Bondarenko ließ die Internetseite des Vereins in zehn Sprachen übersetzen, u. a. Serbisch und Polnisch. Ein Flyer des AFC markiert auf der Weltkugel 40 Nationen, aus denen Spieler zum AFC gekommen sind. In seiner Satzung nennt der Verein „Integration" als eines seiner Ziele und fast die Hälfte der Vereinsmitglieder kommt aus Einwandererfamilien.

DAS STADTTEILARCHIV OTTENSEN

(28)

Hamburgs erste Geschichtswerkstatt

Zeißstraße 28, 22765 Hamburg (Stadtteil Ottensen, Bezirk Altona)
Dienstag und Mittwoch 9:30–13 und 14–16:30 Uhr, Donnerstag 14–19 Uhr,
Montag, Freitag geschlossen
S1, S2, S3, S31 (Altona)

Man darf die mit Tinte beschriebenen Postkarten in die Hand nehmen. Viele sind mit handkolorierten Fotografien dekoriert und vor über 100 Jahren verfasst worden. Dazwischen liegen Briefe, von denen die meisten in Sütterlinschrift geschrieben sind. Wer die „altdeutsche Schrift" lesen kann, versinkt im Briefverkehr von Liebenden und Weltenbummlern oder nimmt bewegt Anteil am wechselvollen Alltag von Familien und Freunden im alten Altona. Es ist tief berührend und ein unvergleichliches Erlebnis, so unmittelbar in eine längst vergangene Zeit einzutauchen.

Liest man über Hamburgs Geschichte, erfährt man von Karl dem Großen und Bischof Ansgar, vom Hamburger Hafen, von Napoleons Truppen und der Franzosenzeit, dem Aufstieg zum Welthafen, dem Großen Brand und der Cholera, dem barbarischen Menschenhandel im Kolonialismus, dem Terror der Nazis, den Schrecken der Konzentrationslager, den Luftangriffen der Operation Gomorrha und den großen Sturmfluten. Allein die Tatsache, dass Altona viele Jahre lang zu Dänemark gehörte, ist vielen nicht bekannt. Die Lebensgeschichten unbekannter Künstler, Arbeiter und Angestellter geraten mit ihrem Tod in Vergessenheit. Doch das Lebendigste an der Geschichte einer Stadt ist die Geschichte ihrer Menschen. In der Geschichtswerkstatt sieht man ihre Briefe und ihre Fotos und bekommt ein Bild von den Straßen und Häusern, in denen sie lebten.

Um die ungeschriebene Geschichte der Stadt zu bewahren, wurde 1980 das Stadtteilarchiv Ottensen e.V. gegründet. Von Anfang an stand mündlich überlieferte Geschichte (oral history) im Mittelpunkt der Recherche. Nicht über, sondern mit den Bewohnern wurde nachgeforscht, ihre Interviews lieferten oder ergänzten fehlendes Quellenmaterial. Unter reger Beteiligung der Altonaer Bevölkerung entwickelte sich das Archiv zu einem Fundbüro für Biografien und Dokumente des Alltagslebens. Die Quellen umfassen Jüdische Geschichte, die Arbeiterbewegung und Nachkriegsgeschichte bis hin zu aktuellen Themen wie Stadtentwicklung und Bürgerprotesten gegen Wohnungsnot und die Zerstörung historischer Gebäude und Straßenviertel durch profitbesessene Investoren.

Der Umzug der Geschichtswerkstatt 1986 in die historische Drahtstifte-Fabrik Feldtmann im Osterkirchenviertel geschah aus Platzgründen, aber vor allem, um den Erhalt des historischen Gebäudes zu sichern. Für den kleinen gemeinnützigen Verein war es ein Kampf um den Erhalt als Kulturgut. Sie haben ihn gewonnen, denn 1996 wurde der Großteil der Zeißstraße als architektonisches Zeugnis der Jahrhundertwende unter Denkmalschutz gestellt.

DIE GEDENKTAFELN FÜR DIE JÜDISCHEN GRÄBER (29)

Jüdischer Friedhof unter dem Einkaufszentrum

Mercado Center, Ottenser Hauptstraße 10, 22765 Hamburg (Stadtteil Ottensen, Bezirk Altona)
Öffnungszeiten Mercado Center: Montag bis Samstag 9:30 bis 20 Uhr
S1, S2, S3, S31 (Bahnhof Altona)

Es ist ein bizarrer Anblick. Im Plexiglas der angeschraubten Gedenktafeln für 4.500 jüdische Tote spiegelt sich die rote Neonschrift von Hennes & Mauritz. Die unauffälligen Tafeln wurden neben den Treppen zum Untergeschoss angebracht – letzte Etage über dem Erdreich des ehemaligen jüdischen Friedhofs. Das 1995 eröffnete Mercado Center in Ottensens Fußgängerzone ist seit seiner Eröffnung jeden Tag gut besucht. Dagegen ist beinahe in Vergessenheit geraten, welche aufsehenerregenden Ereignisse sich während der Bauphase abspielten.

Als nach dem Zweiten Weltkrieg das Gelände des jüdischen Friedhofs an die neu gegründete jüdische Gemeinde von Hamburg und die Jewish Trust Corporation for Germany zurückgegeben wurde, war von dem Friedhof äußerlich nichts mehr übrig. Die Leichenhalle und die Kapelle waren bereits 1937 abgerissen worden. Bis 1942 hatten die Nazis den Friedhof zerstört und als der Krieg endlich zu Ende war, brauchte die jüdische Gemeinde Hamburg dringend Geld, um das jüdische Leben in Hamburg wiederaufzubauen. Aus diesem Grund kam es 1950 zum Verkauf des Friedhofsgeländes an den Hertie-Konzern, der den Bau eines Kaufhauses in Ottensen plante. Bei der Ausschachtung des Bodens stieß man auf die Gebeine der Toten und sie wurden auf den Ohlsdorfer Friedhof umgebettet.

Im Jahr 1990 wurde eine Firmengruppe zum neuen Eigentümer des Areals. Bald fiel die Entscheidung, das Hertie-Kaufhaus abzureißen und das Gelände mit einer Einkaufspassage, dem Mercado Center, neu zu bebauen. Der Beginn der neuerlichen Ausschachtung des Erdreichs führte zu einem Eklat: Als Bagger die Trümmer jüdischer Grabstätten und menschliche Knochen zutage förderten, folgten weltweite Proteste gegen die Fortsetzung der Bauarbeiten. Vor dem entstehenden Mercado Center demonstrierten Juden aus aller Welt und forderten, die Ruhe der Toten zu achten. Fotos von damals zeigen den bizarren Anblick orthodox gekleideter Juden, die ungeachtet der Unfallgefahr entschlossen zusammen über die Bauschutthalden stiefeln. Der Jerusalemer Oberrabbiner Itzhak Kolitz wurde als Gutachter nach Altona bestellt. Unter eingeschränkten Bedingungen erlaubte er den Abschluss der Bauarbeiten. Das Erdreich durfte nicht weiter ausgeschachtet und die Ruhe der Toten nicht länger durch Tiefbauarbeiten gestört werden. Eine Betonplatte wurde darüber gegossen, um verbliebene Grabstätten und Gebeine möglichst unversehrt zu lassen.

DER ALTONAER BAHNWASSERTURM

30

Gute alte Zeit der Dampflokomotiven

Bahnhof Altona, 22767 Hamburg (Bezirk Altona)
S1, S2, S3, S21, S31 (Altona)

Selbst für die meisten Hamburger beginnt das große Rätselraten, wenn sie mit der S-Bahn auf den Altonaer Bahnhof zufahren. Weithin sichtbar steht zwischen den Gleisen, von Strommasten und elektrischen Leitungen umgeben, ein eigenartiger heller Turm mit einer kleinen Fensterreihe unter dem Dach. Da der Turm eine gute Sicht über die Gleise bietet, denkt man, es sei das Häuschen eines Schrankenwärters oder Weichenstellers, dabei handelt es sich um den Bahnwasserturm von Altona. Er war 1955 erbaut worden, um in Altona ankommende Dampflokomotiven mit Wasser zu versorgen. Am 26. Oktober 1977 ging die Ära der Dampflokomotiven in Deutschland jedoch zu Ende. Der Bundesbahn erschienen die schönen alten Lokomotiven fortschrittshemmend, weshalb von der technischen Aufsicht ein generelles Dampflokverbot erging. Heute ist von der guten alten Zeit der Dampfloks fast nichts mehr übrig – mit ein paar wenigen Ausnahmen wie dieser in Altona.

Eine Lokomotive zu warten war schmutzige und schwere Arbeit. Beim sogenannten Ausschlacken in der Schlackegrube wurden aus dem Kessel der Lok Schlackerückstände (Asche und Schlacke) entfernt, abgelöscht und zwischengelagert. Am Wasserkran wurde die Maschine aufgefüllt. Dafür musste zuerst der Dampf abgelassen werden und als der Kessel abgekühlt war, konnte das restliche Wasser abfließen. Danach wurde der Kessel gründlich gereinigt und anschließend konnte er mit frischem Wasser aufgefüllt und wieder angeheizt werden. Auf alten Fotografien sieht man Dampfloks durch Altona fahren.

Stattliche 500 Kubikmeter Wasser fasst der Altonaer Bahnwasserturm und ein Kubikmeter Wasser reichte für etwa zehn Kilometer Fahrstrecke der Dampflok. Von Altona bis Westerland sind es 233 Kilometer, was 23,5 Kubikmeter Wasser ergibt. Die Tender der Lokomotiven fassten 34 Kubikmeter Wasser. War ein Zug schwer beladen, oder musste oft halten und wieder anfahren, reichte eine Tenderladung nicht mehr aus. Dann musste auf der Strecke Altona-Westerland in Husum nachgetankt werden.

Nach der Zeit der Dampflokomotiven wurden mit dem Wasser aus dem Altonaer Bahnwasserturm Züge gereinigt und die Wassertanks der Reisezüge aufgefüllt. Schließlich fand sich noch eine ganz besondere Verwendung: Einen Teil des Wassers verkaufte die Deutsche Bahn an die Hamburger Holsten-Brauerei. Das edle Hamburger Brunnenwasser war samtig weich und eignete sich hervorragend zum Bierbrauen. So jedenfalls heißt es in einer der zahlreichen lokalen Mythen und Legenden. Holsten kommt aus der alten Bavaria-Brauerei und deren Brunnen sollen dieselben sein wie die, aus denen der Bahnwasserturm versorgt wurde. Von der Brauerei Holsten war keine Information zu bekommen, aber die Legende lebt! Und eines steht fest: Der schönste Traum aller durstigen Trinker von Hamburg wäre ihr Altonaer Bahnwasserturm gefüllt mit kühlem Holsten-Bier zum Anzapfen.

DER DAHLIENGARTEN

31

Spaziergang im Blütenmeer

Stadionstraße 10, 22525 Hamburg (Bezirk Altona)
Juli bis Ende Oktober: Montag bis Sonntag 8–20 Uhr
Bus 2 (Stadionstraße)

Der Dahliengarten ist in Hamburg viel zu wenig bekannt. Beim Betreten des städtischen Parks wird man von einem umwerfenden Farbenrausch überwältigt: ein strahlendes Feuerwerk aus Tausenden von Blüten voller Leuchtkraft, das einen magnetisch anzieht und einen unvergesslichen Eindruck hinterlässt. Keine Blumengattung, außer der Rose, weist einen ähnlichen Reichtum an hypnotischen Farben und Formen wie die Dahlie auf. Die üppigen Blüten strahlen im Spektrum von unschuldigem Weiß über Gelb, Orange und Rosa bis zum berühmten, fast schwarzen samtigen Dunkelrot. Die Blüten schimmern einfarbig, mehrfarbig, geflammt oder marmoriert und manche sind rund wie Pompons, andere erinnern mit spitzen Blütenblättern an Kakteen. Alle Sorten haben im Dahliengarten eigene Beete und in einem Museumsbeet wachsen außerdem schöne alte Dahliensorten. Ein Highlight ist das Prominentenbeet, wo zum Beispiel eine Dahlie Fußballlegende Uwe Seeler gewidmet ist. Eine andere blüht unter dem Namen der Hamburger Schauspielerin Heidi Kabel. Auch Hamburgs unvergessene Botanikerin Loki Schmidt hat eine eigene Dahlie. Eine andere fröhliche, rot-weiße Sorte hört auf den Namen Santa Claus.

Der große Garten, im Jahr 1920 angelegt, steht seit 2002 unter Denkmalschutz und ist Europas ältester Dahliengarten. Nur vier Gärtner bewältigen die Arbeit, ihn zu pflegen und instand zu halten. Für die Bewässerung der Blumen wurde ein eigener Brunnen gebohrt. Bekanntlich sind Dahlien nicht winterhart, sodass sie vor dem Frost ausgegraben und eingelagert werden müssen. Das bedeutet, dass Jahr für Jahr über 11.000 Dahlienknollen von den Gärtnern aus dem Erdreich geholt werden müssen! Bei fünf bis sieben Grad Raumtemperatur werden sie den Winter über im Dunkeln eingelagert und im nächsten Jahr nach dem Ende des Frostes wieder eingepflanzt.

Ursprünglich stammt die Dahlie aus Mittelamerika, ihr Heimatland ist Mexiko, wo sie bereits von den Azteken angebaut wurde. Es war Alexander von Humboldt, der 1804 von einer Studienreise durch Mittel- und Südamerika Dahlienknollen mit nach Paris und Berlin brachte. Der Siegeszug der knalligen Prachtblume ließ in Europa nicht lange auf sich warten und durch zahlreiche neue Züchtungen zählt die Dahlie heute laut dem Internationalen Dahlienregister über 20.000 Sorten. Im Hamburger Dahliengarten blühen zur Zeit circa 600 verschiedene Sorten. Die Begeisterung der Züchter findet kein Ende und so werden weltweit jährlich rund 200 neue Dahliensorten präsentiert.

DER HERA-TURM

32

Geschenk der Kernphysiker

Spielplatz Vorhornweg, Volkspark Altona, 22525 Hamburg (Stadtteil Bahrenfeld, Bezirk Altona)
Bus 22 (Farnhornweg)

Sommerliche Farben, strahlendes Blau und leuchtendes Weiß machen den Turm zu einer weithin sichtbaren Landmarke. An den Wänden ist er von Klettergriffen für Profis übersät. Es ist ein großes Geschenk, das die Kernphysiker vom DESY (Deutsches Elektronen-Synchrotron) den Kindern von Lurup und allen Kletterern, die hoch hinauswollen, gemacht haben. Der 25 Meter hohe Turm ist der ehemalige Vermessungsturm des DESY, der zur modernen Kletteranlage umgebaut wurde, und gehört seit Jahren offiziell zum Spielplatz Vorhornweg im Altonaer Volkspark. Wahrscheinlich hat ihn sein Standort in einer öffentlichen Grünanlage gerettet, sonst wäre er mit hoher Wahrscheinlichkeit abgerissen worden.

Dabei ist der HERA-Turm auf der ganzen Welt bekannt, zumindest unter Kernphysikern. Nicht weniger als 175 Institute aus 38 Ländern waren an den verschiedenen Forschungsarbeiten des Großprojektes HERA beteiligt. 1991 gelang in dem gigantischen Teilchenbeschleuniger die erste Kollision zwischen einem Proton und einem Elektron. Die Hadron-Elektron-Ringanlage (HERA) war das größte Forschungsgerät der Bundesrepublik Deutschland und ihre Beschreibung liest sich wie aus einem Science-Fiction-Roman. Als ringförmiger Betontunnel, ausgefüllt mit chromblitzenden Röhren auf einer Gesamtlänge von 6.300 Metern, erstreckt sich HERA auf sieben Stockwerken tief unter der Erde des Altonaer Volksparks, der Trabrennbahn und diverser Wohngebiete des eintönigen Lurups. Die weltweit einzigartige, milliardenschwere Anlage funktionierte wie ein riesengroßes Elektronenmikroskop, das den Physikern Einblicke ins Innere der Winzigkeit eines Protons geben sollte.

Auf subatomarer Ebene sollte die Antwort auf eine Frage gefunden werden, die einfach genug klingt, um auf dem Spielplatz gestellt zu werden: Was eigentlich ist Materie? Ein Sandkorn aus dem Buddelkasten? Nein, viel kleiner. Ein Partikelchen, das 3.000 Forscher aus aller Welt mit HERA aufspüren wollten, musste viel kleiner als ein Sandkorn sein. Subatomar klein. Sein Name lautet „Higgs Boson", und im Ringtunnel HERA sollte die Beobachtung höchster Protonen-Beschleunigung zeigen, ob das „Higgs Boson" nachweisbar wäre. Seit 2007 wird HERA zwar nicht mehr betrieben, doch die Auswertung der umfangreichen Messungsergebnisse wird das DESY noch viele weitere Jahre lang beschäftigen.

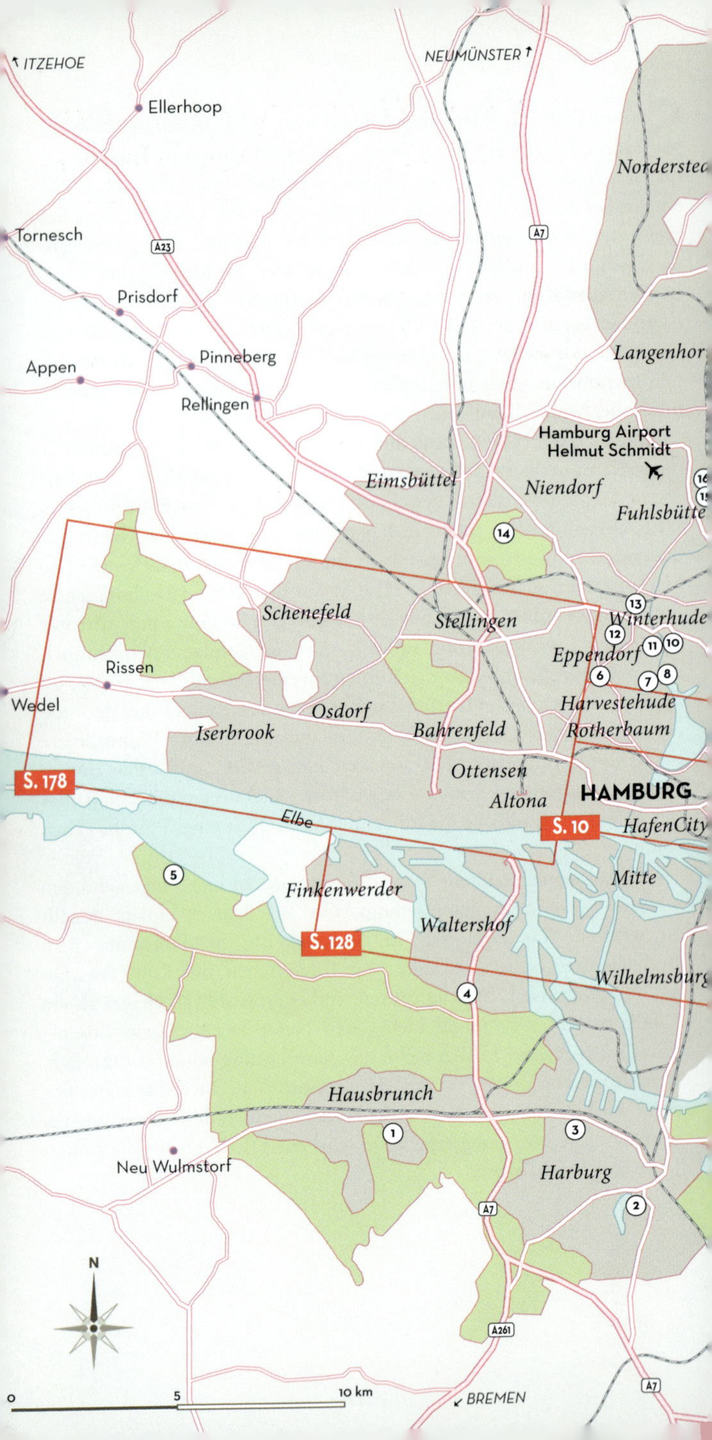
ITZEHOE
NEUMÜNSTER
Ellerhoop
Norderstedt
Tornesch
A23
A7
Prisdorf
Langenhorn
Appen
Pinneberg
Rellingen
Hamburg Airport
Helmut Schmidt
Eimsbüttel
Niendorf
Fuhlsbüttel
14
16
15
Schenefeld
Stellingen
13
Winterhude
12
11
10
Rissen
Eppendorf
6
7
8
Wedel
Osdorf
Harvestehude
Iserbrook
Bahrenfeld
Rotherbaum
Ottensen
S. 178
HAMBURG
Altona
Elbe
S. 10
HafenCity
5
Mitte
Finkenwerder
Waltershof
S. 128
Wilhelmsburg
4
Hausbrunch
1
3
Neu Wulmstorf
Harburg
2
A7
N
A261
A7
0
5
10 km
BREMEN

Harburg und Nord (Eppendorf, Fuhlsbüttel, Harvestehude, Niendorf, Winterhude)

DAS BRAUNKOHLEBERGWERK ROBERTSHALL

①

Nach Wasser gebohrt und auf Kohle gestoßen

Ehestorfer Heuweg, Ecke Beim Bergwerk, 21149 Hamburg (Stadtteil Eißendorf, Bezirk Harburg)
Bus 340 (Ehestorf, Rehwechsel)

Witwe Paul war der Weg ins Tal zu weit. Ihr Haus lag am Hang über dem Dorf, der Weg zur Wasserquelle war lang und mühsam. Kurzerhand ließ sie auf ihrem Grundstück einen Brunnen bohren. Ein Entschluss, der ihr Leben über Nacht verändern und die Witwe des Fuhrunternehmers Paul zu einer wohlhabenden Frau machen sollte, denn die Brunnenbohrer stießen im Erdreich auf Braunkohle.

Es passierte während des Ersten Weltkrieges, im Jahr 1915. Beim zuständigen Landesamt für Bergbau gab die Witwe den unerwarteten Fund auf ihrem Grundstück bekannt und, was noch weitaus wichtiger war, sicherte sich die Kohleschürfrechte. Anschließend verkaufte sie die Rechte nach Dortmund an die Gebrüder Stern KG. Während des Krieges tat sich zunächst nichts im Bergwerk Robertshall. Erst nach Kriegsende, als Rohstoffe knapp und teuer waren, nahm der Kohleabbau in Eißendorf plötzlich Fahrt auf. Die Harburger Phoenix AG, Hersteller von Förderbändern und Gummiwaren, wurde Abnehmer der Kohle. Der Liefervertrag war unterzeichnet, die Förderung konnte beginnen und da die Kohlevorkommen nur 13 bis 19 Meter tief im Erdreich lagerten, verlief die Bergung problemlos. Im Herbst 1919 wurde in Eißendorf erstmals Braunkohle zutage gefördert. Leider war die Qualität eher minderwertig und der Flöz lief durch Sandschichten, weshalb die geförderte Kohle zu etwa 60 Prozent mit Sand vermischt war und mit einigem Aufwand gespült werden musste.

Nichtsdestotrotz herrschte über drei Jahre hinweg Hochbetrieb im Bergwerk, auch wenn sich absehen ließ, dass Robertshall auf Dauer unrentabel sein würde. Von 1919 bis 1922 förderten bis zu 120 Arbeiter in drei Schichten rund um die Uhr sandige Braunkohle zutage. Die unterirdischen Stollen wiesen eine Gesamtlänge von 25.000 Metern auf. Offenbar wegen mangelnder Geländetauglichkeit der zunächst eingesetzten Lastwagen, wurde für den Transport der Kohle 1921 eine Seilbahn auf dem Gelände erbaut. Schon 1922 stand fest, dass die Zeche sich nicht mehr rechnete, weshalb der Liefervertrag mit Phoenix einvernehmlich aufgelöst und die Kohleförderung beendet wurde.

Droht im Gelände wegen der unterirdischen Stollen Einsturzgefahr? Die im Straßenbereich liegenden Stollen wurden verschüttet, um das Erdreich wieder fest und stabil zu machen. Aber es gibt noch Stollenabschnitte im Originalzustand unter der Erde und von der ursprünglichen Strecke sollen noch etwa 5.000 Meter erhalten sein.

HARBURGS VERSENKTE STELE ②

Denkanstoß zum politischen Handeln

Harburger Ring, Ecke Hölertwiete, 21073 Hamburg (Stadtteil Harburg, Bezirk Harburg)
S3, S31 (Harburg Rathaus)

Hamburgs aktiver Widerstand gegen das NS-Regime kam im Wesentlichen aus der Arbeiterbewegung. Der heutige Stadtteil Harburg war in den Dreißigerjahren eine Hochburg der Sozialdemokraten und Kommunisten. Hier haben die Künstler Jochen Gerz und seine Frau Esther Shalev-Gerz ein außergewöhnliches Mahnmal errichtet. Für den Konzeptkünstler Jochen Gerz, geboren 1940 in Berlin, sollte es die meistdiskutierte Arbeit seines Schaffensweges werden.

Am 10. Oktober 1986 präsentierte das Künstlerpaar eine bleiummantelte 12 Meter hohe Stele. Jeder, der die Stele aufsuchte, war aufgefordert, in den weichen Mantel aus Blei seinen Namen, einen Gruß, ein Gebet oder was auch immer angemessen erschien, hineinzuritzen. Der Clou bei der Sache war, dass Jochen Gerz und Esther Shalev-Gerz die Stele nicht als dauerhaften Gedenkort entworfen hatten. Stattdessen waren deren Vergänglichkeit und Verschwinden wesentliche Aussage des Denkanstoßes, den das Künstlerpaar der Öffentlichkeit geben wollte. So lautet die Inschrift des Mahnmals: „Denn nichts kann auf Dauer an unserer Stelle sich gegen das Unrecht erheben."

Über sieben Jahre hinweg wurde die hohe Stele Stück für Stück tiefer in die Erde gesenkt, bis sie nach acht Absenkungen am 10. November 1993 vollständig im Boden verschwunden war. Bis dahin hatten über 60.000 Menschen etwas hineingraviert und das Spektrum reichte von Unterschriften über antifaschistische Zitate und eingravierte Herzen, bis zu unbeholfen gekrakelten Hakenkreuzen und der Spur eines Pistolenschusses. Heutige Besucher finden am früheren Standort der Stele einen gut dokumentierten Gedenkort. Das Ehepaar Gerz wollte mit seinem Konzept eines verschwindenden Mahnmals die Hoffnung zum Ausdruck bringen, dass der Faschismus eines Tages überwunden und Mahnmale nicht mehr vonnöten sein würden. Natürlich kann man die versenkte Stele auch als Zeichen unbetrauerter deutscher Vergangenheit sehen oder als Ausdruck des Wunschdenkens, den deutschen Faschismus einfach begraben zu können.

In den Augen des Künstlers Jochen Gerz, der den größten Teil seines Lebens nicht in Deutschland, sondern in Frankreich verbringt, ist Kunst ein Ausdruck politischen Handelns. „Die Teilung der Welt in Künstler und Betrachter gefährdet die Demokratie", sagte er in einem Interview.

DIE LÄMMERTWIETE

③

Romantisches Kleinod in Harburg

Lämmertwiete, 21073 Hamburg (Stadtteil Harburg, Bezirk Harburg)
Busse 141 und 142 (Seehafenbrücke)

Vom alten Harburg ist heute nur noch die historische Lämmertwiete zu sehen. Hier erwarten einen beeindruckend sorgfältig restaurierte Fachwerkhäuser, deren Ursprung bis ins 16. Jahrhundert zurückreicht. Über die Jahrhunderte haben sich die schweren Türbalken schief und krumm gebogen und ihr massives Holz trägt in leuchtenden Farben bemalte, gut erhaltene Schnitzereien. Mit ein wenig Lateinkenntnis lassen sich die altertümlichen Inschriften und Sinnsprüche übersetzen.

Als mittelalterliche „Horeburg", die Burg im Moor, wird Harburg erstmals im Jahr 1142 urkundlich erwähnt. Das ursprüngliche Siedlungsgebiet der alten Stadt, der bereits im 13. Jahrhundert das Stadtrecht verliehen worden war, liegt in der heutigen Harburger Schloßstraße. Im Jahr 1527 wurden Harburg und der zur Stadt gehörende Elbehafen dem Herzogtum Braunschweig-Lüneburg angeschlossen. Historisch betrachtet ist die Lämmertwiete eine Rarität. In einer kleinen Fußgängerzone von kaum hundert Metern Länge stehen nicht weniger als sechs original erhaltene Gebäude unter Denkmalschutz.

Um die kleine Straße zu erhalten, die bis heute einen ungebrochen lebendigen Eindruck des historischen Stadtalltags vermittelt, wurden die Häuser fachkundig und mit erheblichem Aufwand originalgetreu restauriert. Dabei waren einige problematische Fälle von Einsturzgefahr an Dächern und Deckenbalken zu meistern. Um ein authentisches Beispiel Harburger Stadtlebens in vorindustrieller Zeit zu bewahren, wurden in den Häusern die schief gewordenen Zimmer, abgesunkenen Decken und schräg verlaufenden Galerien stehengelassen und mit Stützen und Befestigungen gesichert. Das Mayr'sche Haus in der Lämmertwiete Nummer 14 ist rund 350 Jahre alt. Ursprünglich lag sein Standort in der Harburger Innenstadt. Dort wurde es 1968 abgebaut und Anfang der Neunzigerjahre an seinem heutigen Platz wiederaufgebaut. Dem Engagement seiner Stadtteilinitiativen hat Harburg dabei viel zu verdanken.

Bei jedem Wetter und zu jeder Jahreszeit bewahrt die kleine Straße ihre romantische und friedliche Atmosphäre. Das schief gelaufene Kopfsteinpflaster wird auch noch weitere 300 Jahre überdauern. Übrigens kann man in der Lämmertwiete inzwischen auch sehr gut essen gehen, denn es haben sich hier mehrere Restaurants mit internationaler Küche niedergelassen.

MOORBURG

④

„Keine Kohle – trotzdem Strom!“

Moorburg, 21079 Hamburg (Stadtteil Moorburg, Bezirk Harburg)
S3, S31 (Hamburg-Heimfeld)

Man schaut sich als Besucher der Stadt die Karte von Hamburg an und hat von vielen Stadtteilen so gut wie nie etwas gehört. Einer davon war lange Zeit Moorburg, bis das mittelalterliche Straßendorf plötzlich aufgrund der Umweltzerstörung durch sein Kohlekraftwerk für Schlagzeilen sorgte. Moorburg ist südlich der Elbe der älteste Stadtteil von Hamburg und gehört seit 1375 zur Hansestadt. Schon im Jahr 1390 wurde ein imposanter Wehrwall errichtet, der zum lokalen Wahrzeichen wurde und noch heute auf handgedruckten Schildern im Ort zu finden ist. Für die Stadtväter Hamburgs war Moorburgs Lage an der Süderelbe ideal als Kontrollposten der Schifffahrt, weshalb an diesem neugewonnenen südlichen Außenposten Hamburgs die Moorburg als Holzfestung mit Wehrwall entstand.

Es ist eine ungewohnte Seite von Hamburg, die man entdeckt, wenn man in Moorburg spazierengeht: ruhige Idylle wilder Streuobstwiesen und der historische Deich, von dem aus die Bewohner ihre schönen alten Häuser über schmale Stege erreichen. Dahinter ein Hafenpanorama mit Blick auf das Terminal Altenwerder und seine Schlickberge. Und schließlich ragt ein Stück außerhalb des Ortes jenes qualmende Monstrum auf, das die Umweltaktivisten in Moorburg landesweit berühmt gemacht hat. Die gigantische Giftschleuder war schon höchst umstritten, bevor sie ans Hamburger Fernwärmenetz ging. Naturschützer von NABU protestierten gegen ein Kohlekraftwerk mit nur 50 Prozent Wirkungsgrad, dessen übrige 50 Prozent Heizleistung Elbe und Atmosphäre aufheizen.

Umweltschützer des BUND gingen gerichtlich gegen Vattenfall vor, als bekannt wurde, dass der Konzern sein irrsinnig heiß laufendes Kraftwerk mit Elbwasser kühlte. Der Verbrauch an Kühlwasser war unvorstellbar: 64 Kubikmeter Elbwasser, das sind 64.000 Liter, brauchte das Kraftwerk pro Sekunde! Aufgeheizt floss das Wasser zurück in die Elbe und richtete im Ökosystem des Flusses schlimme Schäden an: In der Süderelbe starben Fischeier und Fischlarven im aufgeheizten Wasser, das Ökosystem stand kurz vor der völligen Zerstörung. Als es für jede Rettung zu spät zu sein schien, brachte der BUND den Fall vor den Europäischen Gerichtshof. Aus Luxemburg kam prompt die Antwort: Urteil gegen die Bundesrepublik Deutschland wegen Missachtung des Naturschutzes und sofortiger Stopp für Kühlwasser aus der Elbe. Gemeinsam mit dem BUND protestierte die Fridays-for-Future-Bewegung in Moorburg für die sofortige Abschaltung des Kohlekraftwerks.

DIE SIETAS-WERFT

5

Älteste Werft Deutschlands

Neuenfelder Fährdeich 88, 21129 Hamburg (Stadtteil Neuenfelde, Bezirk Harburg)
Bus 257 (Sietas)

Die beinahe 400-jährige Sietas-Werft am Ufer der Este, einem kleinen Nebenfluss der Elbe, ist die älteste Werft in Deutschland. Carsten Sietasch (die Schreibweise änderte sich über die Jahrhunderte) war 1635 Schiffbauer, der die Werft damals entweder gründete oder übernahm, was sich heute nicht mehr feststellen lässt. Am Standort der Sietas-Werft, der Mündung der Este in die Elbe, kamen früher Fischer und Schiffer zusammen, um Handel zu treiben. Im 17. Jahrhundert stand hier ein Dorfkrug, der zugleich Zollstation war. 1892 kaufte August Sietas den Dorfkrug, gab ihm den Namen „Zur Linde", ließ farbige Postkarten drucken und machte Cranz-Neuenfelde zum idyllischen Ausflugsziel für die Großstädter vom anderen Elbufer. Zu Beginn baute die Werft Holzschiffe, die die Bauern aus Cranz und dem Alten Land brauchten, um Vieh und Ernte zu den Märkten in Hamburg zu transportieren. Später wurden hier auch die ersten Fährschiffe aus Holz für den Personentransport zwischen Cranz und Hamburg gebaut.

Die Franzosenzeit (1806–1814) richtete die Existenz der Sietas-Werft fast zugrunde. Nach der Befreiung von der Besatzungsmacht übernahm Hinrich Sietas die Familienwerft und brachte sie zu neuer Blüte. Seine hölzernen Briggs fuhren bis nach Südamerika und brachten Kolonialwaren in die Hansestadt. Bald darauf ging die Zeit des Holzschiffbaus vorüber und zum Ende des 19. Jahrhunderts setzte die Epoche des Stahlschiffbaus ein. Bereits 1902 wurde auf der Sietas-Werft mit der Galiote „Anna Mary" das erste vollständig aus Eisen gebaute Schiff fertig.

Nach dem Ersten Weltkrieg übernahm der erst 17-jährige Johann Jacob Sietas die Werft. Der junge Schiffbauer führte auf der Werft seiner Vorväter Baunummern ein und begann mit Nummer 300, da er davon ausging, dass während des über 300-jährigen Bestehens der Familienwerft ein Schiff pro Jahr gebaut worden sein dürfte. Die Werft begann mit dem Bau von Küstenmotorfrachtschiffen (Kümos), für die sie berühmt werden sollte. Unter der Baunummer 324 lief 1937 als erstes Kümo die „Herta" mit 208 Bruttoregistertonnen vom Stapel.

Der Erfolg ging weiter: Noch vor den deutschen Großwerften baute Sietas als erste deutsche Werft ein Containerschiff, die „Bell Vanguard", die 1966 mit 75 Metern Länge und 500 Bruttoregistertonnen unter der Baunummer 588 vom Stapel lief.

DER PLATZ DER BÜCHERVERBRENNUNG

⑥

Ein Ort wacher Erinnerung

Kaiser-Friedrich-Ufer 7, 20253 Hamburg (Stadtteil Hoheluft, Bezirk Nord)
U2 (Christuskirche), Bus 4 (Kaiser-Friedrich-Ufer)

Ausgerechnet von einem Studenten der Politikwissenschaften kam der Aufruf zur Bücherverbrennung am Isebekkanal im Hamburger Stadtteil Hoheluft. Als „Führer der Hamburger Studentenschaft" des Nationalsozialistischen Studentenbundes forderte Wolff Heinrichsdorff in seiner öffentlichen Hetzrede die Gleichschaltung der Universität: „Fallen muß und wird die Autonomie der Hochschule, damit der Boden für die nationalsozialistische Universität Hamburg bereitet werden kann!" Am Montag, den 15. Mai 1933 gegen 23 Uhr nachts, türmten Studenten des „Studentensturms" und der „Hochschulgruppe des Frontkämpferbundes Stahlhelm" einen Haufen Bücher auf und setzten sie in Flammen. Bis weit nach Mitternacht brannten am Kaiser-Friedrich-Ufer Werke von Heinrich Heine, Else Lasker-Schüler, Marieluise Fleißer, Sigmund Freud, Karl Marx und etlichen weiteren Intellektuellen vor den Augen grölender, verblendeter Nazistudenten der geisteswissenschaftlichen Fakultät. Heinrichsdorff wurde von Goebbels nach Berlin ins Reichsministerium für Volksaufklärung und Propaganda berufen und 1945 als Kriegsverbrecher zum Tode verurteilt und hingerichtet.

Fünf Tage vor der Bücherverbrennung am Isebekkanal hatten Berliner Nazistudenten bereits auf dem Opernplatz Bücher in Brand gesetzt. Insgesamt wurden 1933 in Deutschland 93 öffentliche Bücherverbrennungen veranstaltet. Im Rahmen ihrer Kampagne „Aktion wider den undeutschen Geist" organisierte die nationalsozialistische „Deutsche Studentenschaft" Planung und Durchführung der besinnungslosen Spektakel. Es handelte sich um nicht weniger als eine öffentliche Aufforderung zum Diebstahl, denn auf ihrer sogenannten „Schwarzen Liste" hatten Nazistudenten etliche Buchtitel verzeichnet und was Bibliotheken und Bücherhallen davon nicht freiwillig hergaben, wurde gewaltsam mitgenommen.

Am Mahnmal der Hamburger Bücherverbrennung, das Wolfgang Finck 1985 aus roten Granittafeln gestaltete, findet alljährlich im Mai eine öffentliche Lesung statt. Der Hamburger Arbeitskreis „Bücherverbrennung – nie wieder!" lädt jedes Jahr Künstlerinnen und politische Aktivisten dazu ein, aus den hier verbrannten Werken zu lesen. Viele Mitwirkende tragen eigene Texte und Gedichte vor, man spricht miteinander über die politische Lage in Deutschland und bestärkt sich im Widerstand gegen den Faschismus. Unterstützt wird die gutbesuchte Veranstaltung von den Hamburger Bücherhallen, dem PEN-Club und weiteren Organisationen.

ANGELA MERKELS KINDERSTUBE

⑦

So gut wie unbekannt

Isestraße 95, 20149 Hamburg (Bezirk Harvestehude)
U3, Haltestelle Eppendorfer Baum

Nur sehr wenige wissen, dass die ostdeutsche Kanzlerin in Hamburg geboren wurde. Nach ihrer Geburt in der Elim Klinik Hohe Weide hat Angela Merkel die ersten Wochen ihres Lebens in der Isestraße 95 in einer Erdgeschosswohnung im rechten Teil des Wohnhauses verbracht. Die Straße sah damals schon so aus wie heute, unter den Hochgleisen der U-Bahn fand wöchentlich der Isemarkt statt und der Lieblingsstand der Kinder, Bonbon Pingel, existierte bereits. Vielleicht haben ihre Eltern die kleine Angie hin und wieder im Kinderwagen über den Markt geschoben? Doch den größten Teil ihrer Zeit in der Isestraße wird sie, wie alle Neugeborenen, geschlafen haben. Der Umzug aus Hamburg in die DDR stand bereits unmittelbar bevor. Während im selben Jahr über 200.000 Menschen die DDR rechtzeitig verließen, solange die Grenzen noch offen waren, bewegte sich Angela Merkels Vater Horst Kasner in die Gegenrichtung. Er tauschte die Hamburger Altbauwohnung am malerischen Isebekkanal 1954 gegen ein Pfarrhaus im DDR-Dorf Quitzow, um als Pfarrer in Brandenburg zu arbeiten.

Die CDU-Bürgerschaftsfraktion hat im Hamburger Senat den Vorschlag gemacht, am Haus Isestraße 95 eine Gedenktafel für die Kanzlerin anzubringen. Der Vorschlag wurde abgelehnt. Erstens hätte die kostspielige Tafel zu 100 Prozent aus Spenden finanziert werden müssen, aber niemand mochte Geld dafür ausgeben. Hinzu kam ein weiterer Grund. Die Anwohner verweigerten ihr Einverständnis. In Hamburg waren Menschen gegen die Politik der Kanzlerin auf die Straße gegangen. Wichtiger als der Hinweis auf die berühmte Bewohnerin schien den Anwohnern zu sein, dass im Haus Nummer 95 die Fenster heil blieben.

DAS WINTERQUARTIER DER HAMBURGER ALSTERSCHWÄNE

8

Vergnügt auf den Frühling warten

Eppendorfer Mühlenteich, Salomon-Heine-Weg, 20251 Hamburg (Stadtteil Eppendorf, Bezirk Hamburg-Nord)
Erfragen des Termins (Ende November) beim Hamburger Schwanenwesen unter 040 428042495
U1 (Lattenkamp)

Wenn in Hamburg die Nächte kalt bis frostig werden, entdeckt man beim Spazierengehen auf einem bestimmten See in Eppendorf plötzlich jede Menge Schwäne. Kaum liegt der Frühling in der Luft, sind sie ebenso unerwartet alle wieder spurlos verschwunden. Das eingezäunte Schwimmgehege im Eppendorfer Mühlenteich ist das traditionelle Winterquartier der Alsterschwäne.

Jahr für Jahr versammeln sich Schaulustige an der Rathausschleuse vor den Alsterarkaden, wenn Ende November Schwanenvater Olaf Nieß seine Schützlinge zusammentreibt, um sie für die Überfahrt nach Eppendorf einzufangen. Einen festen Termin gibt es nicht, man kann aber beim Hamburger Schwanenwesen (Telefonnummer siehe links) nachfragen, wann es soweit ist. Ist der große Tag gekommen, kreisen Nieß und seine Mitarbeiter mit einer kleinen Flotte leuchtend blauer Motorboote Hamburgs (derzeit) 120 Alsterschwäne ein, bis die Vögel einzeln an Bord geholt werden können. In der Regel müssen die Boote einen Tag später nochmal losfahren, um Ausreißer einzufangen, die beim ersten Versuch entwischt sind. Für gewöhnlich ist der Umzug innerhalb von zwei bis drei Tagen abgeschlossen. An Bord werden den Schwänen für die Fahrt ins Winterquartier vorsichtig die Flügel mit Klettband festgebunden, bevor der Schwanenvater und seine Helfer sie am Ziel wieder freilassen.

Auf dem Eppendorfer Mühlenteich wird das Wasser den ganzen Winter über eisfrei gehalten, sodass die Schwäne selbst bei härteren Minusgraden nicht Gefahr laufen können, festzufrieren. Anderswo als im Schwanenparadies Hamburg, etwa auf dem Berliner Landwehrkanal, sieht man Schwäne im Winter am Ufer des halb zugefrorenen Wassers herumlaufen und fragt sich, wie ihre zarten Füße die monatelange Kälte eigentlich aushalten können. Olaf Nieß erkärt es: Schwäne haben Flügeltaschen und können sich ihre Füße im eigenen Gefieder wärmen wie in einem Muff. Außerdem verläuft bei Schwänen nicht der gesamte Blutkreislauf durch die Füße, wie beim Menschen. Beim Schwan werden die Füße separat und mit sehr viel weniger Blut versorgt als der übrige Körper. „Kneipp würde mit denen nicht funktionieren", scherzt der Schwanenvater.

Hamburgs Schwanenwesen besteht seit dem 11. Jahrhundert. Damals brach die Hansestadt freiheitlich mit der Tradition, nach der nur Hochwohlgeborene Schwäne halten durften, und siedelte die ersten Alsterschwäne an. Das Amt des Schwanenvaters gibt es seit 1674 und ist bis heute dieselbe Behördenplanstelle, die Olaf Nieß bekleidet, wie vor ihm sein Vater.

DAS DENK-MAL GEGEN AUSGRENZUNG

⑨

Wegweisendes Schülerprojekt zur Gedenkkultur

Stadtteilschule Winterhude, Meerweinstraße 26, 22303 Hamburg (Stadtteil Winterhude, Bezirk Nord)
Bus 173 (Großheidestraße)

Der Entwurf des Denkmals entstand während eines Schulprojektes. Mit einem Güterwagen erinnern die SchülerInnen an zwei jüdische Lehrerinnen, die an ihrer Schule unterrichtet hatten. Die Hamburger Vernichtungstransporte fanden mit Güterzügen vom damaligen Hannoverschen Bahnhof aus statt.

1931 schulte Julia Cohn ihren Sohn Paul an der Reformschule Meerweinstraße ein, an der sie selbst unterrichtete. Es gab außer ihr noch eine weitere jüdische Lehrerin an der Schule – Hertha Feiner-Asmus, die auch Pauls Klassenlehrerin wurde. 1933 wurden beide Lehrerinnen aus dem Schuldienst entlassen und Julia Cohn fand danach keine Anstellung mehr. Ihr Ehemann Jakob Cohn wurde in der Pogromnacht von der Gestapo verhaftet und in das gut 30 Kilometer von Berlin entfernt liegende KZ Sachsenhausen in Brandenburg deportiert. Cohn war im Ersten Weltkrieg für seine Tapferkeit an der Front mit dem Eisernen Kreuz ausgezeichnet worden. Aus diesem Grund wurde er aus dem KZ entlassen. Die SS verhöhnte ihn und einige seiner Mitgefangenen mit den Worten: „Wir entlassen euch nur zu einem Zweck: damit ihr auswandert. Wenn ihr das nicht tut, könntet ihr euch hier mal wiederfinden. Und dann kommt ihr nicht mehr raus."

Im Gegensatz zu seinen Eltern überlebte Paul Cohn den deutschen Faschismus. Der Fünfzehnjährige gelangte 1939 im Kindertransport nach England. Für seine Eltern gab es keine Möglichkeit mehr, Deutschland zu verlassen. Ihr Geld und ihre Wertgegenstände hatten die Nazis geplündert. Freunde im Ausland, die für sie gebürgt und ihnen damit die Ausreise hätten ermöglichen können, hatte das Ehepaar nicht. Zwei Jahre nachdem ihr Sohn in England in Sicherheit gekommen war, wurden die Eheleute gezwungen, zum Sammelplatz Moorweide zu kommen. Von Hamburg aus wurden sie nach Riga deportiert und dort ermordet.

Hertha Feiner-Asmus war gebürtige Hamburgerin und hatte zwei Töchter. Inge, die ältere der beiden, wurde 1931 in die Meerweinschule eingeschult. Als Frau Feiner-Asmus ihre Anstellung verlor, weil ihr die Nazis Berufsverbot erteilt hatten, musste auch ihre Tochter Inge die Schule verlassen. Sie und ihre kleine Schwester Marion kamen in der Schweiz in Sicherheit. Hertha Feiner-Asmus wurde gezwungen, in den Güterzug nach Auschwitz zu steigen. Sie nahm sich während der fürchterlichen Fahrt das Leben. Ein Apotheker, der es gut mit ihr meinte, hatte ihr eine Zyankalikapsel ausgehändigt.

DIE STRAßENBAHN V7E3363 ⑩

Nostalgiewaggon hinter dem Supermarkt

Parkhaus von REWE, Dorotheenstraße 116–122, 22301 Hamburg (Stadtteil Winterhude, Bezirk Nord)
Samstag 10–18 Uhr (Herr Naefcke ist meistens vor Ort), Eintritt frei, Spenden willkommen
Bus 25 (Dorotheenstraße)

Die Hamburger Straßenbahn ging 1894 ans Netz und ist damit eines der ältesten Straßenbahnnetze Deutschlands. Die Pferdebahn und die Dampfbahn waren Vorläufer der „Elektrischen", und das Netz der Hamburger Straßenbahn gehörte zu den größten des Landes. Bis ins Jahr 1907 beförderte sie über 200 Millionen Fahrgäste jährlich, mehr als jedes andere öffentliche Verkehrsmittel der Stadt. 1958 wurde das gesamte Hamburger Straßenbahnnetz vom Senat stillgelegt. Nur eine einzige Straßenbahnlinie fuhr noch bis 1978, dann verschwanden die rot-weißen Waggons endgültig aus dem Straßenbild. Einen Waggon der letzten Linie haben der ehemalige Straßenbahnschaffner Ingo Naefcke und seine Ehefrau aus eigenen Mitteln gekauft und mit größter Sorgfalt instandgesetzt.

Der schöne, alte Waggon mit der Betriebsnummer V7E3363 war nach seiner Ausmusterung nach Niedersachsen verfrachtet worden und landete in der Nähe von Hannover in einem Wald. Über 40 Jahre lang blieb er dort liegen und begann zu verrotten. Schließlich entschloss sich der Hamburger Straßenbahnschaffner Ingo Naefcke, selbst längst Pensionär, den beinahe vergessenen, obendrein schwer beschädigten und verrosteten Waggon auf einen Tieflader verfrachten zu lassen und zurück nach Hamburg zu holen. Sein jetziger Standort auf dem heutigen REWE-Gelände ist historisch. Hier lag früher der Straßenbahn-Betriebshof von Winterhude, ehe er 1977 geschlossen wurde.

Man bekommt eine Ahnung davon, wie schön das Straßenbild aussah, als noch ein paar hundert der rot-weißen Straßenbahnen im Minutentakt durch die Stadt kreuzten. Dem Ausstellungsstück wurden sogar ein paar Schienen unter die Räder geschoben. Die Waggons der Hamburger Straßenbahn schaukelten in den Kurven ziemlich stark, mussten häufiger hart und unerwartet bremsen und hatten bei den Fahrgästen, die sich mit ausgleichenden Hüftschwüngen und spontanen Ausfallschritten auf den Beinen hielten, um nicht hinzufallen, bald den Spitznamen „Sambawagen". Die Wagen des Typs V7 wurden von 1953 bis 1957 gebaut, die meisten in den Eppendorfer Fahrzeugwerkstätten Falkenried. Hier wurden seit 1894 im Akkord Straßenbahnwagen gebaut: Die über 300 Handwerker der Werkstatt fertigten vier neue Waggons am Tag! Die Serie V7 war die letzte für Hamburg. Das V steht für Vierachser, das E bedeutet Einmann, denn die Führung des Wagens oblag dem Schaffner. Weiteres Betriebspersonal, wie früher den Heizer, brauchte man für die moderne „Elektrische" nicht mehr.

DER MONOPTEROS

11

Street-Art-Tempel

Eppendorfer Landstraße 148, 20251 Hamburg (Stadtteil Eppendorf, Bezirk Nord)
U1 (Hudtwalckerstraße)

Der Monopterus im heutigen Hayn-Park – benannt nach Senator Max Theodor Hayn – ist ein gelungenes Beispiel, das zeigt, wie dem Graffiti-Vandalismus durch künstlerische Gestaltung der Fassadenflächen erfolgreich entgegengewirkt werden kann. Ein Glücksfall für die Eppendorfer, denn der kleine Tempel ist nicht nur bezaubernd schön, sondern auch sehr gut zu sehen und so leicht zu finden, dass er sich bestens als Treffpunkt für Verabredungen eignet. Aus der Ferne gleicht der ebenmäßige runde Säulenbau mit dem schönen grünen Kupferdach einer zierlichen Sternwarte. In der Gartenkunst früherer Jahrhunderte wurde der Monopteros als Musentempel gebaut. Im weltlichen Hamburg wird man nicht an die Ehrung der Göttinnen und Götter gedacht haben. Monopteren wurden im Klassizismus eher als romantischer Blickfang in Schlossgärten und Kurparks gestellt. Über die Jahre hinweg ist der Monopteros immer wieder von Sprühern verunstaltet worden. Jetzt hat die Stadt Hamburg eine Lösung gefunden, den Tempel vor hingeschmierten Tags zu schützen, die ebenso einfach wie bereichernd ist. In Zusammenarbeit mit der Galerie Affenfaust aus St. Pauli gestalten Künstler des Metiers den Monopteros mit atemberaubender Street-Art. Mehrmals im Jahr wird ihm von richtig guten Street-Artists ein neues Gewand gesprayt. Mögen die Musen mit ihnen sein.

Das imposant weitläufige Gartengrundstück der Senatorenfamilie Hayn, in dem der Rundtempel schon damals stand, war im Jahr 1873, als die Hayns es erwarben, noch knapp 30.000 m^2 groß. Es war eher ein Park als ein Garten und mit dem Beginn der Alsterkanalisierung veränderte die Stadt auch den Verlauf des Grundstücks. Hayn war ein klarer Befürworter der Privatisierung. Das große Abenteuer seiner Amtszeit als Senator im Hamburger Rathaus war der Bau der Speicherstadt. Er vertrat im Senat den Standpunkt, die Stadt solle den Kaufleuten die Flächen für den Bau ihrer neuen Speicher doch gleich verkaufen und damit ordentlichen Gewinn machen, um ihn zum Beispiel in neue große Bauvorhaben zu investieren. Wenn die Speicherstadt erst gebaut wäre und alle ihre Speicher in Besitz genommen hätten, wäre an eine freie Verfügung des Terrains ohnehin nicht mehr zu denken. Von den hitzigen Debatten, die damals im Rathaus geführt worden sind und die dem entschlossenen Theodor Hayn viel zu zögerlich und schleppend vorangingen, mag der Senator abends oder am Wochenende bei einer Flasche Wein in seinem cremefarbenen Gartenpavillon der Ehefrau oder guten Freunden vertraulich berichtet haben.

DAS MEDIZINHISTORISCHE MUSEUM

12

Gruselige Wachsgesichter

UKE Universitätsklinikum Eppendorf, Martinistraße 52, 20246 Hamburg
(Stadtteil Eppendorf, Bezirk Hamburg Nord)
Samstag, Sonntag und Mittwoch 13–18 Uhr
Busse 20 und 25 (Eppendorfer Park)

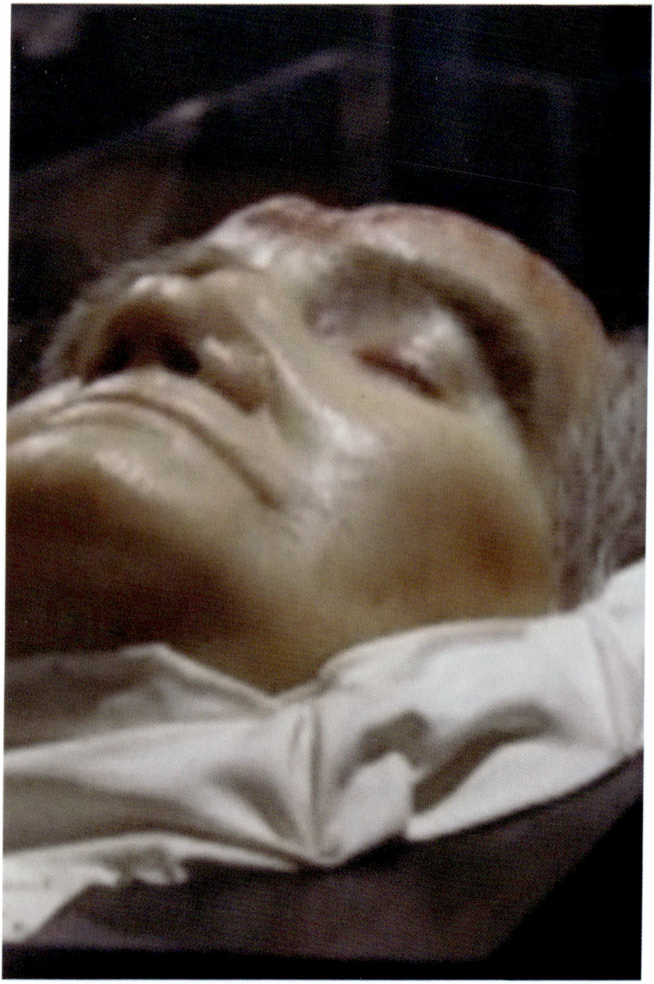

Die Moulagen der Syphilispatienten lassen einen schaudern. Nicht nur sehen die Wachsabdrücke frappierend echt aus, sie sind auch so sorgfältig hergestellt wie Kunstgegenstände. Dabei war das Objekt der Anschauung, das sie konservieren, die Syphilis, eine fürchterliche und jahrhundertelang tödlich verlaufende Krankheit. Die Moulagen wurden nicht etwa für das Museum gefertigt, sondern sie gehörten als Lehrmittel und Anschauungsmaterial zum festen Bestand von Krankenhausanstalten und medizinischen Fakultäten.

Moulagen ermöglichten früher die größtmögliche Echtheit der Darstellung krankhafter Hautverformungen und Wunden. Die kunstvollen 3-D-Objekte wurden direkt am lebenden oder toten Patienten gefertigt. Von 1850 bis 1950 entstanden in ganz Europa große Sammlungen realistischer Wachsabdrücke. Berühmte Kliniken wie die Berliner Charité verfügten über Hunderte von gespenstisch echten Abbildungen fürchterlicher Anomalien. Um sie anzufertigen, trug der Moleur streichfähigen Gips auf die schwärenden Wunden, geplatzten Furunkel oder verfaulten Hautschichten der Kranken auf. In der Regel wurde die Haut nicht erst mit Öl oder Vaseline behandelt, um jedes feinste Detail der Anomalie ins Gipsnegativ zu bannen. Die Prozedur wird für die Kranken mitunter eine Tortur gewesen sein. War das Gipsnegativ ausgehärtet, wurde es abgenommen.

Man muss sich vergegenwärtigen, dass man hier in eine Zeit zurückblickt, in der es keine Farbfotografie gab. Der Moleur arbeitete direkt am Modell, und er musste dabei zügig vorankommen. Denn das Gipsnegativ musste nicht nur mit Wachs ausgegossen, sondern anschließend auch noch realitätsgetreu bemalt werden – was bei aller Kunstfertigkeit schnell zu erfolgen hatte, ehe sich das Aussehen der schauerlichen Anomalien, ihrer Formen und Verfärbungen, weiter veränderte. Vor dem Ausgießen der Form wurde mithilfe flüssiger Ölfarben eine Wachsmischung im exakten Hautton des Patienten angerührt. Nach dem Ausgießen der Form und der Aushärtung des Abdrucks wurde die Moulage exakt nach dem Vorbild des Befundes bemalt.

Es ist eine erhellende und kurzweilige Reise, auf die das medizinhistorische Museum seine Besucher mitnimmt, indem es die bahnbrechenden technischen und medizinischen Entwicklungen präsentiert, die Mitte des 19. Jahrhunderts völlig neue Erkenntnisse über den menschlichen Körper möglich machten. Gezeigt werden alte Mikroskope, die Anfänge der Röntgentechnik und die rasante Entwicklung der Chirurgie.

GARTEN DE L'AIGLE

⑬

Geheimer Gärtnerbund

Tarpenbekstraße 107, 20251 Hamburg (Stadtteil Eppendorf, Bezirk Nord)
Bus 34 (Nedderfeld)

Als findige Verschwörer im Dienste Ihrer Majestät der Rose, Königin der Blumen, stellte sich Alma de l'Aigle (1889–1959), Schriftstellerin, Pädagogin und engagierte Reformerin, die Leser ihres Standardwerks „Begegnung mit Rosen" vor. Wie ihre englische Zeitgenossin Schriftstellerin und Gärtnerin Vita Sackville-West, schreibt auch Alma de l'Aigle über Rosen, als würde sie Kunstwerke zum Leben erwecken. Etwa wenn sie eine französische Sorte der 1940er als „die Erfüllung unseres Traums von einer schwärzlich samtigen, tief dunkelroten Rose" charakterisiert. Alma de l'Aigle liebte den Duft ihrer Rosen und beschrieb Rosendüfte mit einer Poesie, die ihre Leser ins Reich der Sinne lockte, während die Rosenhändler ihrer Zeit eher mit dem Auge als mit der Nase zu urteilen pflegten und Sorten bevorzugten, die mehrmals im Jahr blühten und möglichst elegant geformte Knospen trugen. Rosenzüchter Kordes setzte der Hamburger Romantikerin noch zu ihren Lebzeiten ein Rosendenkmal. Die Züchtung zu ihren Ehren mit dem Namen „Andenken an Alma de l'Aigle" (Kordes, 1956) blüht in seidenzartem Rosa, umrankt von mandelgrünem Laub und verströmt frischen, lieblichen Duft.

Schon im Garten ihres Elternhauses begann Alma Rosen zu züchten, pflegte mit größter Sorgfalt den Obstgarten und legte sogar einen Weinberg an. Sie spürte, dass sie eine Künstlerseele besaß, die sich danach sehnte, sich auszudrücken. Doch den Wunsch, Malerin zu werden, redeten ihre Eltern ihr aus. Stattdessen wurde Alma de l'Aigle Lehrerin und entwickelte sich zur Reformpädagogin im Sinne Alfred Lichtwarks oder später Loki Schmidts. Kinder sollten sich frei entfalten können, an die Wunder der Natur herangeführt werden und Wertschätzung für jedes lebendige Geschöpf entwickeln. Mit Gleichschaltung und Gehorsam war Alma de l'Aigles Liebe zur Freiheit unvereinbar. Sie forderte kindgerechten Unterricht, doch ging ihre Arbeit bald weit darüber hinaus. Alma de l'Aigle verachtete die Nazis und engagierte sich im Widerstand gegen Hitler. Die Nazis verbrannten ihre Werke über Kindererziehung und erteilten ihr Berufsverbot. Nach dem Krieg wendete sich ihr Schicksal. Alma de l'Aigle gehörte 1953 zu den Gründungsmitgliedern des Deutschen Kinderschutzbundes und veröffentlichte mit großem Erfolg Kinder- und Jugendliteratur. Auch ihr nach dem Krieg erschienenes Buch „Die ewige Ordnung in der Erziehung" erhielt große Anerkennung und führte dazu, dass die Bundesprüfstelle für jugendgefährdende Schriften die unbeirrbare Reformpädagogin in ihr Gremium berief.

DIE VILLA MUTZENBECHER

⑭

Verirrt mitten im Wald

Bondenwald 110a, 22453 Hamburg (Stadtteil Niendorf, Bezirk Eimsbüttel)
U2, Busse 5, 23, 24, 191 und 391 (Niendorf Markt)

Es ist nichts für schwache Nerven, die Villa Mutzenbecher im tiefen Wald des Niendorfer Geheges zu finden. Der Gang zum ehemaligen „Tatort"-Drehort kann gruselig werden. Die Straße Bondenwald führt am Spielplatz vorbei tiefer ins Gehölz, jedoch ohne jegliche Beschilderung. Man verirrt sich erstmal todsicher, denn der einzige Hinweis auf die Villa ist ein winziges blaues Schild mit der Ziffer 110 und einem Pfeil darauf. Allerdings hängt das Schild in über drei Metern Höhe an einem Baum, als wollte es übersehen werden. Die Villa ist mit Sicherheit eines der herausforderndsten Ausflugsziele Hamburgs. Doch der Wald des Niendorfer Geheges ist eine wilde, bezaubernde Welt und es lohnt sich, hinzufahren.

In der guten alten Zeit vor Beginn des Ersten Weltkrieges gehörte es zum Lebensstil wohlhabender Hamburger, neben ihrem Stadthaus auch noch ein Landhaus für die Sommerfrische zu führen. Den Gründer der Hamburger Versicherungen Albingia, Hermann Franz Matthias Mutzenbecher, zog es mit seiner Familie ins ländliche Niendorf, wo er knapp 70 Hektar Wald kaufte. Früher wurden die großen, parkartigen Grundstücke reicher Familien nicht abgezäunt, wie heute, sondern blieben für Spaziergänger geöffnet. Da Geld keine Rolle spielte, beauftragte der Generaldirektor mit dem Umbau der Villa auf seinem Grundstück den Mann, der damals den oberen Zehntausend zwischen Alster und Elbe die schönsten und feinsten Villen, Landhäuser und Herrenhäuser entwarf. Architekt Erich Elingius, der in England studiert hatte, war begeistert von der Liebe der Engländer zu ihren Gärten und gestaltete den Umbau der Villa Mutzenbecher als harmonische Einheit von Haus, Garten und Wald.

Nach den glanzvollen Jahren als Sommerhaus der Mutzenbechers ging es mit der Villa leider kontinuierlich bergab, dem scheinbar unaufhaltsamen Verfall entgegen. Im Jahr 1987 zog der letzte Mieter in die Villa ein. Marc Schlesinger kümmerte sich über 30 Jahre lang eigenhändig darum, die gröbsten Schäden am Haus zu reparieren. Ihm ist es zu verdanken, dass die Fassaden intakt geblieben sind. Auch die Holzfenster mit Jugendstilrahmung, die fischbeingetäfelten Decken, die Steinböden in Schachbrettlegung sowie die gründerzeitlichen Öfen und Wandschränke blieben dank seiner Pflege unversehrt. Die Villa wurde von engagierten Initiativen mit Unterstützung des Denkmalschutzamtes zu einem Veranstaltungsort umgebaut. Marc Schlesinger wohnt weiterhin dort.

TAGEBUCHEINTRÄGE VON DR. SOLMITZ IN DER GEDENKSTÄTTE „KOLA-FU“

⑮

Das grauenhafte Rasseln der Schlüssel

Suhrenkamp 98, 22335 Hamburg (Stadtteil Fuhlsbüttel, Bezirk Nord)
Sonntag 10–17 Uhr (Eintritt frei)
S1 (Ohlsdorf), Busse 118, 174 und 274 (Röntgenstraße)

„Kola-Fu" lautete die Abkürzung des gefürchteten Konzentrationslagers Fuhlsbüttel. Erbaut 1906 für maximal 726 männliche Häftlinge, wurden während der Diktatur bis zu 1000 Frauen und Männer hinter den Mauern des Tors zur Hölle gefangen gehalten. Viele der Insassen waren schlimmster Folter ausgeliefert. Einer von ihnen war der promovierte Jurist und Journalist Dr. Fritz Solmitz aus Berlin, der im März 1933 mit 40 Jahren von den Nazis in Lübeck verhaftet wurde. Ihm wurde ein Schild mit der Aufschrift „Jude" um den Hals gehängt und anschließend trieb ihn der Mob durch die Stadt und verhöhnte ihn. Nach zweimonatiger Haft in Lübeck-Lauerhof wurde Dr. Solmitz in das Haus II des KZ-Fuhlsbüttel überführt.

In einer zutiefst beeindruckenden Dauerausstellung zeigt die Gedenkstätte „Kola-Fu" ein Duplikat des Tagebuches, das Dr. Solmitz während seiner Haft führte. Geschrieben hat der Journalist es auf Zigarettenpapierchen, die er in seiner Taschenuhr verbarg. Das winzige Tagebuch liefert ein grauenhaftes, erschütterndes Bild des Gefängnisalltags: *„Es bleibt mir nur die Wahl bei jedem Schlüsselrasseln vor der Tür zu zittern oder zum Strick zu greifen." – „18. September: Ich lebe noch. Mut oder Feigheit? Vor allem Grauen vor d. Todesart: "Erhängter Zuchthäusler" u. vor d. Verscharren. Denn m. Leichnam würde jetzt bestimmt nicht freigegeben. Dazu sieht der Rücken zu grauenhaft aus."*

Einer der Mithäftlinge von Dr. Solmitz war der Hamburger Arbeiterschriftsteller Willi Bredel. In seinem Roman „Die Prüfung" schildert Bredel die brutalen Haftbedingungen im Konzentrationslager Fuhlsbüttel. Bereits 1934 in London und Moskau erschienen, lieferte Bredels millionenfach verkaufter Roman der Weltöffentlichkeit schon fünf Jahre vor Ausbruch des Zweiten Weltkriegs eine absolut realistische Darstellung der Zustände in deutschen Konzentrationslagern. Englisch- und russischsprachige Leser wussten dank Bredel schon frühzeitig genau Bescheid, was die Nazis in Deutschland mit politischen Gegnern machten.

Hamburgs unvergessene Schauspielerin und Gründerin der „Hamburger Kammerspiele" Ida Ehre, 1933 von den Nazis mit einem Berufsverbot belegt, wurde 1943 in „Kola-Fu" inhaftiert. In ihren Lebenserinnerungen beschreibt sie ihre unermüdlichen Bemühungen, die weiblichen Mithäftlinge davon abzubringen, sich selbst aufzugeben. Einer Mitgefangenen, die sich die Pulsadern aufgeschnitten hatte, verband Ida Ehre eigenhändig die Handgelenke und rettete ihr das Leben. Es war erschütternd für die große Schauspielerin zu erfahren, dass dieselbe Gefangene später deportiert und ermordet wurde.

DIE ZWANGSARBEITERBARACKEN ⑯

Hamburgs dunkle Geschichte

Wilhelm-Raabe-Weg, 22335 Hamburg (Stadtteil Fuhlsbüttel, Bezirk Nord)
April bis November: Jeden 1. Sonntag im Monat 14–17 Uhr
S1 (Hamburg Airport)

Während des Zweiten Weltkriegs war Hamburg ein boomender Standort der Rüstungsindustrie. 400.000–500.000 unschuldige Frauen und Männer aus etlichen der von Deutschland besetzten Länder mussten in Hamburg Zwangsarbeit leisten. In Deutschland wurden Millionen ausländische Arbeitskräfte gegen ihren Willen gewaltsam verschleppt und mussten unter unvorstellbaren Bedingungen für die Kriegsindustrie arbeiten. Gegen Ende des Krieges erhöhte sich ihre Zahl um die Kriegsgefangenen. Zwangsarbeiterinnen und Zwangsarbeiter wurden gezwungen, die als Soldaten eingezogenen deutschen Arbeiter zu ersetzen.

In dieser Zeit schrieb die deutsche Industrie das abscheulichste Kapitel ihrer Geschichte. Durch jahrelange, unmenschliche Ausbeutung unbezahlter und nicht versicherter Arbeiterinnen und Arbeiter machten deutsche Unternehmen immense Gewinne. Deutsche Industriellenfamilien wie beispielsweise Thyssen, Krupp, Siemens, Quandt und Flick beuteten in ihren Firmen die Opfer des NS-Regimes aus. Die IG Farben, Daimler-Benz, Volkswagen, Degussa-Degesch (Hersteller von Zyklon B) und zahlreiche andere deutsche Firmen ließen Zwangsarbeiter für sich arbeiten, um Rüstungsindustrie und Vernichtungslager im Akkord zu beliefern. Hamburg war damals von Zwangsarbeitslagern übersät und ein großer Teil der Häftlinge musste im Hamburger Hafen arbeiten. Es ist jedoch nicht so, dass die Hamburger Bevölkerung von den schrecklichen Zuständen nichts sah oder mitbekam. Zwangsarbeiter mussten zum Beispiel auch in der Stadt unter freiem Himmel arbeiten, etwa mitten in St. Pauli, auf dem Heiligengeistfeld und im Schanzenviertel für die Garten- und Landschaftsbaufirma Kowahl & Bruns.

Das heute noch im Wilhelm-Raabe-Weg erhaltene Barackenlager wurde 1942 für Kowahl & Bruns gebaut, die damals mit der Tarnung des Hamburger Flughafens vor Luftangriffen beauftragt waren. Das Lager bestand aus drei Wohnbaracken und einer Wasch- und Toilettenbaracke. Es herrschten katastrophale Hygieneverhältnisse. Die kaum beheizten Baracken waren voller Ungeziefer und die Zwangsarbeiter wurden nicht medizinisch versorgt. Bei einem Woche für Woche sechstägigen Arbeitsmarathon von täglich zwölf Stunden bekamen sie Rübensuppe zu essen. Kaufmann Bruns wurde von einem britischen Militärgericht im Hamburger Curio-Haus zu drei Jahren Haft verurteilt. Es gelang ihm vom Gefängnis aus, seine durch Zwangsarbeit erwirtschafteten Gewinne für seinen Neuanfang als Unternehmer in der BRD zu sichern.

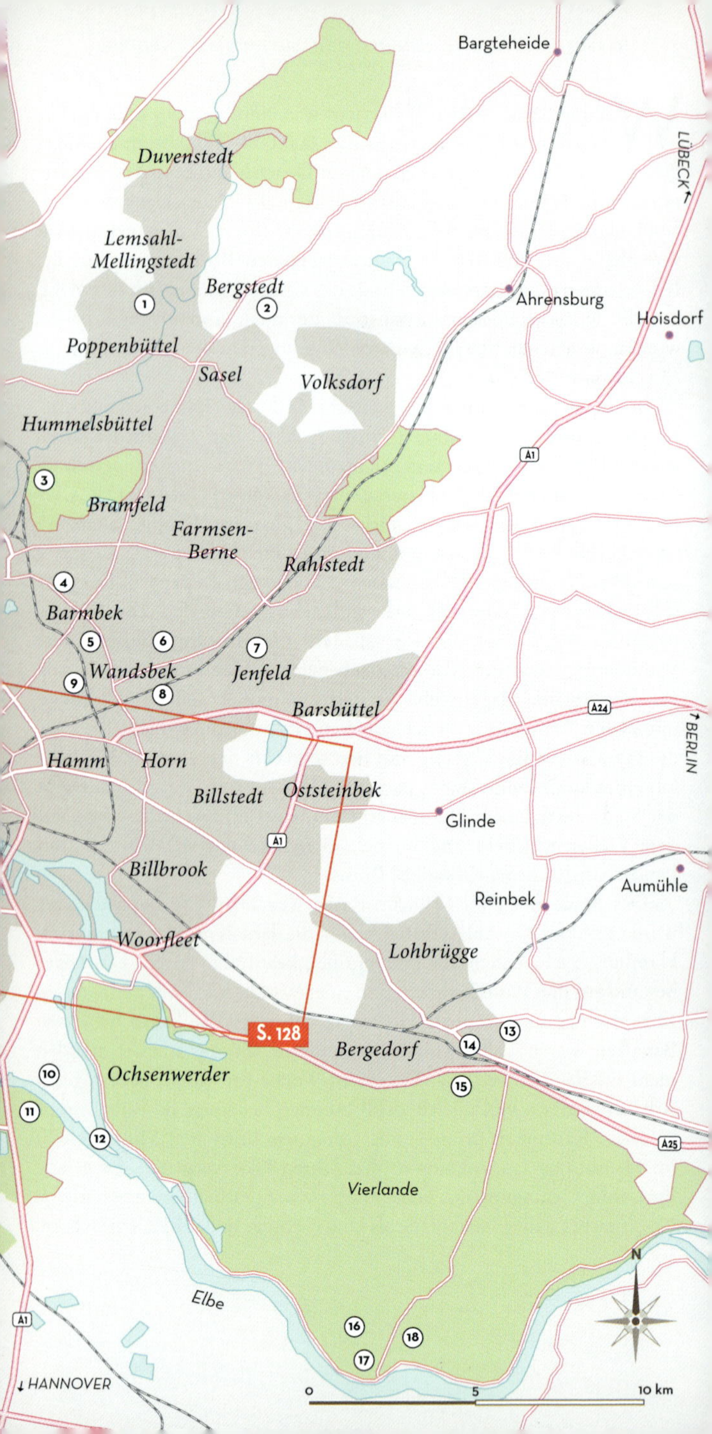

Bargteheide
Duvenstedt
LÜBECK
Lemsahl-Mellingstedt
Bergstedt
Ahrensburg
Hoisdorf
1
2
Poppenbüttel
Sasel
Volksdorf
Hummelsbüttel
A1
3
Bramfeld
Farmsen-Berne
Rahlstedt
4
Barmbek
5
6
7
Wandsbek
9
Jenfeld
8
Barsbüttel
A24
BERLIN
Hamm
Horn
Billstedt
Oststeinbek
Glinde
A1
Billbrook
Aumühle
Reinbek
Woorfleet
Lohbrügge
S. 128
13
14
Bergedorf
10
Ochsenwerder
15
11
12
A25
Vierlande
N
Elbe
A1
16
18
17
HANNOVER
0
5
10 km

Wandsbek, Mitte-Süd, Bergedorf und Nord (Ohlsdorf)

BURG HENNEBERG

①

Eine halbe Million für ein Zimmer mit Aussicht

Marienhof 8, 22399 Hamburg (Stadtteil Poppenbüttel, Bezirk Wandsbek)
Aktuelles Programm unter: www.burg-henneberg.de
Busse 178 und 276 (Schulbergredder)

Hamburg machte große Augen, als die Burg Henneberg in Poppenbüttel verkauft wurde. Und was heißt überhaupt Burg, wenn von lediglich 43 m^2 Wohnfläche bei realen 30 m^2 Nutzfläche die Rede ist? Zum einzigen Zimmer im Turm gehörte ein Bad mit Ofenheizung, was den Käufer jedoch nicht im Geringsten abschreckte. Mit Fledermäusen, Burgzinnen und Vollmondnächten inklusive kam Hamburgs spektakulärste Einzimmerwohnung im Alstertal für rund eine halbe Million Euro unter den Hammer. Dem Eigentümer sollten nach der Sanierung ein als Wohn- und Schlafraum geplanter „Rittersaal" und ein Vollbad aus Marmor zur Verfügung stehen. Nur eben alles – selbst der geplante Whirlpool – im Minimaßstab à la Schlümpfe. Zwar gehören zur Burg über 3.000 m^2 Grundstücksfläche, doch die liegen in einem Naturschutzgebiet und da kann man als Eigentümer leider nicht mehr machen, was man will. Es darf ein bisschen gegärtnert werden, vielleicht ein paar Tomaten angepflanzt, mehr aber nicht. Dann bleibt man eben zuhause und guckt schön aus seinem einzigen Turmfenster. Von wegen! Zuhause bleiben durfte er nämlich erst recht nicht, der neue Eigentümer, da die Burg unter Denkmalschutz steht und Dauerwohnrecht nicht erteilt wird. Für die kostspieligste Einzimmerwohnung der Elbmetropole gelten demnach dieselben Regeln wie für Laubenpieper im Schrebergarten: Gewohnt werden darf nicht!

Der Vergleich passt, denn bei der Burg handelt es sich um ein Gartenhaus, das Gutsbesitzer Albert Henneberg 1887 in malerischer Hanglage für sein Anwesen bauen ließ. Als historisches Vorbild diente die im 11. Jahrhundert erbaute Burg Henneberg in Thüringen, auf der seine Vorfahren Graf Godebold und Poppo von Henneberg Burgherren gewesen waren. Im Maßstab 1:4 ließ Albert sich die Burg seiner Ahnen als Gartenhaus nachbauen. Als Familie Henneberg im 19. Jahrhundert in den Stadtteil Poppenbüttel zog, ließ sich Albert auf dem Marienhof nieder und legte den heutigen Henneberg-Park an.

Inzwischen ist die romantische Gartenhausburg Kulturstandort geworden und damit der Öffentlichkeit eingeschränkt zugänglich. Ein schönes Programm aus kleinen Konzerten, Lesungen und Hochzeitsfesten bringt frischen Schwung in den Turm. Jemand scheint die finanzielle Eskapade nüchtern durchgerechnet zu haben, denn als Stiftung Burg Henneberg dürfen die Eigentümer Spenden für den Erhalt der Burg entgegennehmen.

DER WOHLDORFER WALDPFAD ②

Hamburgs uralter Fledermauswald

U-Bahnhof Ohlstedt, 22397 Hamburg (Stadtteil Wohldorf-Ohlstedt, Bezirk Wandsbek)
U1 (Ohlstedt)

In der Dämmerung erwachen sie und flattern bis Sonnenaufgang lautlos wie Schatten aus ihren Verstecken im tiefen alten Wohldorfer Wald. Das riesige Naturschutzgebiet ist Lebensraum für zehn verschiedene Fledermausarten. Eine so große Fledermausvielfalt hat kein anderer Wald der Stadt. Noch bevor man die erste Fledermaus entdeckt hat, fallen einem mitten im Wald eigenartige Objekte auf, die wunderlich genug sind, einen tiefer und tiefer in den Wald hineinzulocken. Die handgefertigten Werke sind Unikate und wurden für den Wald entworfen und gebaut. Entstanden ist ein geheimnisvoller Wanderpfad voller kindgerechter Anregungen zum Lernen und Spielen im Wald.

Eigentlich war geplant, hier eine Museumsbahn fahren zu lassen, nachdem die letzte Strecke der Kleinbahn zwischen Wohldorf und Ohlstedt 1961 stillgelegt worden war. Stattdessen wurde, wohl aus Kostengründen, ein Wanderweg angelegt, an dessen Stationen man Vögel beobachtet, die Hölzer des Ohlstedter Baumbestandes am Klang zu unterscheiden lernt und in einem märchenhaften Wald auf Geschichtsreise in frühere Jahrhunderte geht. Im Großen und Ganzen ist der Lehrpfad

gut ausgeschildert, nur an einer Stelle fehlt ein Hinweis. Nach Station Nr. 6, wo sich die Wege kreuzen, geht es zur Nr. 7 rechts weiter.

Wohldorf und Ohlstedt sind über 700 Jahre alte Orte und gehörten vor langer Zeit zu den sieben Walddörfern vor Hamburgs Stadtgrenzen. Ihre Namen lauteten Volksdorf, Bergstedt, Wohldorf, Ohlstedt, Duvenstedt, Lemsahl und Mellingstedt. Das Dorf Ohlstedt wird im Jahr 1292 erstmals urkundlich erwähnt, Wohldorf kurz darauf im Jahr 1303. Schon damals gab es die Burganlage des späteren Herrenhauses Wohldorf. Die Schauenburger Grafen, seit dem Jahr 1110 Lehnsherren in Hamburg, bauten sich „Burg Woltorpe" als Verteidigungsfestung und Amtssitz. Selbstverständlich führt der Waldpfad am heutigen Herrenhaus vorbei, das leider nicht von innen angeschaut werden kann, weil es längst in Privatbesitz ist.

Die historische Kupfermühle wurde 1841 im Betrieb der Hamburger Reederfamilie Sloman zum Industriestandort. Die Kupferhämmerei, in der ein mit Wasserkraft betriebener Hammer erhitztes Kupfer zu Platten flachschlug, wurde später zu einer Baumwollweberei umfunktioniert. Die Industrialisierung brachte Familie Sloman wirtschaftlichen Wohlstand. Für ihre Arbeiterinnen und Arbeiter waren es dunkle Jahre des Elends und der Schinderei. Die Bezahlung war so miserabel, dass selbst Kinder in der Fabrik schuften mussten, damit die Familie durchkam. In den Namen der historischen Arbeiterhäuser „Langer Jammer" und „Kurzer Jammer" klingt die schwere Zeit noch nach.

DER GARTEN DER FRAUEN

③

Ihre Spuren begleiten uns

Garten der Frauen, Friedhof Ohlsdorf, Fuhlsbüttler Straße 756 (Nähe Cordesallee), 22337 Hamburg (Stadtteil Ohlsdorf, Bezirk Nord)
Täglich 9–18 Uhr
www.garten-der-frauen.de
S1, U1 (Ohlsdorf), Bus 170 (Wasserturm)

In der Nähe eines schlanken weißen Wasserturms, der einem Sprössling von Schloss Neuschwanstein ähnelt, liegt der Garten der Frauen. Die Toten, die hier bestattet liegen, oder derer hier gedacht wird, trugen nie eine Militäruniform, ließen sich nicht zum Dienst an der Waffe ausbilden, waren nicht an der Front, haben nie auf einen Menschen geschossen. Ein Kontrast zum Ohlsdorfer Friedhof, auf dem hunderte zu Unrecht als „Helden" bezeichnete Militärs begraben liegen, die mit gewaltigen Monumenten geehrt werden. Im Garten der Frauen hingegen wird an unbeirrbare Pazifistinnen wie Käthe Tennigkeit erinnert, die gegen Krieg und Verfolgung protestierte. Wir begegnen weltberühmten Künstlerinnen wie Lola Rogge, die sich gegen bürgerliche Ressentiments ihrer Zeit auflehnte, um ungeahnte Visionen des Tanzens auf die Bühne zu bringen, oder der begnadeten Hamburger Malerin Anita Rée. Hamburgs berühmteste Prostituierte, Domenica Anita Niehoff, kämpfte für die Rechte der Huren, arbeitete als Streetworkerin und trug den Namen „St. Paulis großes Herz". Bertha Keyser, der „Engel von St. Pauli", gründete in Hamburg ein Obdachlosenheim für Frauen.

Der künstlerisch gestaltete Garten der Frauen ist ein verzaubernder Ort, an dem nicht der Tod spürbar wird, sondern die Lebendigkeit des Lebens. Es wird an Frauen wie Abelke Bleken erinnert, die in Hamburg als Hexe verfolgt, gefoltert und verbrannt worden war, oder an Christel Klein, die von ihrem gewalttätigen Ex-Ehemann ermordet wurde. Doch es gelingt den Gestalterinnen des Gartens, der unerträglichen Männergewalt gegen Frauen kraftvollen Widerstand und göttliche Inspiration entgegenzusetzen. Farbenprächtige Details, wie ein mit leuchtend blauen Glasscherben gefülltes Steinbecken oder die spirituelle Skulptur eines Labyrinths vermitteln den Eindruck eines Gartens der Künstlerinnen.

Initiatorin Dr. Rita Bake rüttelt Hamburg aus dem patriarchalen Dornröschenschlaf. Einmal soll es vorbei sein damit, dass die überwältigende Mehrzahl aller Straßen nach Männern benannt wird und zu Anlässen, bei denen Frauen geehrt werden könnten, pauschal zu hören ist: „Uns ist dazu keine Frau von Bedeutung bekannt." Eine leere Behauptung, der Frau Dr. Bake den Wind aus den Segeln genommen hat. Seit vielen Jahren dokumentiert die Wissenschaftlerin Lebensgeschichten von Frauen aus Hamburg, woraus die „Datenbank Hamburger Frauenbiografien" entstanden ist.

DIE GESCHICHTSWERKSTATT BARMBEK

④

Beugelbuddeln aus dem alten Barmbeck mit c

Geschichtswerkstatt Barmbek, Wiesendamm 25, 22305 Hamburg (Stadtteil Barmbek, Bezirk Nord)
040 293107
www.geschichtswerkstatt-barmbek.de
U3 (Barmbek)

Keine andere deutsche Stadt hat annähernd so viele Geschichtswerkstätten wie Hamburg. Hier führen etliche Stadtteile ein eigenes, sorgfältig katalogisiertes Archiv und zeigen Sammlungen historischer Alltagsgegenstände und Kuriositäten. Im Schaufenster der Geschichtswerkstatt Barmbek stehen zwei reichverzierte Bügelflaschen der „Barmbecker Brauerei". Die Brauerei gibt es nicht mehr, das „c" auch nicht, aber die Geschichte des Bierbrauens in Hamburg wird von ehrenamtlichen Archivaren weiterhin lebendig gehalten.

Im Mittelalter war Bierbrauen in Hamburg und dem gesamten Norden Europas noch Sache der Hausfrau. Bier wurde für den Eigenbedarf gebraut, enthielt wesentlich weniger Alkohol als heute und wurde nicht selten schon morgens zum Frühstück getrunken, um sich zu stärken. Schal gewordenes Bier wurde nicht weggeschüttet, sondern man kochte eine gute Suppe daraus. Im 13. Jahrhundert entstand der Städtebund „Die Hanse", der zur mächtigsten Wirtschaftsmacht des Nordens aufstieg, und die Hansestadt Hamburg begann, Bier als Exportartikel zu verschiffen. Hamburger Biersorten dürften großen Anklang gefunden haben, denn schon im Jahr 1270 wird urkundlich, dass Hamburgs Bier enorme Gewinne einbrachte. Weißbier aus der Freien und Hansestadt wurde zum Exportschlager. Zur Blütezeit der Hanse stieg die Zahl privater Brauhäuser auf über 500. Hamburger Bier war der bedeutendste Exportartikel der Hansestadt an der Elbe. Koggen verschifften die Bierfässer nach Holland, Skandinavien und ins Baltikum. Über 100.000 Hektoliter Bier wurden im 14. Jahrhundert in Hamburg gebraut und trugen der Stadt den Ehrennamen „Brauhaus der Hanse" ein.

Die Geschichte der Hanse endete im 17. Jahrhundert nach dem Dreißigjährigen Krieg. Bald begann die Ära der Industrialisierung und auch das Bier wurde industriell gebraut. Heute dagegen geht der Trend wieder zu hausgebrautem Bier. Schmeckt man einen Unterschied zwischen industriell gebrautem und hausgebrautem Bier? Erfrischend sind beide. Hausgebraute Biere schmecken feiner als industrielle und besonders Pils eignet sich, nach alten Brautraditionen hausgebraut hergestellt zu werden. Beim Brauen wird nach dem Maischen und dem Läutern, Kochen und Kühlen Bierhefe zum Vergären zugegeben. Was das Lieblingsbier der Deutschen, das Pils, einzigartig macht, ist seine untergärige Hefe. Sie gibt dem Pils seinen eleganten, klaren Geschmack. Untergärige Hefe braucht niedrige Temperaturen (5–10 °C), um das Bier zu vergären, und wird zum Reifen wie in alter Zeit in Kellergewölben gelagert. Hamburg bietet heute in vielen Bars und Restaurants hausgebrautes Bier an.

DAS ABENDLIED-RELIEF

⑤

Der Mond ist aufgegangen, die goldnen Sternlein prangen

Standort neben der Christuskirche, Robert-Schuman-Brücke 1, 22041 Hamburg (Stadtteil Wandsbek, Bezirk Wandsbek)
U1, Busse 23 und 213 (Wandsbek Markt)

Matthias Claudius (1740–1815) wird in Wandsbek bis heute mit derselben zärtlichen Sehnsucht verehrt, die den berühmten deutschen Dichter seinerseits zeitlebens mit seiner Wahlheimat verbunden hielt. Geboren wurde Matthias Claudius als Sohn einer Pastorenfamilie in Reinfeld in der Nähe von Lübeck. Während seines Studiums der Rechtswissenschaften begann er zu schreiben und begegnete in den darauffolgenden Jahren dem Dichter Klopstock, dem Philosophen Herder und dem großen deutschen Dramatiker Gotthold Ephraim Lessing. Dank ihrer Ermutigung waren die Selbstzweifel des jungen Dichters bald überwunden. Claudius schrieb Lieder, Gedichte und Erzählungen. Komponist Franz Schubert vertonte das „Abendlied" des Dichters mit einer ruhigen und sanften Melodie, in der solcher Trost und warme Innigkeit liegen, dass es unter dem Titel „Der Mond ist aufgegangen" in Deutschland zum berühmtesten Gutenachtlied geworden ist. Auf dem Relief des Worpsweder Bildhauers Waldemar Otto sieht man den Dichter unter einem weiten Sternenzelt stehen, während er den eben aufgegangenen Mond betrachtet. Das Kunstwerk enthält einen Clou: Die Sterne stehen in derselben Konstellation am Firmament wie zur Geburt des Dichters am 15. August 1740.

Wandsbek und der Name Matthias Claudius sind untrennbar miteinander verbunden durch die Zeitung „Wandsbecker Bothen" (frühere Schreibweise), deren Insignien, Wanderstab, Hut und Tasche, man in Wandsbek allenthalben sieht. Mit Anfang 30 übernahm der junge Dichter für vier Jahre die Leitung der Zeitung. Es war eine regelrechte Sensation: Im kleinen Ort Wandsbek, damals noch längst nicht zu Hamburg gehörig, sondern eine Stunde Fußmarsch von der Hansestadt entfernt, erschien über Nacht eine Zeitung mit Beiträgen der berühmtesten Literaten der damaligen Zeit. Für den „Wandsbeker Boten" schrieben sogar Goethe und Lessing! Die Redaktion der Zeitung befand sich in der Wandsbeker Marktstraße 125, wo heute eine Infotafel hängt.

Das Wohnhaus von Matthias Claudius steht heute nicht mehr. Auf dem Wandsbeker Marktplatz findet sich aber eine Skulptur, auf der Matthias Claudius als frisch gebackener Papa aus Freude über sein neugeborenes Kind über den Rücken seines Sohnes springt. Hinter der Christuskirche liegt das Ehepaar Claudius begraben. Die beiden gleich großen, mit goldenen Sternen verzierten Kreuze strahlen Frieden und Heiterkeit eines glücklichen Paares aus. Matthias und Rebekka hatten zwölf Kinder und waren 43 Jahre lang miteinander verheiratet.

DAS MESSEPRIVILEG KARLS IV.

⑥

Prunkstück einer Handelsstadt

Staatsarchiv, Kattunbleiche 19, 22041 Hamburg (Stadtteil Wandsbek, Bezirk Wandsbek)
Montag bis Mittwoch 10–18 Uhr, Donnerstag, Freitag 10–16 Uhr
U1 (Wandsbek Markt)

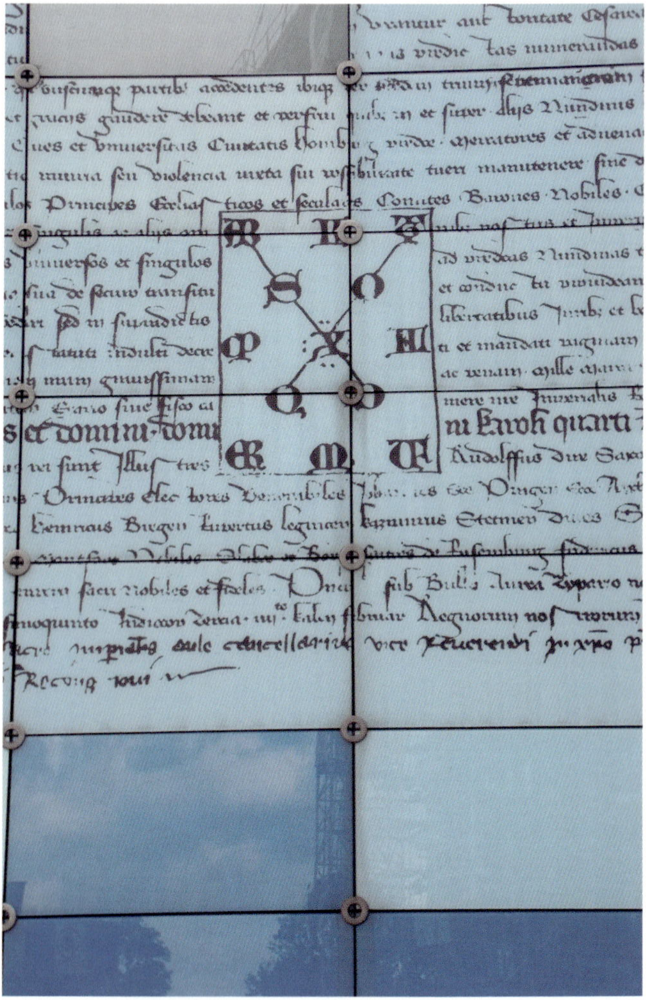

Mitten in Wandsbek steht auf einer Wiese am Straßenrand ein gigantischer strahlend blauer Kasten. Beim Anblick des Großobjektes denkt man an einen leeren, nach außen gestülpten Pool. Gestalter der Glasfassade des Magazins des Hamburger Staatsarchivs ist Architekt Jan Störmer, der bei seinem Entwurf einen Eisgletscher im Sinn gehabt hat, in welchem die Geschichte der Stadt Hamburg dauerhaft bewahrt wird. Um diesen Eindruck zu verdeutlichen, wurden drei Faksimiles bedeutender Dokumente in riesenhafter Vergrößerung von außen auf die Fassade gedruckt. Das schönste und älteste davon ist das Messeprivileg von 1365. Mit ihm begann vor über 650 Jahren Hamburgs Aufstieg zur Messestadt.

Es war der römisch-deutsche Kaiser Karl IV., der Hamburg in einem mit Majestätssiegel versehenen Freibrief das Messeprivileg verlieh. Heutzutage laufen in Hamburg Monat für Monat mehrere Fachmessen gleichzeitig. Doch begonnen hat der Messebetrieb der Stadt zunächst mit nur einer einzigen, der alljährlich stattfindenden Pfingstmesse. Kaiser Karl IV. gab der Stadt die Erlaubnis, zwei Wochen vor Pfingsten bis acht Tage nach Pfingsten eine Handelsmesse zu organisieren, und gewährte Hamburg kaiserlichen Schutz bei der Abwicklung sämtlicher Geschäfte. Für die Hafenstadt bedeutete es den in jeder Hinsicht bedeutenden Schritt vom lokalen Markt zum Welthandel. Bisher hatte das mittelalterliche Hamburg nur Bauernmärkte gekannt, auf denen Vieh und Ernteprodukte für den täglichen Bedarf verkauft wurden. In größeren Abständen fanden Warenmärkte statt, auf denen Werkzeug und Textilwaren gekauft werden konnten. Mit der Messe jedoch kamen Waren aus weit entfernten Gegenden in die Stadt, was buchstäblich den Horizont der Stadt erweiterte. Handelsmessen waren zwar in erster Linie Marktplatz für Waren, boten aber gleichzeitig immer auch Gelegenheit zu gegenseitigem Austausch von Fachwissen und nicht zuletzt Berichten über Geschichten aus aller Welt.

Hamburg gehörte zur Hanse und hatte sich bereits zur Zeit Karls IV. zu einer bedeutenden Hafenstadt entwickelt. Dem in Prag geborenen und dort residierenden Kaiser hatte es die Vorstellung angetan, die großen Handelsrouten seines Reiches miteinander zu verbinden und den Hafen von Hamburg mit einzubeziehen. Über Elbe und Moldau konnten Waren aus Skandinavien und Hamburg mit dem Schiff nach Prag befördert werden. Umgekehrt konnten Waren aus dem Mittelmeerraum und dem Orient zum Hamburger Hafen verschifft und von dort aus weiter gehandelt werden.

DAS LOTHAR-VON-TROTHA-HAUS ⑦

Mörder unter Denkmalschutz

Wilsonstraße 68, 22045 Hamburg (Stadtteil Jenfeld, Bezirk Wandsbek)
Bus 11 (Kuehnstraße Ost)

Der Hamburger Historiker Prof. Dr. Jürgen Zimmerer spricht von Hamburg treffend als „der deutschen Kolonialmetropole schlechthin". Neben Berlin natürlich. Im Hamburger Hafen begann für den größten Teil der deutschen Soldaten die lange und beschwerliche Reise nach Namibia, der damaligen deutschen Kolonie „Deutsch-Südwestafrika". In Namibia ermordeten die Soldaten Kaiser Wilhelms die Völker der Herero und der Nama. Unter Befehlsleitung des Generals Lothar von Trotha töteten deutsche Soldaten in den Jahren 1904 bis 1908 etwa 65.000 Männer, Frauen und Kinder der etwa 80.000 Herero und 10.000 Menschen der damals etwa 20.000 Nama. Der deutsche Genozid an den Herero und Nama in Namibia war der erste Völkermord der Geschichte. Auch die Bundesregierung spricht heute von Völkermord, Entschädigungszahlungen an die Nachkommen der Herero und Nama lehnt die deutsche Regierung jedoch ab.

General Lothar von Trotha hatte den Vernichtungsbefehl eigenhändig verfasst. Die von ihm gewählten Worte lauteten: „Ich glaube, dass die Nation als solche vernichtet werden muss." Kaiser Wilhelm II. war mit der grenzenlosen Brutalität seines Generals bedenkenlos einverstanden und ließ von Trotha in Afrika Völkermord begehen. Danach scheint die Zeit stehengeblieben zu sein. So müssen die Nachkommen der ermordeten Herero und Nama faktisch bis heute unter kolonialistischer Entrechtung leiden. Namibia hat weltweit eins der krassesten Einkommensgefälle. Zur Oberschicht des Landes gehören die Nachkommen der deutschen Kolonialisten, Siedler und Soldaten. Weißen Farmern gehört bis heute der größte Teil des Landes der Herero. Die deutschen Enteignungsmaßnahmen unter General von Trotha sind nicht aufgehoben worden und die Nachfahren der Herero und Nama kämpfen bis heute um Wiedergutmachung und Entschädigung.

Aber auch in Hamburg sind die Uhren zur Kolonialzeit stehengeblieben. Die Lettow-Vorbeck-Kaserne ist ein beunruhigendes Beispiel von vielen dafür, dass Bilder und Statuen aus der Kolonialzeit in der Stadt stehenbleiben durften, als würde der Senat für immer in der Kaiserzeit leben wollen. Erst engagierte Initiativen wie der Arbeitskreis „Hamburg Postkolonial" oder die „Initiative Schwarzer Menschen in Deutschland" brachten den Skandal an die Öffentlichkeit. Bis heute wird Hamburgs Kolonialgeschichte selten oder gar nicht an den Schulen gelehrt.

DAS SCHIMMELMANN-MAUSOLEUM

⑧

Der Menschenhändler von Wandsbek

Alter Friedhof hinter der Christuskirche, Robert-Schuman-Brücke 1, 22041 Hamburg (Stadtteil Wandsbek, Bezirk Wandsbek)
Terminvereinbarung für Besichtigung des Mausoleums mit dem Kirchenbüro unter 040 687689
U1 (Wandsbek Markt), Busse 23 und 213 (Wandsbek Markt)

Berechtigte Bürgerproteste sorgten 2008 in Wandsbek dafür, dass eine zwei Jahre zuvor aufgestellte Büste von Heinrich Carl von Schimmelmann offiziell wieder entfernt wurde. Eine Rechtsanwältin hatte Anzeige gegen Hamburgs Kultursenatorin erstattet. Ihr Begründungstext beinhaltete Fakten, die dem Hamburger Senat offenbar entfallen waren. Schimmelmann „hielt Tausende Menschen auf seinen Plantagen als Sklaven, quälte, peitschte, brandmarkte, folterte und ermordete sie. Es handelt sich um einen der führenden Menschenhändler seiner Zeit".

Heinrich Carl von Schimmelmann kaufte im Jahr 1763 für 40.000 Taler Zuckerrohrplantagen des Königs von Dänemark auf den Karibikinseln Saint Croix, Saint Thomas und Saint John. Der folgende Auszug aus einer Auflistung der dort schuftenden Sklaven vermittelt grauenerregende Zustände auf Saint Croix. Um ihre Familiengeschichte und damit ihre Menschenwürde auszulöschen, zwang man die Sklaven, den Namen des Plantagenbesitzers als ihren eigenen Familiennamen zu tragen. Bis heute kennen viele Nachfahren von Sklaven aus der Karibik ihren wirklichen Nachnamen nicht und müssen seit etlichen Generationen mit dem Namen eines Plantagenbesitzers leben, der ihre Vorfahren versklavte und prügeln und verstümmeln ließ. Wie die folgende Liste zeigt, wurden den Sklaven auch neue Vornamen verpasst, um ihre Identität zu löschen. „Martha: Ist eine Negerin, die zum Eiland Saint Jan (Saint John) gehört. Verurteilt, zeitlebens in Eisen zu gehen, wegen ihrer Teilnahme an der Rebellion dort. – Akra: In Eisen, weil er in den Busch weggelaufen war, obgleich er schlechte Beine hat. Steht angekettet an der Mühle. – Felix, mit einem Holzbein, hält Wache in der Plantage. – Jaci, mit einem Holzbein, hält Wache." Im Zuge fürchterlicher, sadistischer Bestrafungen auf der Plantage war Felix und Jaci ein Bein abgetrennt worden, deshalb trugen sie Holzbeine. Bei diesen Bildern verwundert es nicht, dass die überwiegende Mehrzahl der missionierten Sklaven sich den Teufel als einen Weißen vorstellte.

Geboren 1724 in Pommern, erwarb Schimmelmann nach dem Siebenjährigen Krieg die Lagerbestände der Meißner Porzellanmanufaktur aus der Kriegsbeute Preußens, mit denen er ein Vermögen machte. Vom dänischen König in den Adelsstand erhoben, wurde Graf Schimmelmann Plantagenbesitzer. Er besaß eine eigene Schiffsflotte, mit der er versklavte Menschen aus Westafrika in die Karibik verfrachtete und galt zu Lebzeiten als reichster Mann Europas.

DER DANIEL-BARTELS-HOF

9

Der Grillenscheucher

Daniel-Bartels-Hof, Alter Teichweg 7, 22081 Hamburg (Stadtteil Barmbek, Bezirk Wandsbek)
Bus 37 (Flachsland), Bus 213 (Langenrehm)

Eine große hellgrüne Grille schmückt den alten Brunnen im Daniel-Bartels-Hof. Im 19. Jahrhundert wusste jeder, der hier wohnte, worauf sich die Grille bezog: auf die berühmte Gedichtsammlung „Der Grillenscheucher" von Daniel Bartels. Barmbek war früher ein Arbeiterviertel und die meisten Bewohner des Stadtteils arbeiteten im Hamburger Hafen. Hafenarbeit war knochenhart. Das kleine Scherzgedicht „En goode Utreed" („Eine gute Ausrede") aus dem „Grillenscheucher" wird die Gemüter der Hafenarbeiter aufgehellt haben, wenn sie bei Wind und Wetter früh morgens zur Werft mussten. „Arbeit macht das Leben süß?/Leeve Arbeit, denn adjüß!/Süh, mi kannst keen Lust bereiten,/Denn ick mag keen Seutigkeiten!" (hochdeutsch: Süßigkeiten). Seinen in vielen Auflagen nachgedruckten Gedichtband hatte Bartels als Sammlung heiterer Sorgenbrecher auf Hochdeutsch, Plattdeutsch und Missingsch (Hamburger Mischung aus Platt- und Hochdeutsch) verfasst und landete damit im 19. Jahrhundert einen Hit. Bartels war ein von seinen Hamburger Lesern heißgeliebter volkstümlicher Dichter wie später Hamburgs Dichter Otto Ernst und Hans Leip oder Joachim Ringelnatz, der den Traum vom Seefahrerleben in Hamburg an den Nagel hing, als Matrose von Bord ging und entschied, endgültig Dichter zu werden. Doch während Ringelnatz unsterblich geworden ist und Otto Ernst und Hans Leip zumindest noch dem Namen nach bekannt sind, ist Bartels in Vergessenheit geraten. Geboren 1818 in Lübeck, lernte er in Hamburg das Malerhandwerk und zog als Geselle durch Deutschland, ehe er in Hamburg seinen Meister machte und gleich darauf heiratete. Bartels starb mit 70 Jahren in Hamburg.

Der Entwurf des Daniel-Bartels-Hofes aus dem Jahr 1926/27 stammt von Puls&Richter. Hier kündigt sich das Motto der Architekturmoderne „Less is more" (Mies van der Rohe) bereits an. Das Hamburger Architektenduo Puls&Richter setzte dem für Mietwohnungsbau damals üblichen Klinker etwas völlig Neues entgegen. Großflächige helle Fassaden mit charmanten bogenförmigen Loggien strahlen eine Eleganz aus, die man vorher im sozialen Wohnungsbau nie gesehen hatte.

Im Daniel-Bartels-Hof verbinden sich die Erinnerung an einen Hamburger Dichter und der richtungsweisende Baustil eines fortschrittlichen Hamburger Architektenduos. Und nun kommt als Dritter im Bunde noch einer der bekanntesten Bildhauer Hamburgs dazu, denn den Grillenbrunnen entwarf Ludwig Kunstmann, der 1910 nach Hamburg kam. Kunstmann schuf für Hamburg u. a. den Elefanten am Brahmskontor, den Eisbären im Stadtpark und das Pferd am Thaliahof.

NATURSCHUTZGEBIET HEUCKENLOCK

⑩

Geheimnisvolles Sumpfgebiet aus der Eiszeit

Naturschutzgebiet Heuckenlock, 21109 Hamburg (Stadtteil Moorwerder, Bezirk Mitte)
Bus 149 (Neuland)

Die Wildnis ruft. Wenn man Hamburger Kinder danach fragt, was sie am Wochenende erlebt haben und sie mit leuchtenden Augen erzählen, sie wären „draußen im Dschungel" gewesen, ist mit großer Wahrscheinlichkeit die Rede von Heuckenlock: ein uraltes Sumpfgebiet am nördlichen Ufer der Süderelbe, das vor über 10.000 Jahren aus der letzten Eiszeit übriggeblieben ist. Heuckenlock ist 94 Hektar groß, steht seit 1977 unter Naturschutz und ist seit 1998 Natura-2000-Gebiet. Der Name des Hamburger Dschungels setzt sich aus dem plattdeutschen Wort „Lock", das einen großen Priel oder eine Senke mit stehendem Wasser bezeichnet, und dem Namen der Familie Heucken zusammen, die hier, auf der ehemaligen Elbinsel Moorwerder, über Generationen gelebt hat.

Strähniges braunes Fell taucht auf im schlammbraunen Wasser, auf dem sich blauer Himmel und Wolken spiegeln. Es ist ein Sumpfbiber

(*Myocastor coypus*), der sich auf einem schilfbewachsenen Erdhaufen eine kleine Rast gönnt und gleich darauf wieder lautlos im Wasser verschwindet. Spannend wird der Ausflug, wenn in Heuckenlock zweimal täglich der Hochwasserstand erreicht wird und die Wege, die ins Gebiet hineinführen, überflutet werden. Es besteht keine Gefahr zu verunglücken, man ist nur gut beraten, sich gegebenenfalls rechtzeitig Gummistiefel anzuziehen. Es sieht wunderschön aus, wenn das Elbwasser langsam über Sumpfflächen hereinströmt und man dabei zusehen kann, wie es steigt. Überflutet wird auch die von der Stadt gepflegte Schachbrettblumenwiese, auf der im Frühjahr hunderte rosa-violett gewürfelter, zarter Blüten im Wind nicken. Die seltene, wunderschöne Blume hat auf der Auwiese einen sicheren Standort gefunden.

Riesige uralte Bäume, von Flechten überwachsen und mit mächtigem Wurzelwerk, holen einen in die längst versunkene Zeit zurück, als das Urstromtal der Elbe aus dem Schmelzwasser eiszeitlicher Gletscher entstand. Das etwa vier Kilometer lange und bis zu 400 Meter breite Naturschutzgebiet ist von Wanderwegen durchzogen. Abgestorbene Bäume werden von den Wegen geräumt, bleiben ansonsten jedoch liegen und bilden für Moose, Pilze und Schnecken urtümliche, artgerechte Biotope. In der Sumpfwildnis mit ausgedehnten Tideauwäldern sind über 700 Arten zuhause.

© Satohan

DER ÄLTESTE BAUM VON HAMBURG

⑪

Eibe mit Weile

Neuländer Elbdeich 198, 21079 Hamburg (Stadtteil Neuland, Bezirk Mitte)
Bus 149 (Alte Schule)

Einige Experten schätzen ihr Alter auf über 1000 Jahre. Selbst wenn man von sicheren 800 Jahren ausgeht, ist die gut zehn Meter hohe Eibe am Neuländer Elbdeich der älteste Baum von Hamburg. Als einziger Baum der Freien und Hansestadt ist diese Eibe als Naturdenkmal ausgezeichnet worden. Sie ist sozusagen lebende hamburgische Geschichte, denn sie hat zum Beispiel miterlebt, wie im 12. Jahrhundert durch den Bau von Deichen Wasserflächen trockengelegt und Baugrund für die entstehende Stadt geschaffen wurde.

Heute umgibt die uralte Eibe die Einfahrt eines Privatgrundstücks. Von der Straße aus ist sie nicht zu übersehen und ihr Stamm weist einen Umfang von stolzen drei Metern auf. Wer sie aus der Nähe betrachtet, glaubt einen Zaubertrick zu sehen: Von den Wurzeln bis in den Wipfel ist der Stamm hohl. Mehrere Spangen aus Eisen stützen und stabilisieren den Baum. Die Eibe sieht so frisch und gesund aus, dass man sich als Laie die Frage stellt, wie sie sich ohne Stamm mit Nährstoffen versorgen kann. Das Wunder ist leicht zu erklären: Für den Baum ist das Innenholz seines Stammes von geringer Bedeutung. Hier befindet sich das sogenannte Kernholz, das zwar einen großen Teil seines Gewichts ausmacht und dem Baum Halt und Stabilität verleiht, aber dennoch keine weiteren Funktionen erfüllt. Für Wachstum und Erhalt sorgt nämlich das Splintholz am äußeren Rand des Stamms. Dort verlaufen die Leitungsbahnen und werden Nährstoffe gespeichert.

Manche deuten es als Ausdruck ihrer Weisheit, dass sich die Eibe von allem Überflüssigen gelöst hat und sich auf das Wesentliche beschränkt. Das Kambium, die Wachstumsschicht zwischen Rinde und Holz, ist bis heute unbeschädigt geblieben. Rinde und Bast ebenso. Nur der äußere Teil des hohlen Stamms hat noch Wurzeln. Trotzdem hält die Eibe sich wie eine Eins und bekommt immer noch Jahr für Jahr neue junge Triebe. Die Eibe ist eine der ältesten Baumarten Europas. Im Gegensatz zu anderen Nadelbäumen trägt sie keine Zapfen, sondern hellrote Beeren. Eiben gehören zu den Giftpflanzen, da in allen Pflanzenteilen das sehr giftige Taxin enthalten ist. Mit einer einzigen Ausnahme: Das Fruchtfleisch der leuchtend roten Beeren ist ungiftig. Der Verzehr des Fruchtfleisches gilt als harmlos, doch die Kerne der Beeren dürfen auf keinen Fall mitgegessen werden, da sie durch ihren hohen Taxingehalt hochgiftig sind.

LEUCHTFEUER BUNTHÄUSER SPITZE

⑫

Der verborgene Elbkilometer 609

Moorwerder Hauptdeich, 21109 Hamburg (Stadtteil Moorwerder, Bezirk Mitte)
Bus 351 (Moorwerder Hauptdeich)

Die wenigsten Hamburger haben je von ihm gehört. Noch weniger haben ihn je mit eigenen Augen gesehen. Am äußersten Ende der Bunthäuser Spitze steht ein über 100 Jahre alter Leuchtturm aus Holz. Ein Pfad führt am Zaun entlang vom Parkplatz aus über Wildwiesen zum Ende der Landzunge bis zum Leuchtturm, den man in einer guten Viertelstunde erreicht. Erbaut im Jahr 1914, war das vergessene Leuchtfeuer von Wilhelmsburg nach über 70 Jahren so morsch und verwittert, dass es zusammenzustürzen drohte. Erst zum 800. Hafengeburtstag im Jahr 1989 wurde der alte Leuchtturm von der Hamburg Port Authority saniert. Es sieht aus, als hätte Hamburg für den Anstrich des Baudenkmals die Nationalfarben Italiens gewählt. Smaragdgrün für die sechseckige Holzverkleidung, Weiß für Leiter und Balustrade, Rot für das Türmchen.

Bis zur Löschung des Leuchtfeuers im Jahr 1977 markierte der Leuchtturm die Fahrwassertrennung an der Bunthäuser Spitze. Hier, am Elbkilometer 609, teilt sich die Elbe für etwa 15 Kilometer in Norderelbe und Süderelbe. Ebenfalls hier verläuft die Landesgrenze zwischen Hamburg und Niedersachsen. Erst am Köhlbrand, dem Mündungsarm von Norder- und Süderelbe vor Altona, vereinen sich die Elbarme wieder.

Besonders der Süderelbe kommt historisch eine besondere wirtschaftliche Bedeutung zu. Bevor der Bezirk Harburg im Jahr 1937 von den Nationalsozialisten an die Stadt Hamburg angeschlossen wurde, herrschte zwischen den Häfen von Harburg und Hamburg lebhafter wirtschaftlicher Wettkampf. Harburg, früher zum Königreich Hannover gehörig, entfachte durch seine bloße Lage die Rivalitätsgefühle der Nachbarstadt: Dem Harburger Hafen wurde durch die Süderelbe deutlich mehr Wasser zugeführt als dem Hamburger Hafen. Im Lauf der Jahrhunderte wurde der Köhlbrand erheblich verbreitert und vertieft, um den Hamburger Hafen konkurrenzfähig zu machen.

Seit Januar 2005 steht der Leuchtturm unter Denkmalschutz. Eine grün-rot-grüne Bake an der Fahrwassertrennung zwischen Süderelbe und Norderelbe übernimmt heute die Funktion des Leuchtturms. Die grüne Bake ist mit einem waagerechten roten Band gekennzeichnet, auf der Steuerbordseite befindet sich das durchgehende Fahrwasser der Norderelbe und auf der Backbordseite das abzweigende Fahrwasser der Süderelbe. Für einen Ausflug ist die Gegend ein schönes Ziel, umgeben von Landschaftsschutzgebieten. Die ruhigen Wiesen und Feuchtgebiete rund um die Bunthäuser Spitze sind Lebensraum vieler Vogelarten, die hier in weitgehend ungestörter Umgebung Nist- und Futterplätze finden.

DER ASTRONOMIEPARK HAMBURGER STERNWARTE

⑬

Flug durch die Galaxis

Gojenbergsweg 112, 21029 Hamburg (Stadtteil Bergedorf, Bezirk Bergedorf)
Montag bis Freitag 12–14 Uhr, Samstag und Sonntag 11:45–18 Uhr, Führungen: Samstag 14 Uhr, Sonntag 12 und 14 Uhr
www.sternwarte-hh.de
Anmeldung für Führungen ab 6 Personen unter 040 64682975 oder info@sternwarte-hh.de
Bus 332 (Sternwarte)

Die Hamburger Sternwarte war schon über 100 Jahre alt, als 1909 das heutige Gebäude – es war bereits das dritte – am Standort Bergedorf errichtet wurde. Hamburgs erste Sternwarte hatte, dem Himmel möglichst nah, auf der Albertusbastion am Stintfang gestanden, einem Teil der alten Befestigungsanlage der Stadt. Leiter Johann Georg Repsold erregte damals mit seinen selbstgebauten astronomischen Instrumenten derartiges Aufsehen, dass Kollege Christian Heinrich Schumacher, Begründer der „Astronomischen Nachrichten" regelmäßig aus der Altonaer Sternwarte nach Hamburg herüberkam, um mit Repsold gemeinsam den Nachthimmel zu beobachten.

Während der Franzosenzeit (1806–1814) wurde die Sternwarte abgerissen. Auf der Henricusbastion, wiederum Teil des historischen Stadtwalls, wurde sie nach der Befreiung neu gebaut und unter Direktor Johann Repsold 1925 eröffnet. Zu den Aufgaben der Sternwarte gehörte damals die Bestimmung der exakten Uhrzeit, was heute kaum mehr vorstellbar ist. Eine Uhrenanlage des Observatoriums auf der Henricusbastion steuerte mehrere Normaluhren der Stadt und ab 1876 auch den gerade erst erfundenen Zeitball am Kaispeicher A. Der Zeitball, früher das berühmteste Wahrzeichen Hamburgs, ist leider nicht mehr zu sehen. Stattdessen ragt auf dem Fundament des Kaispeichers A heute eine protzige Hotelanlage mit integrierten Konzertsälen auf. Der Zweck des Zeitballs war es, allen aus dem Hafen auslaufenden Schiffen die exakte Uhrzeit anzuzeigen, um eine präzise Längengradbestimmung auf See zu ermöglichen. Gleichfalls von der Hamburger Sternwarte aus wurden die Zeitbälle in Bremerhaven und Cuxhaven gesteuert.

Gegen Ende des 19. Jahrhunderts begann sich das Wachstum der Stadt Hamburg so rasant zu beschleunigen, dass für die Astronomen ein neues Problem auftauchte, das heute überall auf der Welt die Sternenbeobachtung behindert. Streulicht von den beleuchteten Straßen der Stadt beeinträchtigte die Beobachtung des Nachthimmels so nachhaltig, dass nichts anderes übrigblieb, als den Standort der Sternwarte in einen weniger stark besiedelten, nachts dunkleren Stadtteil zu verlegen. Das alte Observatorium wurde abgerissen, bis heute steht an dessen Stelle das Museum für Hamburgische Geschichte. In Bergedorf wurde die neue Sternwarte 1912 eingeweiht. Die hier entwickelte Schmidt-Kamera, ein für Sternenfotografie entwickeltes Spiegelteleskop, sollte eine technische Weltsensation werden.

DER BERGEDORFER GESUNDBRUNNEN

(14)

Die magische Quelle am Hang

Holtenklinker Straße 65/67, 21029 Hamburg (Stadtteil Bergedorf, Bezirk Bergedorf)
Busse 225 und 228 (Unterm Heilbrunnen)

Mitte des 19. Jahrhunderts berichtet Chronist Dr. Otto Beneke über die schon fast vergessene Wunderquelle in Bergedorf. Seine „Hamburgischen Geschichten und Denkwürdigkeiten" gehörten damals zu den meistgelesenen Hamburg-Büchern. Wir befinden uns im Jahr 1703. Das letzte richtig große Wunder lag schon lange zurück. 1556 war ein Kalb mit zwei Köpfen und sechs Beinen geboren worden. Angeblich zumindest. Seit dem Kalbwunder war nichts Außergewöhnliches mehr passiert. Doch dann entdeckte man eine Sensation: eine Quelle am Hang, deren Wasser über magische Kräfte verfügte. Wer von ihr trank, wurde geheilt.

Der Magistrat von Bergedorf, gewiefter Geschäftsmann und ein Mann der Tat, ließ die Quelle in Stein fassen und drumherum einen Park anlegen. Er witterte das große Tourismusgeschäft und ordnete an, dass im Park Zelte aufgestellt würden. Praktisch über Nacht wurde Bergedorf von Pilgern überrannt. Hunderte von Kranken und Wunderbedürftigen strömten zur Heilquelle. Man sagte dem Wasser nach, dass es von allen Leiden erlöse und schmerzhafte oder gar tödlich verlaufende Krankheiten wie zum Beispiel übermäßige Magensäure und Enteritis necroticans (Darmbrand) heile.

Der Erfolg des Wunders von Bergedorf übertraf die kühnsten Erwartungen. Die Kranken reisten bereits in Scharen von Tausenden in die kleine Stadt. Wer nach stundenlangem Warten endlich an der Reihe war, wollte nicht mehr vom Brunnen weg und füllte sich vom heilenden Wasser ab, soviel er konnte. 76 Zelte umgaben mittlerweile den Brunnen und ließen so eine Stadt in der Stadt entstehen. Und noch immer fanden nicht alle Anreisenden Platz.

Nach einigen Jahren legte sich der Trubel. Eine wissenschaftliche Untersuchung hatte ergeben, dass das Brunnenwasser keine Heilkräfte enthielt. Über die Jahrhunderte geriet der Bergedorfer Gesundbrunnen in Vergessenheit. Lange Zeit stand neben dem Brunnen ein Kreuz mit der Inschrift: „Preiset den Herrn, bedenket die Armen, schädigt den Brunnen nicht, noch die Bäume darneben, oder euch soll sonder Gnade diese Strafe werden." Damit jeder verstand, was gemeint war, hing neben dem Kreuz ein schweres Halseisen. Heute hängt am Brunnen neben dem Hinweisschild „Kein Trinkwasser" ein hymnisches Gedicht des Hamburger Schriftstellers Nicolaus Daniel Hinsche (1771–1848), der während der letzten 20 Jahre seines Lebens Bürgermeister von Bergedorf war.

ST. PETRI UND PAULI

⑮

Älteste Kirche der Vier- und Marschlande

Bergedorfer Schloßstraße 2, 21029 Hamburg (Stadtteil Bergedorf, Bezirk Bergedorf)
S2, S21 (Bergedorf)

An der Orgel von St. Petri und Pauli saß vor über 300 Jahren Arp Schnitger, der berühmteste Orgelbauer seiner Zeit. Mit seiner Arbeit vollendete er die Entwicklung der norddeutschen Barockorgel und schuf in Nordeuropa weitere hundert Orgelbauten, von denen nur noch etwa 30 erhalten sind. Ein Jahr nach der Instandsetzung des Orgelwerks von St. Petri und Pauli legte er 1682 in Hamburg den feierlichen Bürgereid ab und wurde damit zu einem Bürger der Freien und Hansestadt. Einer der Großväter von Schnitger, der die Orgelbauweise revolutioniert hatte, war von Beruf Tischler, auf Altdeutsch „Snitker", gewesen, wovon sich sein Familienname Schnitger ableitete. Für Hamburg schuf Arp Schnitger die weltberühmte Barockorgel der Hauptkirche St. Jacobi.

Als St. Petri und Pauli im 12. Jahrhundert erstmals urkundlich erwähnt wird, gehört die kleine Dorfkirche noch zum Bistum Ratzeburg und vereint in ihrer Gemeinde immerhin schon neun Ortschaften des Gebiets der alten Elbmarsch. Damals war die Kirche zunächst nur Apostel Petrus geweiht, dem Schutzpatron der Fischer und Seeleute. Erst nach dem Abriss des ersten Kirchenbaus wurde das neugebaute Gotteshaus durch den Bischof von Ratzeburg im Jahr 1502 als Kirche St. Petri und Pauli zu Bergedorf geweiht. Nicht lange danach setzte die Reformationszeit ein. In nur elf Wochen übersetzte Dr. Martin Luther im Herbst 1521 auf der Wartburg im thüringischen Eisenach das gesamte Neue Testament in die deutsche Sprache. Zu den ersten Kirchen, die entschlossen dem neuen protestantischen Weg folgten, gehörte St. Petri und Pauli. Die Pastoren der Kirche übernahmen die evangelisch-lutherische Liturgie und schon 1549 wurde in Bergedorf in deutscher Sprache gepredigt, statt wie bis dahin üblich auf Latein. Es war Ditmar Koel, der berühmte Kapitän, Seeräuberjäger und Hamburger Bürgermeister, damals noch Amtsverwalter in Bergedorf, der die neue Entwicklung der Kirche entscheidend vorantrieb. Als erster lutherischer Pastor von Bergedorf gilt heute Andreas Falkenberg, von dem in der Kirche noch ein Bild zu sehen ist.

Eine weitere Barockberühmtheit hat an St. Petri und Pauli Spuren hinterlassen: Der Erbauer der Hamburger St. Michaliskirche, Ernst Georg Sonnin, setzte 1759 einen neuen Turm auf den westlichen Anbau der Kirche, und wie beim Michel, dem Wahrzeichen der Freien und Hansestadt Hamburg, wurde das Dach vollständig mit Kupfer verkleidet.

DER BIOHOF EGGERS

(16)

Ein 500 Jahre alter Bauernhof

Kirchwerder Mühlendamm 5, 21037 Hamburg (Stadtteil Kirchwerder, Bezirk Bergedorf)
Hofcafé und Hofladen: Samstag 12–18 Uhr, Sonntag 10–18 Uhr
Bus 225 (Kirchwerder Mühlendamm)

Für Kinder ist ein Tag auf dem Bauernhof wie ein wahr gewordener Traum. Aber wo soll man in Hamburg einen Bauernhof finden? Früher gab es viele davon am Rande der Stadt, doch das ist lange her. Der 500 Jahre alte Biohof Eggers ist ein geheimer Ort der Stadt. Das Gehöft liegt so weit ab, dass man es per Zufall niemals finden würde. Zum Hof gehört ein Schuppen, der 1535 erbaut wurde. Doch schon sehr viel früher, bereits im Jahr 1377, werden Clawes und Hennecke Eghardes als Siedler in der Gegend erwähnt. Aus Eghardes wurde die Familie Eggers, die bis heute den Hof führt. Der Biohof ist „wie früher": mit einem wunderschönen Fachwerkhaus, dem blühenden Bauerngarten und jeder Menge Tiere. Es gibt Ponys, die auf der Koppel grasen, weidende Schafe, Gänse, die durch die Sonne laufen und zufriedene Ferkel, die neugierig ans Gatter kommen, wenn man sie anspricht. Der Hof ist ein zertifizierter Biohof und die Tiere werden artgerecht gehalten. Sie haben jede Menge Bewegungsfreiheit, sind an der frischen Luft und in der Sonne und bekommen Medikamente nur dann, wenn ihnen etwas fehlt, und sie werden ausschließlich von einem Tierarzt verabreicht. Ihr Futter stammt von den Feldern des Hofes. Besucher können sich einen Picknickkorb mit Hofspezialitäten zusammenstellen lassen und im Freien picknicken.

Der uralte Bauernhof ist ein Zeitzeugnis, ein lebendes Geschichtsbuch über die Historie der Bauern aus den Vierlanden. Im Mittelalter begann die Besiedelung der vom Fluss überschwemmten Gegend. Man fing an, die Elbsümpfe einzudeichen und trocken zu legen. Das entstehende Marschland war ausgesprochen fruchtbares Ackerland. Die Elbe bei Kirchwerder erhielt damals ihr heutiges Flussbett durch Eindämmung ihrer beiden Nebenarme Goseelbe und Doveelbe. Bis dahin hatten die Vierländer Marsch des heutigen Hamburgs und die Winsener Marsch, die jetzt zu Niedersachsen gehört, ein zusammenhängendes Gebiet gebildet. Erst im 12. und 13. Jahrhundert wurden Kirchwerder und Ochsenwerder eingedeicht und urbar gemacht. Die Endung „-werder" ist die topographische Bezeichnung für eine Insel im Fluss. Kirchwerder und Ochsenwerder sind also die „Flussinsel mit der Kirche" und die „Flussinsel mit den Ochsen". Ganz in ihrer Nähe lag die Ohe mit drei Ohehöfen, die zur Riepenburg gehörten und vom Lehnsherrn Heinrich dem Löwen an die Bauern entlehnt wurden. Das Wort „Ohe" bezeichnet ein höher gelegenes, bewaldetes Gebiet. Der Biohof Eggers ist einer jener drei mittelalterlichen Ohehöfe.

DAS PEGELHÄUSCHEN ZOLLENSPIEKER

⑰

Kleinstes Restaurant der Welt

Zollenspieker Hauptdeich, 21037 Hamburg (Stadtteil Kirchwerder, Bezirk Bergedorf)
Busse 120, 124, 323 und 424 (Zollenspieker Fähre)

In Kirchwerder sieht die Elbe wild und unzivilisiert aus, verglichen mit dem 30 Kilometer westlich gelegenen Hamburger Hafen. Nicht nur wild, sondern auch gefährlich. Hier am Elbkilometer 598,5 ist der Flutschutz für Hochwasserstände bis zu über sieben Metern gebaut worden. Am Deich ist die Luft herrlich frisch und macht den Kopf klar, man ist endlich in der Natur. Die Endung „-werder" in „Kirchwerder" bezeichnet eine Insel im Fluss. Am gegenüberliegenden Ufer, das schon zu Niedersachsen gehört, kann man die Ilmenau in die Elbe münden sehen. Vor dem historischen Zollenspieker Fährhaus ragt ein bemerkenswert niedliches Holzhäuschen aus dem Strom. Das kaum fünf Quadratmeter große Zimmerchen mit blanken Fenstern zur Elbe steht auf der Liste der sechs kleinsten Gastronomien der Welt. Das historische Pegelhäuschen aus dem Jahr 1880 ist hier originalgetreu nachgebaut und als zauberhaftes Restaurant eröffnet worden.

Die Zollenspieker Fähre, die zwei Bundesländer miteinander verbindet, hat ihren Anleger am Zollenspieker Fährhaus. In der alten Zeit befand sich hier Hamburgs älteste Elbfährstelle mit der Zollstation. Schon im Jahr 1252 wird der Zollturm urkundlich erwähnt. Es war ein günstiger Platz für die Zollstation, denn der südlichste Punkt Hamburgs bot damals wie heute freien, weiten Blick über die Elbe und ihre Ufer. Die Schiffswege sind hier in alle Richtungen so gut einsehbar, dass den Zollwärtern nichts entging. Mit der Zeit wurde die Zollstelle zunehmend bekannter, sodass ein Ortsname gefunden werden musste, der ihre Bedeutung verdeutlichte. Seit 1460 taucht der Name „Toln Spieker" (Zollspeicher) auf, wo Zölle erhoben und Waren gelagert wurden. Auch das Fährhaus musste, wie das Pegelhäuschen, einmal sein Leben lassen, als es 1620 von Lüneburger Truppen zerstört wurde. Doch bereits ein Jahr später war es wiederaufgebaut.

Die Zollstation gab es bis ins Jahr 1863, danach startete das Zollhaus Toln Spieker in sein wohlverdientes Dolce Vita. Ein Tanzsaal wurde angebaut und etwa ab 1870 entdeckten die Stadtmenschen aus Hamburg in Kirchwerder das schönste Ausflugsziel. Dem geplanten Abriss wegen Baufälligkeit entging das Zollenspieker Fährhaus mit seiner 750-jährigen Geschichte im letzten Moment. Das Haus wurde stattdessen von einem Gastronomen gekauft und ist seitdem ein Restaurant mit Biergarten unter alten Kastanienbäumen.

DIE RIEPENBURGER MÜHLE

(18)

Zeitreise ins Mittelalter

Kirchwerder Mühlendamm 75a, 21037 Hamburg (Stadtteil Kirchwerder, Bezirk Bergedorf)
Alte Mühle: April bis Oktober: Dienstag, Donnerstag 12–16 Uhr, jeden 1. und 3. Sonntag 13–17 Uhr
Mühlencafé: ganzjährig Donnerstag bis Samstag 14–21 Uhr und Sonntag 12–19 Uhr
Bus 225 (Krummer Hagen)

Sie stehen vor einem Baudenkmal mit 700-jähriger Geschichte. Seit 1318 steht hier die Windmühle von Riepenburg, die im 13. Jahrhundert als befestigtes Schloss des Ritters Hermann Ribe am Elbdeich lag. Im Laufe der Jahrhunderte wurde die Mühle mehrmals neu erbaut. Zuletzt wurde 1828 die Holländerwindmühle errichtet, in der wie schon vor 700 Jahren heute noch mit Windkraft Getreide gemahlen wird. Außerdem werden hier kostbare Speiseöle im traditionellen Verfahren gefertigt. Um die wunderschöne Windmühle originalgetreu zu erhalten, war viel Geld und ungeheuer viel Zeit nötig. Der Verein „Riepenburger Mühle“ hat dazu die finanziellen Mittel aufgetrieben und in unzähligen Stunden Freizeit die Mühle restauriert. Der Vereinschef verglich die Mühle einmal mit einer großen Modelleisenbahn, an der immer etwas zu basteln sei – allerdings eine Modelleisenbahn mit monumentalen Einzelteilen. In ganz Deutschland suchte der Verein die historischen Maschinen und Teile zusammen. Was nicht mehr original zu bekommen war, wurde extra für die Mühle nach Originalvorlagen nachgebaut. Allein die drehbare Kappe einschließlich Flügelwelle und Flügeln kostete so viel Geld wie ein Einfamilienhaus. Einen großen Teil der Kosten übernahmen das Denkmalschutzamt und die Deutsche Stiftung Denkmalschutz.

Heute ist die Riepenburger Mühle ein historischer Schaubetrieb, in dem es noch aussieht wie vor über hundert Jahren. Hier wird Mehl produziert, dessen Qualität sich himmelweit von industriell gefertigtem Mehl unterscheidet. Inwiefern? In der uralten Mühle wird das Getreide unbehandelt gemahlen, wobei der ölhaltige Getreidekeim mit den vielen gesunden Mineralstoffen erhalten bleibt. Dadurch ist das Mehl wertvoller als industriell gefertigtes Mehl, wenn auch nicht so lange haltbar. Durch die 70 Tage lange Lagerung direkt nach dem Mahlen erhält es die sogenannte „Mehlreife“, das heißt, es reagiert mit Sauerstoff, wodurch der Zuckergehalt des gemahlenen Getreides in Stärke umgewandelt wird. Erst dadurch erhält das Mehl optimale Backeigenschaften. Dank der aufwändigen Restauration ist die Riepenburger Mühle eine der letzten, bei denen der Windmahlgang noch voll funktionstüchtig ist. Man steht beeindruckt (und mit sicherem Abstand!) davor, wenn man die Mühle live in Betrieb erlebt und ihre tonnenschweren Flügel beim Drehen durch die Luft rauschen hört.

Im September 1995 hielt sich Thomas Jonglez in der Stadt Peshawar auf. Sie liegt im Norden Pakistans, zwanzig Kilometer von der Stammeszone entfernt, die er ein paar Tage später besuchen wollte. Dort kam ihm der Gedanke, alle verborgenen Winkel seiner Heimatstadt Paris, die er wie seine Westentasche kannte, schriftlich festzuhalten. Auf seiner Heimreise von Beijing, die 7 Monate dauerte, durchquerte er Tibet (wo er heimlich, unter Decken in einem Nachtbus versteckt, einreiste), Iran und Kurdistan. Er reiste dabei nie im Flugzeug, sondern per Boot, Zug oder Bus, per Anhalter, mit dem Rad, dem Pferd oder zu Fuß und erreichte Paris gerade rechtzeitig, um mit seiner Familie Weihnachten feiern zu können.

Nach seiner Rückkehr verbrachte er zwei großartige Jahre damit, durch die Straßen von Paris zu streifen, um gemeinsam mit einem Freund seinen ersten Reiseführer über die verborgenen Orte seiner Stadt zu schreiben. Während der nächsten sieben Jahre arbeitete er im Stahlsektor, bis ihn seine Entdeckerleidenschaft wieder überfiel. 2003 gründete er Jonglez Verlag und zog drei Jahre später nach Venedig.

2013 verließ er mit seiner Familie Venedig auf der Suche nach neuen Abenteuern und unternahm eine sechsmonatige Reise nach Brasilien mit Zwischenstopps in Nordkorea, Mikronesien, auf den Salomon-Inseln, der Osterinsel, in Peru und Bolivien. Nach sieben Jahren in Rio de Janeiro lebt er heute mit seiner Frau und seinen drei Kindern in Berlin.

Jonglez Verlag publiziert Titel in neun Sprachen und 35 Ländern.

IM SELBEN VERLAG ERSCHIENEN

VERBORGENES-REISEFÜHRER

Verborgenes Florenz
Verborgenes Genf
Verborgenes Lissabon
Verborgenes London
Verborgenes Mailand
Verborgenes Rom
Verborgenes Venedig
Verborgenes Wien

„SOUL OF"-REIHE

Soul of Barcelona – 30 einzigartige Erlebnisse
Soul of Lisbon – 30 einzigartige Erlebnisse
Soul of New York – 30 einzigartige Erlebnisse
Soul of Rom – 30 einzigartige Erlebnisse
Soul of Tokio – 30 einzigartige Erlebnisse
Soul of Venedig – 30 einzigartige Erlebnisse

BILDBÄNDE

Abandoned America – The Age of Consequences (auf Englisch)
Abandoned Asylums (auf Englisch)
Abandoned Australia (auf Englisch)
Abandoned France (auf Englisch)
Abandoned Italy (auf Englisch)
Abandoned Japan (auf Englisch)
After the Final Curtain – The Fall of the American Movie Theater (auf Englisch)
After the Final Curtain – America's Abandoned Theaters (auf Englisch)
Baikonur – Vestiges of the Soviet Space Programme (auf Englisch)
Chernobyl's Atomic Legacy (auf Englisch)
Forbidden Places – Exploring our Abandoned Heritage Vol. 1 (auf Englisch)
Forbidden Places – Exploring our Abandoned Heritage Vol. 2 (auf Englisch)
Forbidden Places – Exploring our Abandoned Heritage Vol. 3 (auf Englisch)
Forgotten Heritage (auf Englisch)
Unusual Wines (auf Englisch)

BILDNACHWEIS

Alle Fotos von Rike Wolf, außer Seite 42 (Copyright: Museum für Hamburgische Geschichte, Holstenwall 24, 20355 Hamburg) und Seiten 298-299 (Copyright: Satohan)

Karten: Cyrille Suss – **Layout:** Emmanuelle Willard Toulemonde – **Deutsches Lektorat:** Andrea Freier und Lea Intelmann – **Konzeption:** Clémence Mathé

Pflichtexemplar: Juni 2020 – 1. Auflage
ISBN: 978-2-36195-408-6
Gedruckt in Bulgarien bei Multiprint